*Theodor Lipps*

# Vom Fühlen, Wollen und Denken

Verlag
der
Wissenschaften

*Theodor Lipps*

**Vom Fühlen, Wollen und Denken**

*ISBN/EAN: 9783957005069*

*Auflage: 1*

*Erscheinungsjahr: 2015*

*Erscheinungsort: Norderstedt, Deutschland*

Hergestellt in Europa, USA, Kanada, Australien, Japan
Verlag der Wissenschaften in Hansebooks GmbH, Norderstedt

# Schriften

der

# Gesellschaft für psychologische Forschung.

***

**Heft 13 u. 14.**

Vom Fühlen, Wollen und Denken.

Von

Theodor Lipps.

***

Leipzig.

Verlag von Johann Ambrosius Barth

1902.

# Vom

# Fühlen, Wollen und Denken.

_____

Eine psychologische Skizze

von

**Theodor Lipps.**

**Leipzig.**

Verlag von Johann Ambrosius Barth.

1902.

# Inhaltsverzeichnis.

### III. Kapitel: **Das Wirklichkeitsbewusstsein.**



### IV. Kapitel: **Die Gesetze des Strebens.**



### V. Kapitel: **Associativ bedingte Gefühle und Strebungen.**

Seite



## VI. Kapitel: **Wünschen und Wollen. Zweckthätigkeit.**



## VII. Kapitel: **Quantitäts- und Wertgefühle.**



## VIII. Kapitel: **Arten der Gefühlsbeziehung.**

# Einleitung.

Gefühle überhaupt. — Gefühle, so habe ich in meiner kleinen Schrift über „Selbstbewusstsein, Empfindung und Gefühl" gesagt, und näher ausgeführt[1]), sind Ich-Qualitäten, Ich-Bestimmtheiten, Ich-Erlebnisse. Sie sind, genauer gesagt, Qualitäten oder Bestimmtheiten des unmittelbar erlebten Ich. Die Gefühle konstituieren dies Ich; ich darf dasselbe darum auch bezeichnen als das Gefühls-Ich oder das Ich-Gefühl. Gefühle sind Weisen des Ich-Gefühles.

Den Gefühlen steht gegenüber das „Gegenständliche", und die Qualitäten der gegenständlichen Erlebnisse. Ich sage hier geflissentlich: gegenständliche Erlebnisse, nicht gegenständliche Bewusstseinsinhalte. Warum, dies wird nachher deutlich werden. Freilich muss ich hinzufügen, dass die gegenständlichen Erlebnisse für mein Bewusstsein selbstverständlich nur bestehen, sofern sie Bewusstseinserlebnisse sind. Die gegenständlichen Erlebnisse sind die von mir vollzogenen Empfindungen, Wahrnehmungen, Vorstellungen, Gedanken. Die entsprechenden Bewusstseinserlebnisse sind die von mir jetzt empfundenen, wahrgenommenen, vorgestellten Inhalte, kurz die gegenwärtigen Bewusstseinsinhalte, die „Bilder".

Den Gegensatz zwischen Gefühlen und Gegenständlichem, und speziell den Gegensatz der Gefühle und Empfindungsinhalte

---

habe ich in jener oben erwähnten Schrift nach Möglichkeit deutlich zu machen versucht. Ich „empfinde“, so sagte ich, die Wand als rot, den Ofen oder meine Hand als warm u. s. w.; dagegen „fühle“ ich „mich“, und nur „mich“ lustgestimmt, traurig, einer Sache gewiss, erschreckt u. s. w. In der Natur des Empfindungsinhaltes liegt es gegenständlich zu sein. Ein Empfundenes ist als solches ein „Objektives“, d. h. etwas von mir Unterschiedenes und mir Gegenübergestelltes. Umgekehrt ist jedes Gefühl an sich subjektiv, d. h. in jedem Gefühle steckt das Subjekt, nämlich das unmittelbar erlebte Subjekt, oder wie ich soeben sagte, das unmittelbar erlebte Ich. Es ist Dasselbe, ob ich sage „Ich empfinde“, oder „Ich empfinde etwas Objektives“, d. h. etwas Anderes als Ich. So ist es auch Dasselbe, ob ich sage „Ich fühle“, oder „Ich fühle mich“. Die Empfindungsinhalte zusammen konstituieren das Wahrnehmungsbild der objektiven Welt. Die Gefühle konstituieren ebenso das Ich, nämlich das Ich, wie es in jedem Augenblick meines Lebens von mir unmittelbar erlebt wird.

**Kritisches über Gefühle überhaupt.** — Auf die Frage, wie viele Arten des Gefühles es gebe, antworten einige Psychologen, es gebe nur Gefühle der Lust und Unlust, und diese seien untereinander lediglich hinsichtlich ihrer Intensität verschieden. Ich nenne etwa Titchener. Dieser Psychologe hat einen „jungen patriotischen Amerikaner“ beauftragt, auf dem Wege der inneren Wahrnehmung festzustellen, ob es noch andere Gefühle, ausser Lust und Unlust, gebe, und das Ergebnis lautete negativ. Ein deutlicher Beweis, dass man jung, patriotisch und Amerikaner sein kann, ohne Psychologe zu sein, ja ohne auch nur davon, was psychologische Beobachtung, oder „innere Wahrnehmung“ ist, eine Ahnung zu haben. Und Jodl versichert aufs Bestimmteste, der Schein der Mannigfaltigkeit der Gefühle entstehe durch die Mannigfaltigkeit der die Gefühle der Lust und Unlust begleitenden Empfindungen und Vorstellungen. Und Andere sind der gleichen Meinung.

Das Letztere hiesse etwa Folgendes: Das Gefühl der angenehmen oder unangenehmen Gewissheit — denn Gewissheit kann sowohl angenehm als unangenehm sein — ist ein Gefühl der Lust oder der Unlust, verbunden mit bestimmten Empfindungs- oder Vorstellungselementen. Natürlich besteht dann das Gefühl der Gewissheit, abgesehen von der Lust- oder Unlustfärbung, lediglich in diesen Empfindungs- und Vorstellungselementen. Und da das Gefühl der Gewissheit ein ganz bestimmtes Gefühl ist, so müssen auch diese Empfindungs- und Vorstellungselemente, die es konstituieren, ganz bestimmte sein. Es kann nicht etwa das Gefühl der Gewissheit beliebig jetzt aus diesen, jetzt aus jenen Empfindungs- und Vorstellungselementen gewoben sein.

Angenommen, es verhielte sich so, dann wäre es sehr bedauerlich, dass man diese Empfindungs- und Vorstellungselemente bis jetzt nicht aufgezeigt hat. Ich würde sonst etwa das Gefühl der Gewissheit, dass die Seele des Menschen unsterblich sei, leicht dadurch gewinnen können, dass ich beim Vollzug dieses Gedankens, die fraglichen Vorstellungselemente reproducierte, und die zugehörigen Empfindungsinhalte, die ich doch auch irgendwie künstlich müsste ins Dasein rufen können, hinzufügte. Ich könnte überhaupt, wenn ich einmal die bestimmten Empfindungs- und Vorstellungselemente kännte, die die wunderbare Fähigkeit besitzen, nicht nur diese bestimmten Empfindungs- und Vorstellungselemente, sondern überdies auch noch das Gefühl der Gewissheit zu sein, jeder beliebigen Sache gewiss werden.

Und so würde ich auch sonst jeder beliebigen Sache gegenüber, und ohne dass im übrigen an der Sache irgendetwas geändert würde, meinem Lust- oder Unlustgefühl jeden beliebigen Charakter geben können, ich würde etwa bange, also unlustvolle Erwartung beliebig in bittere, also unlustvolle Enttäuschung, in Überdruss, Langeweile, Schreck, Verachtung, Hass, quälenden Zweifel u. s. w. verwandeln, ein andermal die Lust der lustigsten Komik in die Lust des erhabensten tragischen Genusses, der sittlichen Begeisterung, der Liebe u. s. w. umzuwandeln vermögen, wenn ich nur die Empfindungs- und Vorstellungselemente kännte, die der Reihe nach diese Charaktere des Lust- und Unlustgefühles konstituieren. Und was auch den Gegenstand der Gefühle ausmachte, oder was immer mich jetzt innerlich beschäftigte, und gleichgültig was für ein Mensch, und in welcher Stimmung oder

Verfassung ich wäre, immer würde die Verwandlung sich vollziehen, wenn ich nur das richtige Rezept anwendete, d. h. es würde immer ein Gefühl der einen oder anderen Art in mir auftreten, wenn es mir gelänge, diese oder jene ein für allemal feststehenden Komplexe von Empfindungs- und Vorstellungselementen ins Dasein zu rufen, und zu dem, was sonst in mir ist, hinzuzufügen. Es würde nicht etwa erst die Kraft dieser Elemente, mich zu affizieren, das neue Gefühl bewirken, sondern das einfache Dasein derselben w ä r e das neue Gefühl. — Ich wiederhole, es ist schade, dass jene Psychologen uns in ihre psychische Goldmacherkunst nicht im Einzelnen eingeweiht haben.

Ich hoffe, man versteht, was ich hierdurch andeuten will. Nämlich dies, dass jene Psychologen die Pflicht gehabt hätten, wenigstens an einem Beispiel die Probe zu machen, ob ihre Theorie sich bewähre. D. h. sie hätten zusehen müssen, ob wenigstens e i n e s der Gefühle, die angeblich unter die von ihnen aufgestellte Regel fallen, aus bestimmten Empfindungs- und Vorstellungselementen ein für allemal sich brauen lasse, derart, dass das Gefühl unweigerlich sich einstelle, wenn zu einem Lustbezw. Unlustgefühl die betreffenden Ingredienzien hinzutreten, gleichgültig, wie es sonst mit dem fühlenden Individuum bestellt sei. Ohne dies konnten ja doch die betreffenden Psychologen gar nicht w i s s e n, ob sie recht hatten. Ja es konnte ohne einen solchen Versuch gar nicht einmal die wissenschaftliche V e r m u t u n g in ihnen entstehen, dass sie recht haben k ö n n t e n.

Dies heisst zugleich: Solange dieser Versuch nicht gemacht ist, haben sie es hier mit keiner wissenschaftlichen Vermutung, sondern mit einem Einfall zu thun. Und blosse Einfälle lassen sich nicht diskutieren. Demgemäss scheiden sie aus unserer Betrachtung aus. Ich möchte im folgenden ernsthafte P s y c h o l o g i e treiben.

Aber noch Eines. Gesetzt, jene „Theorie" hätte Recht, so würde die Psychologie doch nicht der Verpflichtung überhoben sein, die „scheinbare" Mannigfaltigkeit von Gefühlen, da dieselbe doch nun einmal besteht, aufzuzeigen. Auch der Versuch, dieselbe auf Empfindungs- und Vorstellungselemente zurückzuführen, könnte erst Sinn haben, nachdem diese Aufgabe erfüllt wäre. Auch dieser Erklärungsversuch setzt eben doch voraus, dass man kennt, was man erklärt.

Ich nun halte die reiche Mannigfaltigkeit der Gefühle nicht für eine scheinbare. Ja ich verstehe gar nicht, was es heissen soll, dass ein Unterschied zwischen Gefühlen, der uns als solcher erscheint, ein n u r scheinbarer sei. Da ja doch hier ein Gegensatz zwischen Schein und Wirklichkeit gar nicht besteht, sondern einzig und allein von dem, was mir scheint, genauer von der Art, wie i c h m i r e r s c h e i n e, die Rede ist.

In dieser ganzen Frage finde ich eine wissenschaftliche Einsicht nur bei Wundt. Wundt sagt, die qualitative Mannigfaltigkeit der einfachen Gefühle scheine unabsehbar gross zu sein. Er fügt hinzu, jedenfalls ist sie grösser als die Mannigfaltigkeit der Empfindungen. Die Wahrheit jenes ersten Satzes ist mir zweifellos. Was den Zusatz betrifft, so bemerke ich, dass die Mannigfaltigkeit der Gefühle mit der Mannigfaltigkeit der Empfindungen doch nicht eigentlich verglichen werden kann, da sie beide u n e n d l i c h gross sind.

Die oben gegebene allgemeine Antwort auf die Frage, was Gefühle seien, war eine phänomenologische. Ich beantworte jetzt gleich auch, ebenso allgemein, die Frage, welche psychologische Thatbestände es sind, als deren begleitende Phänomene oder unmittelbare Bewusstseinssymptome wir die Gefühle zu betrachten haben. Gefühle, so sage ich allgemein, sind die unmittelbaren Bewusstseinssymptome der Weisen, wie psychische Vorgänge zur Seele oder zum Zusammenhang des seelischen Lebens sich verhalten oder stellen, oder wie sie in den psychischen Lebenszusammenhang sich einfügen. Diese Weisen sind unendlich mannigfaltig. Genau so unendlich mannigfaltig sind die Gefühle.

# I. Kapitel.

## Drei Grundgegensätze zwischen Gefühlen.

Das Grundgefühl. — Von allen Empfindungserlebnissen und allen gegenständlichen Erlebnissen überhaupt kann zunächst dies gesagt werden, dass ich sie erlebe. Ich empfinde den Empfindungsinhalt, stelle den Vorstellungsinhalt vor, das mir Gegebene ist mir gegeben u. s. w. Alles dies ist ein „Erleben". Und immer findet dies Erleben nicht nur statt, sondern ich habe auch davon ein unmittelbares Bewusstsein. Ich finde mich als den Erlebenden oder Habenden. Ich fühle mich erlebend.

Oder gehen wir aus von der Mannigfaltigkeit der Gefühle, die schon oben angedeutet wurde. Ich fühle mich lustgestimmt oder traurig, strebend oder widerstrebend, fühle mich einer Sache gewiss, oder an ihr zweifelnd. In allen diesen mannigfachen Weisen des Gefühls oder des Ichgefühls liegt das Gemeinsame, dass sie ein Fühlen sind; so wie in allen Tönen, Klängen, Geräuschen u. s. w., die ich empfinde, immer das Eine liegt, das ich mit dem Worte „Schall" bezeichne; oder wie in den Tönen von dieser oder jener Lautheit, Höhe, Färbung immer das eine „Tönen" liegt. Mit anderen Worten, Gefühle sind letzten Endes Modifikationen Eines und Desselben. Und dies Eine und Selbige kann ich gedanklich herausnehmen und mit einem besonderen Namen bezeichnen. Ich kann es bezeichnen als das Grundgefühl, worunter dann nichts verstanden ist, als jenes Gemeinsame alles Gefühles. Ich kann es auch nennen „das Ichgefühl, abgesehen von seinen Modifikationen". In jedem Falle ist es ein Gefühl meines Daseins, ein psychisches Lebensgefühl. Der Begriff des Lebens überhaupt hat darin seinen letzten Sinn.

Percipieren und Appercipieren. — Von da aus richten wir aber unseren Blick sogleich auf Folgendes: Das psychische Erleben ist ein doppeltes. Es ist ein Empfinden, Wahrnehmen, Vorstellen, kurz ein Percipieren; und es ist ein Beachten oder ein Appercipieren. Vieles wird von mir wahrgenommen, also gesehen, gehört u. s. w., das ich doch nicht beachte. Ich achte nicht auf meinen Körper und meine Umgebung, wenn ich einem wissenschaftlichen Gedankenzusammenhang nachgehe. Ich achte nicht auf die Rede, die ich höre, wenn ich während der Rede an Dinge denke, die damit nichts zu thun haben. Das Percipieren ist das Entstehen eines psychischen Vorganges, oder das Eintreten von etwas in den Zusammenhang des psychischen Lebens überhaupt. Das Beachten dagegen, oder das Appercipieren, ist ein Herausheben oder ein Hervorheben innerhalb des psychischen Lebenszusammenhanges. Das jeweils Beachtete bildet einen engeren Zusammenhang innerhalb dieses alles umfassenden Zusammenhanges. Es ist wie ein für sich herausgehobener Wellenzug innerhalb der Gesamtwellenbewegung des psychischen Lebens, oder, wie ein aus einem weiten Lande schroff heraustretendes, von der Umgebung sich loslösendes und in sich zusammenhängendes Gebirge.

Dieser Zusammenhang des Beachteten oder dieser „apperceptive Zusammenhang" ist der Zusammenhang unseres geistigen Lebens in dem allgemeinen psychischen Leben. Es ist der Zusammenhang dessen, was jetzt mich erfüllt oder beherrscht, die Sphäre meines jeweiligen bewussten Interesses, der Umkreis dessen, worauf ich mich jetzt gerichtet weiss, womit ich · mich jetzt beschäftigt finde, was jetzt für mich in Betracht kommt, der Inbegriff dessen, wovon ich sage, dass ich mit meinen „Gedanken" darin oder dabei bin. Alles bewusste Betrachten, alles bewusste Denken, Überlegen, alles bewusste Wollen, fühlende Anteilnehmen, Thun, ist ein Geschehen in diesem, aus dem Zusammenhang des psychischen Lebens überhaupt herausgehobenen, von der „unterapperceptiven Sphäre" losgelösten und ihr gegenüber verselbständigten apperceptiven Zusammenhang. „Beachte" ich irgend ein Wahrgenommenes oder Vorgestelltes, so heisst dies, dass ich es zu einem mitwirksamen Faktor in diesem apperceptiven Zusammenhang mache; dass es ein richtungbestimmender Faktor wird in meinem jeweiligen geistigen Leben. Damit ist zugleich gesagt: Dieser apperceptive Zusammenhang ist keine ruhende, sondern eine in ewigem Wechsel befindliche Masse. Er nimmt in jedem Momente neue Elemente aus der unterapperceptiven Sphäre zu sich herauf, und scheidet

andererseits beständig Elemente, die ihm angehörten, aus und lässt
sie in die unterapperceptive Sphäre zurücksinken.

Allgemeine Bezeichnung des dreifachen Grund-
gegensatzes von Gefühlen. — Unser Gefühl nun haftet jederzeit an dem Beachteten oder Appercipierten. Es ist jederzeit
dadurch spezifisch bestimmt und darauf bezogen. Dies hindert
doch nicht, dass wir in der Unterscheidung der Gefühle in allerer-
erster Linie auf diese beiden Seiten des Daseins eines psychischen
Vorganges achten müssen.

Auch das Appercipierte ist zunächst percipiert. Sein Auftreten
und Dasein im psychischen Lebenszusammenhang überhaupt ist
Voraussetzung seiner Zugehörigkeit zum Zusammenhang des Beachteten. Und damit nun ist die doppelte Möglichkeit bezeichnet: Es kann im Gefühle einmal die Weise sich kundgeben, wie
ein psychischer Vorgang zum allgemeinen psychischen Lebenszusammenhang, also als percipierter, und zum anderen die
Weise, wie er zum apperceptiven Lebenszusammenhange sich
stellt oder verhält; was er bedeutet das eine Mal für die per-
cipierende, und was er anderseits bedeutet für die appercipierende
Seele. Daraus gewinnen wir einen Gegensatz zwischen perceptiven
und apperceptiven Gefühlen.

Dazu tritt aber sogleich ein zweiter Gegensatz. Jede Empfindung, Wahrnehmung, Vorstellung, kurz jede Perception und
nicht minder jede Apperception ist zunächst Perception oder Apperception von etwas, oder hat einen Gegenstand. Sie ist
zweitens die Perception, bezw. Apperception desselben. Oder: —
Alles Percipierte bezw. Appercipierte ist zunächst dieser bestimmte percipierte bezw. appercipierte Gegenstand, z. B. dies
Haus, diese Handlung eines Menschen, und es ist zweitens dies
gegenwärtige subjektive Erlebnis, dies Element in meinem gegenwärtigen perceptiven oder apperceptiven psychischen Lebenszusammenhange. Und damit nun ist jedesmal die doppelte Frage gegeben: Wie verhält sich der Gegenstand, und anderseits, wie verhält
sich sein Percipiertsein, bezw. Appercipiertsein zu mir. Die Gefühle, in welchen sich zu erkennen gibt, wie sich der percipierte
Gegenstand, als solcher, zu mir, dem Percipierenden, oder wie

er zu meinem Percipieren sich stellt, nennen wir gleich perceptive Gegenstandsgefühle oder schlechthin Gegenstandsgefühle. Die Gefühle, in welchen sich mir zu erkennen gibt, wie das Percipieren oder das Percipiertsein eines Gegenstandes sich zu mir verhält, nenne ich Perceptionsgefühle. Ich bezeichne in analoger Weise als apperceptive Gegenstandsgefühle diejenigen, in welchen sich mir zu erkennen gibt, wie sich der Gegenstand zu mir, dem Appercipierenden oder wie er zu meinem Appercipieren sich stellt, als Apperceptionsgefühle diejenigen, in welchen sich mir verrät, wie das Appercipiertsein selbst sich zu mir verhält.

Endlich sehen wir von vornherein, dass diese Stellung oder dies Verhalten jedesmal doppelter Art sein kann. Was in mir ist und wie es ist, dies ist einerseits bestimmt durch mich. Anderseits bin ich in meinem psychischen Leben bedingt durch die Gegenstände oder durch Gegenständliches. Ich bin einerseits frei, anderseits gebunden. Gibt sich nun jede Beziehung des Gegenständlichen zu mir in Gefühlen kund, so muss auch dieser Gegensatz der möglichen Beziehungen zwischen dem Gegenständlichen und mir in gegensätzlichen Gefühlen sich zu erkennen geben. Es gibt also Gefühle der Freiheit und der Gebundenheit, Gefühle meines Bestimmens und meines Bestimmtseins, meines Bedingens und meines Bedingtseins, des Aus mir oder Durch mich und des Nicht aus mir oder Nicht durch mich.

Damit ist nun zunächst ein dreifacher Gegensatz bezeichnet. Zu ihm kommen noch mehrfache andere Gefühlsgegensätze. Wir betrachten aber zunächst diese drei, und zwar da, wo sie am einfachsten uns entgegentreten. Wir betrachten sie ohne auf die anderen Gefühlsgegensätze einstweilen Rücksicht zu nehmen. Damit ist zugleich angedeutet, dass diese Betrachtung einen Charakter des Vorläufigen hat.

Gegenständliches Subjektivitäts- und Objektivitätsgefühl. — „Ich percipiere", dies heisst beispielsweise: Ich stelle vor. Fassen wir nun entsprechend dem oben aufgestellten Gegensatz zwischen dem Gegenstande der Perception und seinem Percipiertsein zunächst den Gegenstand ins Auge. Es ergibt sich dann: Ich finde mich das eine Mal in meinem Percipieren oder im einfachen Haben eines Gegenstandes eben diesem percipierten Gegenstand gegenüber bedingend, schaffend, ins Dasein rufend. Ich mache diesen Gegenstand; ich gebe ihm seine Existenz. Dies Bewusstseinserlebnis bezeichne ich als unmittelbares Bewusstsein der gegenständlichen Subjektivität oder der Subjektivität des Gegenstandes. Ich kann es noch genauer bezeichnen als Bewusstsein der reinen gegenständlichen Subjektivität. Damit soll nichts gesagt sein, als dass ich den Gegenstand, so wie er ist, als aus mir stammend erlebe.

Hier ist — nicht dieses ganze Bewusstsein der gegenständlichen Subjektivität ein Gefühl, aber es ist doch zugleich ein Gefühl oder schliesst ein Gefühl in sich. Wie schon gesagt, ich finde mich bedingend, oder schaffend, oder ins Dasein rufend. Ich finde oder erlebe mich mit dieser eigentümlichen Bestimmtheit. Zugleich finde ich mich aber mit dieser Bestimmtheit auf einen Gegenstand bezogen. Und dies Bezogensein nenne ich nicht mehr ein Gefühl. Es ist nicht mehr eine unmittelbar vorgefundene Bestimmtheit meiner, sondern eben ein Bezogensein meiner auf einen Gegenstand, eine Relation zwischen mir und dem Gegenstand.

Das im Vorstehenden bezeichnete Gefühl der „gegenständlichen Subjektivität" habe ich normalerweise jedem blossen Phantasiegebilde gegenüber. Ich nenne dasselbe eben deswegen „blosses Phantasiegebilde". Zugleich ist deutlich, welche psychologische Thatsache in diesem Gefühlserlebnis sich ausspricht. Nämlich die, dass das Phantasiegebilde durch den sich selbst überlassenen Zusammenhang des gegenwärtigen psychischen Lebens geschaffen oder ins Dasein gerufen ist. Es besteht in der Seele das Vermögen — nicht etwa ganz und gar aus nichts Gegenstände zu schaffen, wohl aber neue Gegenstände zu schaffen aus den Elementen der Gegenstände, von welchen die Erfahrung mir Kenntnis gegeben hat und die in meinem Gedächtnis haften geblieben sind. Es besteht in der Seele ein Vermögen der freien Kombination solcher Elemente zu neuen Gegenständen, z. B. das Vermögen aus Bergen und Gold goldene Berge zu machen.

Diesem Gefühl steht nun gegenüber ein entgegengesetztes Gefühl. Ich finde ein andermal einen Gegenstand mich bedingend, oder finde mich durch ihn bedingt. Er ist nicht da durch mich oder aus mir, sondern er ist eben da, ist mir gegeben und steht mir gegenüber. Er hat sein Dasein ohne mich, existiert unabhängig von mir, aus eigener Machtvollkommenheit. Das Bewusstsein davon nenne ich das gegenständliche Objektivitätsbewusstsein oder auch das reine Objektivitätsbewusstsein. Auch in ihm liegt ein Gefühl, nämlich das Gefühl meines Bedingtseins, ein Gefühl, dass sich mir etwas entgegensetzt, dass ich auf etwas stosse, das mir fremd ist, kurz ein Gefühl eines Nicht-Ich. Dies Gefühl ist das Wirklichkeitsgefühl. Es ist die Bestimmtheit meiner, die ich finde, wenn ich das unmittelbare Wirklichkeitsbewusstsein habe.

Damit ist wiederum nicht gesagt, dass das unmittelbare Wirklichkeitsbewusstsein lediglich ein Gefühl sei. Aber wohl ist dasselbe die mittelbar erlebte Beziehung eines bestimmt gearteten Gefühls auf einen Gegenstand, oder umgekehrt gesagt, es ist das unmittelbar erlebte Bezogensein eines Gegenstandes auf mich, derart, dass ich dabei oder dadurch mich in dieser eigenartigen Weise bestimmt fühle.

Dieses Gefühl der gegenständlichen Objektivität oder dies reine Objektivitätsgefühl habe ich normalerweise den Gegenständen der Wahrnehmung und der Erinnerung gegenüber. Diese erscheinen mir eben damit unmittelbar als wirklich. Dass sie mir so erscheinen, dies besagt gar nichts, als dass sie in dieser bestimmten fühlbaren Weise mir entgegentreten.

Auch hier wiederum kennt jeder den Thatbestand, aus welchem wir das fragliche Gefühl uns erklären. In der Empfindung oder Wahrnehmung tritt und wirkt etwas dem psychischen Lebenszusammenhang Fremdes, nämlich ein physiologischer Reiz, in diesen Zusammenhang hinein. Und auch die analoge Weise, wie der Gegenstand der Erinnerung fühlbar mir entgegentritt, beruht darauf, dass etwas Fremdes in meinen psychischen Lebenszusammenhang hineintritt oder hineinwirkt. Nur ist dies nicht etwas meinem psychischen Lebenszusammenhang überhaupt Fremdes, sondern etwas, das meinem gegenwärtigen psychischen Lebenszusammenhang fremd ist, nämlich eine Gedächtnisspur desjenigen ehemaligen Erlebnisses, dessen ich mich jetzt erinnere. Dieses

Erlebnis war gegeben und ist im Gedächtnis geblieben; und dieser, ausserhalb des gegenwärtigen psychischen Lebenszusammenhanges, oder unabhängig von dem gegenwärtigen psychischen Geschehen bestehende Thatbestand ragt und wirkt nun in dies gegenwärtige psychische Geschehen hinein und bestimmt dasselbe. Daher in diesem Falle das Objektivitätsgefühl oder Gefühl der Wirklichkeit.

Gefühle der perceptiven Freiheit und Gebundenheit. — Die beiden einander entgegengesetzten Gefühle, der gegenständlichen Subjektivität und der gegenständlichen Objektivität, könnten wir auch allgemeiner bezeichnen als Gefühle der Freiheit und der Gebundenheit. Dies nun führt uns unmittelbar darauf, dass es noch ein anderes Gefühl der Freiheit und Gebundenheit gibt, das wir gleichfalls in unserem Percipieren, d. h. unserem Empfinden, Wahrnehmen, Vorstellen erleben. Die Gegenstände der Erinnerung erscheinen mir, wie gesagt, als etwas Wirkliches, also nicht jetzt von mir Gemachtes. Aber dass sie jetzt Gegenstände der Erinnerung sind, d. h. dass sie jetzt von mir vorgestellt werden, dies erlebe ich zugleich als durch mich geschehend oder aus mir stammend. Ich rufe sie in die Erinnerung. Nicht das Dasein der Gegenstände als dieser Gegenstände, wohl aber ihr gegenwärtiges Percipiertsein erlebe ich unmittelbar als meine Sache oder als mein Thun. Ich finde mich auch hier bedingend, hervorrufend, schaffend, aber nicht Gegenstände, sondern nur ihr gegenwärtiges Percipiertsein bedingend, hervorrufend, schaffend. Dies Gefühl bezeichne ich als Gefühl der perceptiven Freiheit. Ich fühle mich in solcher Weise frei den Erinnerungsbildern, aber auch den Phantasiebildern gegenüber. An letzteren haftet also ein gegenständliches Subjektivitätsgefühl und zugleich ein Gefühl der perceptiven Freiheit, oder wie ich auch wohl sage, meiner perceptiven Macht. Dagegen sind die Gegenstände der Erinnerung Objekte des Gefühles der perceptiven Freiheit, aber zugleich Objekte des Gefühls der gegenständlichen Gebundenheit oder der gegenständlichen Objektivität.

Auch diesem Gefühle der perceptiven Freiheit tritt nun aber ein entgegengesetztes Gefühl gegenüber. Ich habe dasselbe angesichts der Wahrnehmungen. Das Wahrgenommene, d. h. der Gegenstand der Wahrnehmung, erscheint mir, wie oben gesagt, unmittelbar als wirklich. Ich habe ihm gegenüber jenes Gefühl der gegenständlichen Objektivität. Zugleich fühle ich mich aber auch im Vollzug der Wahrnehmung, in diesem Akte, kurz in meinem Percipieren, gebunden. Ich bezeichne dies Gefühl ausdrücklich als Gefühl der perceptiven Gebundenheit. Ich führe die Gegenstände der Wahrnehmung nicht frei ein in den Zusammenhang meines gegenwärtigen Bewusstseinslebens, so wie ich dies mit den Gegenständen der Vorstellung thue, sondern sie führen sich selbst ein, ich fühle mich im Empfinden oder Wahrnehmen bedingt, unfrei, abhängig. Etwas Fremdes macht, dass ich die Empfindungen oder Wahrnehmungen habe, oder dass sie mir zuteil werden.

Gefühle der Aktivität und Passivität der Apperception. — Im Bisherigen betrachtete ich die Gegenstände als percipierte. Betrachten wir sie jetzt als Objekte der Apperception. Dann stossen wir auf den gleichen oder einen analogen doppelten Gefühlsgegensatz, wie er im Vorstehenden aufgezeigt wurde. Ich stelle hier geflissentlich voran die Gefühle, die ich habe angesichts — nicht des appercipierten Gegenstandes, sondern angesichts meiner Weise des Appercipierens desselben. Hier ergibt sich der Gegensatz des Gefühles der aktiven Apperception einerseits und des Gefühles der passiven Apperception anderseits. Ich fühle mich das eine Mal in meinem Appercipieren frei oder bedingend. Das Appercipieren erscheint mir als meine Sache. Ich wende meine Aufmerksamkeit oder wende mich innerlich dem Gegenstande zu. Die Zuwendung, so wie sie thatsächlich geschieht, stammt nach Aussage meines unmittelbaren Erlebens aus mir; sie ist mein Thun. Dies ist das Bewusstseinserlebnis der aktiven Apperception. Sie heisst aktiv wegen dieses Gefühles des Hervorgehens der Apperception aus mir oder meiner „Thätigkeit“, oder weil ich im Appercipieren mich bedingend, nämlich die Apperception bedingend fühle.

Dieser aktiven Apperception steht gegenüber die passive Apperception. Das Bewusstsein derselben ist das Bewusstsein, dass der Gegenstand sich mir **aufdrängt**, oder **aufnötigt**. **Er zieht** meine Aufmerksamkeit auf sich. Dass ich mich ihm zuwende, stammt nicht aus „mir“, d. h. aus meiner Thätigkeit, sondern stammt aus etwas mir Fremdem, obzwar „in mir“ Wirkendem. Ich **werde** dem Gegenstand zugewendet. Etwas in mir nötigt mir die Apperception ab, oder **macht**, dass ich appercipiere; ich fühle mich, den Appercipierenden, oder fühle mich **in** meinem Appercipieren bedingt, gebunden, unfrei.

Dieser Gefühlsgegensatz ist, wie man sieht, nicht durchaus gleichartig dem Gegensatz zwischen dem Gefühle der Freiheit und dem Gefühle der Gebundenheit des Percipierens. Aber er ist ihm doch analog. Genaueres über das Verhältnis beider Gegensätze ist indessen an anderer Stelle zu sagen.

**Gefühle der apperceptiven Subjektivität und Objektivität.** — In jedem Falle ist von dem Gefühlsgegensatz der aktiven und der passiven Apperception aufs bestimmteste zu unterscheiden ein anderer Gefühlsgegensatz, der aufs deutlichste zum Gegensatz des Gefühles der gegenständlichen Subjektivität und der gegenständlichen Objektivität in Parallele steht. Wir bezeichnen ihn sogleich als Gegensatz des Gefühles der **apperceptiven Subjektivität** und der **apperceptiven Objektivität**, oder der Subjektivität und Objektivität des Appercipierens.

Ich wende mich einer Sache zu, oder wende ihr meine Aufmerksamkeit zu, das eine Mal aus Laune, weil es mir jetzt gerade so zusagt, weil es meiner Stimmung entspricht u. s. w. Ein andermal wende ich mich einer Sache zu, weil sie gross ist, oder wichtig, oder bedeutsam, in sich selbst oder auch als Mittel zu einem Zweck. Beide Male ist die Apperception aktiv oder kann es sein. Ich habe das Gefühl, dass **ich** frei, „von mir aus“, nicht durch irgend etwas genötigt, **mich der Sache zuwende**.

Aber in jenem ersteren Fall habe ich ein Gefühl der **Freiheit** noch in einem **anderen** Sinne. Die Zuwendung ist Sache meines freien **Beliebens.** Sie ist nicht durch den **Gegenstand** der Zuwendung von mir **gefordert.** Dies Appercipieren ist ein subjektives oder subjektiv bedingtes. Und es wird als solches unmittelbar erlebt. Es hat Subjektivitätscharakter.

Dagegen ist die Apperception im zweiten Falle durch den Gegenstand gefordert. Sie ist, kürzer gesagt, „objektiv" gefordert. Und sie ist dies wiederum nicht nur thatsächlich, sondern auch für mein unmittelbares Gefühl. Ich fühle mich — nicht genötigt oder gezwungen, aber aufgefordert, nämlich durch den Gegenstand selbst aufgefordert, mich ihm zuzuwenden. Ich „muss" nicht — im Sinne des Zwanges — mich ihm zuwenden; sondern ich kann die thatsächliche Zuwendung auch recht wohl unterlassen. Aber ich soll mich ihm zuwenden. Indem ich mich dem Gegenstand wirklich zuwende, thue ich das, was er, weil er eben dieser Gegenstand ist, von mir verlangt. Ich gebe ihm freiwillig das was ihm „gebührt", oder was er seiner eigenen Natur zufolge „beansprucht" und zu beanspruchen ein „Recht" hat. Und gesetzt, ich wende mich ihm nicht zu, so bleibt doch die Forderung und das Gefühl derselben bestehen. Auch mein Sträuben und mein erfolgreiches Sträuben, also mein willkürliches Zuwiderhandeln gegen die Forderung des Gegenstandes hebt diese Forderung und mein Gefühl derselben nicht auf.

Dies ist es, was ich als Objektivität oder objektive Bedingtheit bzw. als Gefühl der Objektivität der Apperception bezeichne. Es ist nichts Anderes, als das Gefühl der Forderung des Gegenstandes, dass die Apperception oder ein bestimmter Grad derselben stattfinde. Dagegen ist das Gefühl der Subjektivität der Apperception das Gefühl, dass mein Appercipieren, so wie es thatsächlich stattfindet, nicht durch den Gegenstand gefordert ist, sondern, gleichgiltig ob es Aktivitäts- oder Passivitätscharakter hat, aus dem gegenwärtigen psychischen Lebenszusammenhange stammt, dass es nicht objektiv bedingt oder „begründet", sondern subjektiv bedingt oder „motiviert" ist.

Gefühle der Objektivität und Subjektivität überhaupt. — Diesen Gegensatz des Gefühles der Objektivität und der Subjektivität der Apperception stellte ich in Parallele zum Gegensatz des Gefühles der gegenständlichen Objektivität und der gegenständlichen Subjektivität. Man sieht deutlich, mit welchem

Rechte. Auch das Gefühl der gegenständlichen Objektivität ist ein Gefühl der Forderung des Gegenstandes, nur nicht der Forderung des Gegenstandes appercipiert zu werden, sondern der einfachen Forderung des Gegenstandes für mich da zu sein. Es ist das Gefühl der Forderung percipiert zu werden; oder das Gefühl der Forderung der einfachen Anerkennung.

In beiden Fällen kann die Forderung auch bezeichnet werden als ein fühlbarer Rechtsanspruch des Gegenstandes. Der Gegenstand, an welchem das Gefühl der gegenständlichen Objektivität haftet, stellt den Rechtsanspruch percipiert zu werden. Indem ich ihn percipiere und dabei dieses Rechtsanspruches als eines in mir stattfindenden Gefühlserlebnisses inne werde, oder umgekehrt gesagt, indem ich den Rechtsanspruch des Gegenstandes percipiert zu werden durch mein Percipieren erfülle und dabei dies mein Percipieren als Erfüllung des Rechtsanspruches des Gegenstandes erlebe, vollziehe ich die bewusste Anerkennung des Gegenstandes; d. h. ich setze ihn als wirklich. Dies ist die „Position", die schon Kant dem Wirklichkeitsbewusstsein gleichsetzt. Und der Gegenstand, an welchem das Gefühl der „Objektivität der Apperception" haftet, erlebt den „Rechtsanspruch", appercipiert bezw. in gewissem Grade appercipiert zu werden. Eben darin, dass ich diesen Rechtsanspruch fühle, besteht das Gefühlserlebnis, das ich als Gefühl der „Objektivität der Apperception" bezeichne. Auch die Erfüllung dieses Rechtsanspruches ist eine Anerkennung, aber nicht des Gegenstandes oder seines Rechtes für mich da zu sein, sondern seines Rechtes oder der in ihm liegenden „Würdigkeit", in solcher Weise appercipiert zu werden.

Endlich kann ich auch noch andere Ausdrücke gebrauchen: Die Vorstellung oder Perception, deren Gegenstand wirklich ist, „gilt" oder „hat Geltung". Ebenso „gilt" die Apperception, die der Gegenstand fordert.

Jedes Bewusstsein der „Geltung" überhaupt ist ein Gefühl einer von einem Gegenstand ausgehenden Forderung; und es ist seinem letzten Grunde nach niemals etwas Anderes, als dies Gefühlserlebnis. Hier aber handelt es sich um das Bewusstsein der Geltung einer Perception oder Apperception, das — nicht von irgend einem Gegenstande ausgeht, sondern von eben demjenigen, der percipiert bezw. appercipiert wird.

In dem oben angeführten Beispiel des Gefühls der objektiven Apperception war die Apperception eine aktive. Ich betone noch besonders, dass auch die passive Apperception ebensowohl Objektivitäts- und andererseits Subjektivitätscharakter haben kann. Ein Beispiel einer passiven Apperception mit Subjektivitätscharakter ist gegeben in der Komik. Das Komische ist ein Nichtiges, aber ein solches, das trotz seiner Nichtigkeit meine Aufmerksamkeit auf sich zieht oder zu sich hinnötigt. Zugleich kann es doch seiner Natur nach meine Aufmerksamkeit nicht beanspruchen. Eben darum nenne ich es nichtig. Aber die Umstände machen, dass ihm die Aufmerksamkeit zu teil wird. Ich kann wollen, oder nicht, es zwingt mich zu sich hin.

Ein andermal drängt sich mir plötzlich und unvermittelt der Gedanke an eine zu erfüllende Pflicht auf. Ich fühle mich auch hier passiv; ich widerstrebe vielleicht heftig. Aber die Zuwendung der Aufmerksamkeit ist in dem Gegenstande, der Pflicht, begründet. Die Aufmerksamkeit, die ich ihm zuzuwenden wenig geneigt bin, soll ich ihm zuwenden. Der Gegenstand verlangt oder fordert es. Er erhebt seiner Natur zufolge den Rechtsanspruch, Gegenstand meiner Aufmerksamkeit zu sein. Er beansprucht als sein Recht, was er mit Gewalt sich nimmt.

———

## II. Kapitel.

### Strebungsgefühle.

Daseins- und Bewegungsgefühle. — Die im Vorstehenden erwähnten Gefühlsgegensätze sollten, wie schon oben gesagt, vorläufig gewisse, einander entgegengesetzte Grundmöglichkeiten des Gefühles aufzeigen. Nun aber betrachten wir das Gefühlsleben zunächst von einer anderen Seite. Auf jene Gegensätze wird dabei zurückzukommen sein. Zunächst kehren wir wiederum zurück zu dem Grundgefühl oder dem allgemeinen psychischen Lebensgefühle.

Dies allgemeine psychische Lebensgefühl geht, abgesehen von allem bisher Gesagten, auseinander in zwei entgegengesetzte Grundmöglichkeiten. Ich finde mich das eine Mal einem Gegenstand zugewendet, und von anderen Gegenständen abgewendet. Ich bin innerlich bei jenem Gegenstand. Ich habe ihn und freue mich vielleicht, dass ich ihn habe, d. h. dass ich ihn sicher vor mir habe. Von diesem Ich-Erlebnis verschieden ist dasjenige, das ich habe, wenn ich einem Gegenstande nicht zugewendet bin, sondern mich ihm zuwende, oder wenn ich von einem Gegenstand zu einem anderen, etwa von einem Gedanken zu einem anderen Gedanken, innerlich fortgehe. Beides sind, wie gesagt, Ich-Erlebnisse, aber sie sind voneinander verschiedene Ich-Erlebnisse. Dort fühle ich mich irgendwie eindeutig oder gleichartig bestimmt, finde mich in einem bestimmten Zustande, oder finde mich an einem — nicht räumlich zu nehmenden — Ort. Hier dagegen finde ich mich in Bewegung oder Veränderung. Jenes ist ein Zustandsgefühl, oder ein Gefühl des Daseins bezw. des Soseins; dies ist ein Bewegungs- oder Veränderungsgefühl.

Dies Bewegungs- oder Veränderungsgefühl ist ein neues Gefühl. Es ist nicht etwa identisch damit, dass ich jetzt so, dann so mich fühle, jetzt bei diesem, dann bei jenem Gegenstande mich „dabei" finde. Es ist damit so wenig identisch, als die wahrgenommene physikalische Bewegung identisch ist mit dem Dasein eines Körpers jetzt an diesem, jetzt an jenem räumlichen Orte, oder die wahrgenommene Veränderung einer Farbe identisch mit dem Sosein der Farbe in diesem, und dem Anderssein der Farbe in einem anderen Zeitmoment. Sondern es tritt in jenem, wie in diesem Falle zu der Folge der Momente des Daseins bezw. des Soseins etwas vollkommen Neues hinzu, nämlich das, was wir als Fortgehen, als Übergehen von Einem zum Anderen, kurz als Bewegung oder Veränderung bezeichnen.

Indem ich die unmittelbar erlebte Zuständlichkeit des Ich, oder die Bestimmtheit desselben in einem Moment, von der ebenso unmittelbar erlebten Ich-Bewegung, oder indem ich von den „Zustandsgefühlen" „Bewegungsgefühle" unterscheide, will ich doch nicht sagen, dass ich mich jemals, eine messbare Zeit hindurch, absolut nur zuständlich, an einem und demselben Gegenstande in gleicher Weise haftend, in einer inneren Daseinsweise verharrend, kurz vollkommen unbewegt fühle. Das psychische Leben ist immer in Bewegung. So fühle ich auch immer „mich" in Bewegung. Aber dies schliesst doch einen relativen Gegensatz der blossen Zuständlichkeit und der Bewegung nicht aus. Und es schliesst in jedem Falle nicht aus, dass ich, auch im Zustand der lebhaftesten Bewegung, doch in jedem einzelnen Moment notwendig innerlich irgendwo und irgendwie bin und mich fühle, so wie auch der bewegte Körper in jedem Momente der Bewegung irgendwo ist; dass wir also theoretisch in jedem Falle das Moment der Zuständlichkeit und das der Bewegung des Ich unterscheiden müssen.

Das Gefühl des Strebens. — Die Zuständlichkeit oder das Dasein an einem Punkte, das hier wie gesagt nicht räumlich, sondern lediglich qualitativ gemeint ist, kann nun aber wiederum verschiedener Art sein. Ich fühle mich das eine Mal mehr oder minder einfach bei einer Sache, fühle mich irgendwo, oder irgendwie bestimmt, und beruhige mich dabei. Ein andermal fühle ich mich von dem Punkte aus, in dem ich mich innerlich befinde, oder von meiner gegenwärtigen inneren Daseinsweise aus, abzielend, hinzielend auf etwas Anderes.

Dieses Gefühl des Abzielens oder Hinzielens trägt verschiedene Namen. Wir nennen es Streben, Begehren, Verlangen, Erwarten, Sehnen, sich Besinnen, Wollen, Fürchten, Hoffen. Der neutralste dieser Ausdrücke, oder derjenige, der am meisten das Gemeinsame dessen bezeichnet, was den Sinn dieser Ausdrücke ausmacht, ist wohl der Ausdruck „Streben". Diesen Ausdruck dürfen wir also an die Stelle der Worte Zielen oder Abzielen oder Hinzielen setzen. Damit ist zugleich gesagt, dass in diesem Zusammenhange mit dem Worte Streben jedes beliebige von uns unmittelbar erlebte Abzielen bezeichnet ist, welcher besondere Name auch im gegebenen einzelnen Falle als der spezieller geeignete erscheinen mag.

Ein gleichartiger Gegensatz, wie der des in sich beruhigten

Daseins an einem Orte und des Abzielens, besteht dann aber auch hinsichtlich der Ich-Bewegung. Sie ist das eine Mal einfach dies, dass mir etwas „geschieht“, dass ich eine Veränderung meines inneren Daseins, meiner eigenartigen Bestimmtheit oder meines Bezogenseins auf Gegenständliches e r l e b e; sie ist einfache thatsächliche Ich-Bewegung. Ich finde mich etwa von Gedanken zu Gedanken, ohne Streben oder Widerstreben, fortgehend. Die Gedanken kommen wie von selbst. Sie ziehen an meinem inneren Auge vorüber, und ich verhalte mich dazu als einfacher strebungs- und wunschloser Zuschauer.

Dagegen ist ein andermal das Fortgehen in ausgesprochener Weise ein Fortdrängen, d. h. ein abzielendes oder s t r e b e n d e s Fortgehen von Punkt zu Punkt, ein fortgehendes, zur Linie gedehntes S t r e b e n, ein Streben in der Bewegung.

D e r  T h a t b e s t a n d  d e s  S t r e b e n s. — Das Gefühl des Strebens ist eine letzte Bewusstseinsthatsache, und als solche nicht näher definierbar. Um so bestimmter können wir den psychischen Thatbestand angeben, der ihm zu Grunde liegt. Doch thun wir dies hier nur vorläufig, und mit dem Vorbehalt späterer genauerer Bestimmung. Der fragliche psychische Thatbestand ist folgender: Ein psychisches Geschehen ist da, oder ein psychischer Vorgang ist ausgelöst, und in ihm oder mit ihm zugleich sind die positiven Bedingungen gegeben für eine bestimmte Weise des Fortganges desselben und einen bestimmten Erfolg. D. h. der psychische Vorgang geht natürlicherweise, oder nach allgemeinen psychologischen Gesetzen in dieser bestimmten Richtung fort, und hat diesen bestimmten Erfolg, wenn er zur vollen Wirkung gelangt, oder wenn er ungehemmt so wirken und sich auswirken kann, wie es in seiner Beschaffenheit liegt; bezw. der Vorgang w ü r d e in der bestimmten Richtung fortgehen und den bestimmten Erfolg haben, f a l l s er ungehemmt sich auswirken k ö n n t e. Dies können wir auch kurz so ausdrücken: Es liegt in dem psychischen Vorgang die „T e n d e n z“ in bestimmter Weise fortzugehen oder einen bestimmten Erfolg zu haben. Dabei besagt das Wort „Tendenz“, hier wie sonst, nichts Anderes als das Dasein von Bedingungen, die einen bestimmten Erfolg haben, falls sie sich selbst überlassen bleiben,

d. h. ungehemmt dasjenige wirken können, was sie an sich betrachtet, oder ihrer Natur nach, zu wirken vermögen.

Zu dem hiermit bezeichneten positiven Thatbestand des
Strebens kommt dann ein negatives Moment: Jenem psychischen
Geschehen tritt eine Hemmung entgegen, an deren Überwindung
der thatsächliche Fortgang des Geschehens und die Erreichung
seines natürlichen Erfolges gebunden ist.

Auch hiermit ist der Thatbestand „des Strebens“, d. h. der
Thatbestand, der dem Gefühl des Strebens zu Grunde liegt, noch
nicht völlig bezeichnet. Hinzugefügt muss noch werden, dass das
psychische Geschehen, in dessen Dasein, und dessen Tendenz, in
bestimmter Weise fortzugehen und einen bestimmten Erfolg zu
haben, das Positive des Strebens besteht, durch die Hemmung in
seiner psychischen Wirkung gesteigert wird. Dies geschieht nach
dem allgemeinen „Gesetz der psychischen Stauung“, das besagt,
die Quantität eines psychischen Geschehens oder seine psychische
Grösse, d. h. eben seine Fähigkeit im psychischen Lebenszusammenhang wirksam zu werden, steigere sich, wenn das Geschehen in
seinem natürlichen Fortgang gehemmt werde. Wie wir uns. diese
Thatsache weiter verständlich machen können, darüber wird gleichfalls später noch ein Wort zu sagen sein. Einstweilen verweise
ich dafür auf meine Abhandlung über „Psychische Absorption“
in den Sitzungsberichten der Münchener Akademie. [1]

Da die Hemmung diese Steigerung des gehemmten psychischen Geschehens bewirkt, so müssen wir zunächst annehmen, dass
die stärkere Hemmung eine intensivere Steigerung desselben zuwege bringt, d. h. dass mein Streben mit der Grösse des zu überwindenden Widerstandes an Energie wächst. Dass dies in der
That der Fall ist, zeigt die Erfahrung. Widerstände, Hemmnisse
spornen die Energie des Strebens, Wünschens, Wollens.

Doch geschieht dies immer nur bis zu einer gewissen Grenze.
Und die Grenze ist umso leichter erreicht, je schwächer an sich
das Streben ist. Beides verstehen wir, wenn wir bedenken, dass

---

[1] Sitzungsberichte der philosophisch-philologischen und historischen Klassen
der bayerischen Akademie der Wissenschaften 1901 S. 549—607.

jede Hemmung, der ein Streben begegnet, jeder durch dasselbe zu überwindende Widerstand, jede „Schwierigkeit", jede Notwendigkeit einer Bemühung, zugleich ein Grund ist zu einem entgegengesetzten Streben. Wir streben naturgemäss nach Vermeidung von Schwierigkeiten oder inneren Gegensätzen. Es gibt in uns eine natürliche Tendenz der Trägheit oder Bequemlichkeit.

Und nun fragt es sich, wie diese beiden Strebungen, die auf Überwindung des Hemmnisses gerichtete und durch die Grösse desselben gesteigerte, und die auf die Vermeidung des in eben dieser Strebung enthaltenen psychischen Gegensatzes gerichtete, sich zu einander verhalten. Was dies betrifft, so werden wir später sehen: Solche entgegengesetzten Strebungen können sich aufheben. Es kann insbesondere die stärkere durch die schwächere aufgesaugt werden. Danach fragt es sich hier, welche der beiden Strebungen an sich die stärkere ist. Ist die auf Überwindung des Hemmnisses gerichtete an sich die stärkere, so wird die auf Vermeidung der „Schwierigkeit" gerichtete, oder die Geneigtheit zum Verzicht, die Tendenz der Trägheit oder Bequemlichkeit, von ihr aufgesaugt. Es bleibt dann also bei der Steigerung jenes Strebens. Ist das Umgekehrte der Fall, so wird das auf Überwindung des Hemmnisses gerichtete Streben aufgesaugt von dem Streben der Bequemlichkeit oder der Vermeidung der inneren Gegensätzlichkeit. Es gewinnt also dies letztere Streben die Herrschaft, d. h. ich strebe oder bin geneigt auf jenes Streben zu verzichten. Es findet ein Erlahmen desselben statt. Das Nähere hierüber gehört freilich noch nicht hierher.

Im übrigen liegt es in der Natur jedes psychischen Geschehens überhaupt, also auch jedes Strebens nach einem bestimmten Ziele, von dem allgemeinen psychischen Lebenszusammenhange, in welchen es sich einfügt, rascher und rascher aufgesaugt zu werden. Jemehr es dauert und demgemäss in diesen allgemeinen psychischen Lebenszusammenhang sich verwebt, um so rascher verliert es sich darin. Dies heisst: Bleibt ein Streben unbefriedigt, bleibt es also als dies Streben bestehen, so ist auch hierin ein Grund für sein Erlahmen gegeben. Auch hiefür verweise ich auf Späteres und auf die Abhandlung über psychische Absorption.

D a s  „ V e r m ö g e n "  d e s  S t r e b e n s. — Kehren wir aber zurück zum allgemeinen Sinn des Strebens. Das „Streben", d. h. der psychische Thatbestand, der dem Strebungsgefühl zu Grunde liegt oder der in diesem Gefühl sein unmittelbares Bewustseins- symptom hat, besteht nach Obigem, allgemein gesagt, in irgend einem psychischen Geschehen, in dessen Natur es liegt in irgend welcher Weise fortzugehen, und dem dabei irgend welche Hemmung begegnet. Da dies Beides schliesslich von jedem psychi- schen Geschehen gesagt werden kann, d. h. da schliesslich jedes psychische Geschehen die Tendenz zu einer Weise des Fortganges in sich trägt, und überall im psychischen Leben Hemmungen zu überwinden sind, so hat jedes psychische Geschehen überhaupt mehr oder minder den Charakter des Strebens. Es hat ihn jedesmal umso mehr, je m e h r es seiner Natur nach auf eine bestimmte Art des Fortganges hinwirkt, und je m e h r zugleich bei ihm das Negative, der Hinzutritt von Hemmungen, stattfindet.

Bezeichnen wir das „Vermögen" zu streben als das Strebungs- vermögen, oder als Begehrungsvermögen, oder in allgemeinster Fassung des Wortes „Wille", als W i l l e n, so ist dies Vermögen, oder ist der „Wille" nichts Anderes, als die Möglichkeit, dass in der Seele etwas geschehe, und dem natürlichen Fortgang und Er- folg dieses Geschehens Hemmungen entgegentreten.

Blicken wir von dem, was soeben über die Faktoren des Strebens und ihr allgemeines Vorkommen gesagt wurde, einen Augenblick zurück auf den vorhin aufgestellten Gegensatz zwischen strebungslosem Dasein und Fortgehen einerseits, und Streben und strebendem Fortgehen andererseits, so könnte dieser Gegensatz jetzt völlig illusorisch erscheinen. In der That müssen wir sagen, das reine von jedem Gefühl des Strebens freie Daseins- oder Zuständlichkeitsgefühl, ebenso das Gefühl des vollkommen strebungslosen psychischen Fortgehens, ist ein Idealfall. Damit ist doch auch hier — wie in dem analogen Falle, der uns oben begegnete — das Recht der Aufstellung eines Gegensatzes nicht aufgehoben. Sondern es bleibt der Gegensatz der beiden Möglich- keiten, des strebungslosen und des strebenden Daseins, bezw. des strebungslosen und des strebenden Fortgehens bestehen. Nur erscheint auch dieser Gegensatz als ein bloss relativer.

Achten wir nun aber auf den anderen Gegensatz, den wir hier überall statuieren, d. h. stellen wir einander gegenüber das einfache, sozusagen punktförmige Streben oder Abzielen einerseits und das strebende Fortgehen andererseits. Hier sagt uns die Erfahrung, dass es bei jenem sein Bewenden haben kann, bezw. unter Umständen haben muss. Ich „wünsche“, dass mir ein Gut, zu dessen Verwirklichung ich nichts beitragen kann, zu teil werde. Das Streben hat hier, psychologisch betrachtet, das Urteil, dass mir das Gut zu eigen sei, zum Ziele. Das psychische Geschehen, in welchem das Positive des „Strebens“ besteht, ist die Vorstellung, dass mir das Gut zu eigen sei. Diese Vorstellung schliesst ein Streben in sich, weil in ihr die positiven Bedingungen ihrer Verwirklichung, d. h. genauer des Bewusstseins ihrer Verwirklichung, liegen. Wiefern dies der Fall ist, werden wir später sehen. Hier kommt es uns nur darauf an, dass es in diesem Falle bei dem einfachen Streben bleibt. Wie gesagt: Ich kann zu seiner Verwirklichung nichts beitragen. Dies heisst: Das Hemmnis ist in diesem Falle für mich ein absolutes Hindernis. Eine psychische Bewegung nach dem Ziele hin, ein thatsächlicher Fortgang des Strebens oder ein strebendes Fortgehen bleibt ausgeschlossen.

Dagegen wird in anderen Fällen das Hemmnis durch die Wirkung des Strebens, d. h. des psychischen Geschehens, in welchem es seiner positiven Seite nach besteht, überwunden. Dann geht das psychische Geschehen, so wie es in seiner Natur liegt, fort. Die successive Überwindung des Hemmnisses, die in dem Fortgehen des Geschehens eingeschlossen liegt, findet dann ihren Bewusstseinsausdruck in dem Gefühle des strebenden Fortgehens, oder der strebenden Bewegung. Auch darüber später Genaueres.

Streben und Spannungsgefühl. — Zunächst haben wir, was das Streben und das strebende Fortgehen betrifft, weitere Unterschiede zu statuieren. Der Gegensatz oder das Gegeneinanderwirken des „Strebens“, d. h. der positiven Seite desselben, einerseits, und der Hemmung andererseits, gibt sich uns unmittelbar zu erkennen in einem Gefühle, das wir allgemein als Gefühl der Spannung bezeichnen können und thatsächlich so bezeichnen wollen. Da in jedem Streben ein solcher Gegensatz und ein solches Gegeneinanderwirken stattfindet, so ist das Gefühl des Strebens jederzeit ein Spannungsgefühl, oder hat jederzeit einen Charakter der Spannung.

Dies heisst doch nicht, das Gefühl des Strebens sei gar nichts als ein Gefühl der Spannung. Sondern das Strebungsgefühl ist zunächst ein Gefühl des — Strebens, d. h. des Abzielens, das in dem Hinwirken eines psychischen Vorganges auf etwas, das aus ihm hervorgehen soll, seinen Grund hat. Der Gegensatz zwischen beiden wird deutlich, wenn wir auf die Intensität des Strebungsgefühles achten. Diese Intensität des Strebungsgefühles oder, was dasselbe sagt, das Gefühl der Intensität des Abzielens, ist das Gefühl der „Kraft“, nämlich der Kraft des Strebens, bezw. des strebenden Fortgehens. Und dies Gefühl der Kraft, wir können auch sagen der Lebhaftigkeit, oder der Energie des Strebens, kann bestehen ohne ein entsprechend starkes Spannungsgefühl. Ich kann mit aller Energie wollen und demnach auch das Gefühl des energischen Wollens haben, ohne ein entsprechend intensives Spannungsgefühl.

Dies leuchtet am unmittelbarsten ein, wenn wir das Spannungsgefühl im strebenden Fortgehen, also in der Überwindung des Hemmnisses oder auch im Standhalten gegen dasselbe speziell ins Auge fassen. Wir bezeichnen das Spannungsgefühl hier mit den besonderen Namen: Gefühl der Anstrengung, der Bemühung, des Kraftaufwandes zur Verwirklichung des Erstrebten. Dazu füge ich gleich das Umgekehrte: Der Sinn aller dieser Ausdrücke besteht einzig und allein in dem Moment der stärkeren oder schwächeren Spannung, das in unserem Gefühl des fortgehenden Strebens oder des strebenden Fortgehens liegt. Man denke etwa speziell an das Gefühl der Bemühung, der Anstrengung, des Kraftaufwandes, kurz der Spannung, das sich einstellt, wenn ich mit gespannter Aufmerksamkeit einem Gedanken nachgehe, wenn ich angespannt mich besinne, wenn ich mit Spannung erwarte, oder auch, wenn ich den durch ein Gewicht beschwerten Arm hebe und dabei mich innerlich gespannt, bemüht, angestrengt fühle.

In allen solchen Fällen ist unmittelbar deutlich, dass ich das Gefühl des kraftvollen Wollens haben kann, auch wenn es zur Überwindung der Hemmnisse keiner starken Anstrengung, oder Bemühung bedarf, wenn also die thatsächliche Überwindung des Hemmnisses nicht in hohem Grade den Charakter des Bemühten, oder des Angestrengten besitzt. Vielleicht habe ich das Gefühl der starken Anstrengung eben deswegen, weil mein Wollen nicht kraftvoll einsetzte. Hätte es kraftvoll eingesetzt, so würde das Hemmnis im weiteren Verlaufe des Strebens, d. h. in meinem strebenden Fortgehen, nicht in gleicher Weise als Hemmnis sich geltend machen.

Mit einem Wort, das Gefühl der Kraft des Strebens, und das Gefühl des zur Verwirklichung desselben erforderlichen Kraftaufwandes, sind im Gefühle des Strebens wohl zu unterscheidende Momente.

Grundgegensätze im Gefühl des Strebens. — Auch dabei aber verweile ich nicht länger; sondern wende statt dessen meinen Blick zu weiteren Gegensätzen im Gefühl des Strebens. Und zwar denke ich jetzt an die fundamentalen Gegensätze, die schon oben als Gegensätze im Bewusstsein der Apperception uns begegnet sind, d. h. ich denke an die Gegensätze der Objektivität und Subjektivität und der Aktivität und Passivität des Strebens.

Dabei vereinfache ich die Sache, indem ich speziell die Fälle des Strebens ins Auge fasse, bei welchen das Streben gerichtet ist auf die Verwirklichung eines Zieles, das im Akte des Strebens meinem Bewusstsein vorschwebt. Ich habe, so nehme ich an, die Vorstellung eines Zieles, und die Verwirklichung dieses Zieles ist das Erstrebte. Offenbar ist hiermit das Streben bezeichnet, an das wir zunächst zu denken pflegen, wenn wir von einem Streben reden. Eben dies ist der Grund, warum ich im Folgenden zunächst an solche Fälle des Strebens denken will.

Das Eigenartige dieser Fälle leuchtet ein. Nicht in allen Fällen des Strebens ist es möglich, dass mir die Vorstellung des

Zieles vorschwebe. Ist etwa mein Streben ein „Besinnen“, d. h. ein Streben nach einem Vorstellungsinhalte, so ist es ausgeschlossen, dass mir in meinem Streben die Vorstellung dieses Inhaltes vorschwebe. Wäre dies der Fall, so brauchte ich sie ja nicht mehr zu erstreben. Dennoch liegt auch hier ein Streben vor. Es ist also dies, dass mir die Vorstellung des Erstrebten in meinem Streben vorschwebt, oder kurz gesagt, dass ich im Akte des Strebens von dem Ziele eine bestimmte bewusste Vorstellung habe, nicht notwendige Eigentümlichkeit des Strebens.

Den bezeichneten Fällen aber stehen diejenigen Fälle gegenüber, in denen ich im Akte des Strebens allerdings eine Vorstellung des Erstrebten habe. Ich strebe dann, wie schon gesagt, nach der „Verwirklichung“ dieses Vorgestellten. Das Geschehen, in welchem die positive Seite des Thatbestandes des Strebens besteht, ist in solchen Fällen eben diese Vorstellung des Zieles, einschliesslich aller der Momente, welche die Wirksamkeit dieser Vorstellung im psychischen Lebenszusammenhange und damit zugleich das Hinwirken derselben auf ihre „Verwirklichung“ unterstützen. Im Dasein jener Vorstellung und dieser Momente ist das Streben oder die „natürliche Tendenz“ nach dem Fortgang zu dem psychischen Thatbestande, in welchem für mich die Verwirklichung des Zieles besteht, unmittelbar gegeben.

Endlich füge ich dazu noch eine weitere Einschränkung. Ich will hier zunächst reden von dem „absoluten“ Streben, d. h. von demjenigen, das auf ein Ziel gerichtet ist, lediglich um dieses Zieles willen, oder, bei welchem das vorgestellte Ziel als solches, abgesehen von seinem associativen Zusammenhang mit anderen Gegenständen, erstrebt wird. Diesem absoluten Streben werden wir dann später das relative, das eben in einem solchen Zusammenhange seinen Grund hat, entgegenzusetzen haben.

Gehen wir nun zu den schon bezeichneten Gegensätzen. Der Gegensatz der Subjektivität und Objektivität beruht, wie wir sahen, allgemein auf dem Gegensatz des Psychischen überhaupt und des Gegenstandes. Der Gegenstand stellt Forderungen. Genüge ich der Forderung, so erscheint mein Verhalten als gefordert, und sofern dies der Fall ist, hat mein Verhalten, welcher Art es immer sei, den Charakter der Objektivität. Es hat den

Charakter der Subjektivität, wenn es nicht durch den Gegenstand gefordert, sondern mein willkürliches Verhalten ist. Das Gefühl der Subjektivität ist das Gefühl meines über die Forderungen des Gegenstandes hinweggehenden Verhaltens.

Darauf kommen wir zurück. Hier ziele ich vorerst ab auf die genauere Bezeichnung des anderen Gegensatzes, d. h. des Gegensatzes der Aktivität und Passivität. Es wurde schon gesagt, dass dieser Gegensatz mit jenem Gegensatz des Psychischen und des Gegenstandes nichts zu thun hat. Das Passivitätsgefühl ist nicht das Gefühl einer Forderung, sondern das Gefühl einer Nötigung. Diese Nötigung geht aus — nicht von einem Gegenstande, sondern von dem gegenwärtigen Zusammenhang des psychischen Lebens und seiner von den Gegenständen unabhängigen Eigenart, Verfassung, Ablaufsweise. Damit ist zugleich die Aktivität von der Subjektivität unterschieden.

Der Gegensatz des aktiven und des passiven Strebens nun kommt schon im gewöhnlichen Sprachgebrauch deutlich zum Ausdruck. Ich meine jederzeit ein aktives Streben, wenn ich sage: Ich strebe nach etwas. Das aktive Streben ist „mein" Streben, das Streben, das ·als „meine" Sache erscheint, in dem ich „frei" mich bethätige.

Aber neben diesem „meinem Streben" kennt der Sprachgebrauch ein Streben „in mir". Ein Gedanke „strebt in mir auf", eine „Begierde", ein „Wunsch", ein „Verlangen" regt sich „in mir", und gewinnt vielleicht „über mich Gewalt". Auch hier ist das Streben mein Streben, meine Begierde, mein Verlangen, d. h. es gehört zu mir und ist eine Bethätigungsweise meiner, aber es ist nicht mein, so wie „mein" Streben mein ist. Es steht auch wiederum zu „mir" im Gegensatz, vielleicht in schmerzlich fühlbarem Gegensatz. Kurz ich fühle mich mehr oder minder passiv.

Beim Streben wurde oben unterschieden das strebende Fortgehen oder die strebende oder abzielende Bewegung. Auch hier kehrt naturgemäss der Gegensatz der Aktivität und Passivität wieder. Die aktive strebende Bewegung ist das „Thun", die passive das „Erleiden". Ich betone, dass mit allen diesen Ausdrücken eigenartige Gefühlserlebnisse bezeichnet sind.

Gegensatz der Aktivität und Passivität. — Wir haben nun aber zunächst den Gegensatz der Aktivität und Passivität des Strebens weiter zu verdeutlichen. Als Ausgangspunkt diene ein bestimmtes Beispiel. Während ich einem Vergnügen hingegeben bin, oder „mein“ Streben darauf gerichtet ist, kommt mir der Gedanke an eine jetzt zu erfüllende Pflicht. Dieser Gedanke drängt sich mir auf. Es entsteht „in mir“ ein Streben nach Erfüllung der Pflicht und gewinnt „wider Willen“ oder trotz „meines“ Strebens „über mich“ Macht.

Das Gefühl der Passivität, wie ich es diesem Pflichtgedanken gegenüber habe, nannte ich oben gelegentlich ein Gefühl des „Nicht aus mir“. Aber dieser Pflichtgedanke stammt doch zweifellos aus mir. Er ist einmal Sache meiner Erinnerung. Und ich habe an ihm ein Interesse, und zwar ein positives Interesse, und vielleicht ein sehr viel tieferes Interesse als an dem Vergnügen, dem ich hingegeben bin. Hat, wie wir hier voraussetzen, der Gedanke nicht nur thatsächlich eine Pflicht zum Inhalt, sondern erscheint er mir auch in diesem Lichte, dann ist ohne weiteres einleuchtend, welcher Art dies Interesse ist. Es ist das Interesse, das im Bewusstsein der Pflicht allemal eingeschlossen liegt. Und dies mein Pflichtinteresse wirkt nun in dem Auftreten des Gedankens mit. Dies Interesse macht, dass der Gedanke sich mir in solcher Weise aufdrängt, wie er es thut. Dass der Gedanke sich mir aufdrängt, dies hat demnach durchaus in mir, ja es hat in eminentem Sinne in mir seinen Grund. Und doch fühle ich ihn als einen sich mir aufdrängenden; ich habe den Eindruck von etwas Fremdem, das mir entgegenwirkt und mich nötigt. Mit einem Worte: Ich habe das Gefühl der Passivität.

Wie nun ist dies möglich? Darauf wird jedermann die Antwort bereit haben: — Der Pflichtgedanke drängt sich so auf, wie er es thut, weil er von einem Interesse in mir getragen ist. Aber in dem Augenblicke, wo der Gedanke sich mir aufdrängt, bin ich von einem anderen Interesse, nämlich dem Interesse an dem Vergnügen, erfüllt, oder beherrscht. Und dies heisst zugleich, dass das Pflichtinteresse, mag es an sich noch so stark sein, zwar in mir wirkt, aber mich nicht erfüllt oder beherrscht, sondern zurückgedrängt bleibt. Gesetzt, es sollte das Interesse an dem Pflichtgedanken in mir zum herrschenden werden, so wäre dazu erforderlich, dass jenes andere Interesse, d. h. das Interesse an dem Vergnügen, relativ unwirksam gemacht würde. Es müsste der Gedanke an das Vergnügen der Unterstützung durch das Interesse, von dem er einstweilen getragen wird, relativ verlustig gehen, er müsste dieser seiner psychischen Basis beraubt werden.

Und dazu kann es ja allerdings kommen. Und gesetzt, es kommt thatsächlich dazu, dann fühle ich mich nun angesichts des Pflichtgedankens, zu dem ich mich vorhin passiv verhielt, nicht mehr passiv, sondern aktiv. Ich finde jetzt „mich" ihm zugewendet, für ihn Partei nehmend, auf seine Seite tretend, ich halte ihn eigenthätig fest, erwäge ihn, sein Dasein ist mein Thun u. s. w. So kann überhaupt dasjenige, was zuerst dem in mir herrschenden Interesse entgegenstand, und demgemäss sich mir „aufdrängte", im nächsten Moment zum Objekte meines freien Thuns, oder meiner Aktivität werden. Es wird jedesmal dazu, wenn das Interesse, von dem es getragen wird, zum herrschenden und eben damit dasjenige Interesse, das ihm entgegensteht, in seiner psychischen Wirksamkeit vermindert wird, also das von diesem Interesse Getragene, dieser seiner Basis in mir relativ beraubt wird.

Streben und „Interesse". — Hier ist uns ein wichtiger Begriff begegnet, nämlich der Begriff des „Interesses". Diesen müssen wir genauer bestimmen. Das „Interesse" an einem Erlebnis oder einem psychischen Vorgange kann im engeren und weiteren Sinne genommen werden. Im letzteren Falle verstehen wir unter Interesse alles, was irgend macht, dass dies Erlebnis in mir „Bedeutung" gewinnt, alles also, was ein psychisches Geschehen fähig macht zur Aneignung der psychischen Kraft oder der Aufmerksamkeit, oder ihm hilft zum Appercipiertwerden, also ihm die Möglichkeit gewährt, im Zusammenhang des psychischen Lebens wirksam zu werden, insbesondere also auch auf seinen natürlichen Erfolg hinzuwirken und Hemmnissen entgegenzuwirken. Wir verstehen unter „Interesse", wenn wir das Wort in diesem Sinne nehmen, alles, was in der Wirksamkeit, die ein psychischer Vorgang in mir vollbringt, mitwirkt oder dabei beteiligt ist, kurz alle Faktoren der psychischen Wirkungsfähigkeit und Wirksamkeit eines psychischen Vorganges, oder, wie ich sonst zu sagen pflege, alle Faktoren oder Momente der psychischen „Energie" eines Vorganges.

So allgemein nun wollen wir das Wort „Interesse" hier in der That nehmen. Dann müssen wir doch innerhalb der „Interessen" wiederum Unterschiede statuieren. Ein mir bevorstehendes unangenehmes Ereignis verfolgt mich. Dies Ereignis hat für mich gewiss Interesse, und sogar vielleicht sehr hohes Interesse. Es muss ja doch irgend etwas in mir sein, dass dem Ereignis diese Fähigkeit auf mich und in mir zu wirken verleiht. Und dies ist ein Interesse in dem oben angenommenen allgemeinen Sinne. Aber andererseits läuft das Ereignis auch wieder meinem „Interesse" durchaus zuwider. Ich habe ein Interesse daran — nicht es zu erleben und jetzt ihm nachzugehen, sondern es nicht zu erleben und den Gedanken daran los zu werden. Mein Inneres widersetzt sich ihm.

Hier nun sind wir offenbar bei einem Gegensatz, der dem Gegensatz der Aktivität und Passivität analog ist; nur dass dieser Gegensatz jetzt als ein Gegensatz der Interessen, d. h. der auf Apperception eines Geschehens hinwirkenden psychischen Faktoren sich darstellt. Wir haben in jedem Falle einen Gegensatz gewonnen zwischen „meinen" Interessen im spezifischen Sinne und Interessen, die in mir sind und wirken, ohne im gleichen Sinne „meine" Interessen zu sein.

Es leuchtet aber ein, welches die Interessen, die ich speziell „meine" Interessen nenne, sind. Es sind die Interessen meiner, d. h. meiner Persönlichkeit, der Persönlichkeit, die wir allem psychischen Geschehen als ein Anderes gegenüberstellen müssen. Sie bestehen in einem Zug meines Wesens, meiner Natur, meines apperceptiven Vermögens, nämlich einem solchen, der in der Apperception eines Geschehens zur positiven Wirkung gelangt, sie unterstützt, begünstigt, in der psychischen Wirksamkeit des Geschehens zur positiven Mitwirkung gelangt.

Von einer solchen im psychischen Geschehen wirksamen Persönlichkeit, oder wie wir auch sagen können, einem solchen

realen Ich, einem solchen realen Substrat des psychischen Geschehens, das im psychischen Leben eine selbständige Bedeutung
habe, reden einige Psychologen nicht gern. Aber dies ist Mode-
scheu vor Worten. Die damit gemeinte Sache kennt jeder. Jeder
Psychologe kennt und verwendet in seiner Psychologie die natürlichen Bethätigungsrichtungen der Psyche, die Vermögen, An-
lagen, natürlichen Geneigtheiten, den „Charakter", das „Naturell",
die „Temperamente"; auch die bleibenden oder wechselnden Ver-
fassungen der psychischen Individuen, etwa die durch körperliche
Zustände bedingten, die momentanen Disponiertheiten, Gestimmt-
heiten, Aufgelegtheiten etc. Und jeder weiss, dass ein psychisches
Geschehen mit Dergleichen übereinstimmen oder dazu gegensätzlich
sein, davon getragen oder im Widerspruch damit sich vollziehen
kann. Statt dieser letzteren Ausdrücke aber kann ich ebensowohl
den anderen setzen: In einem psychischen Geschehen ist ein
dauerndes oder momentanes Interesse meiner Persönlichkeit mitwirksam bezw. das psychische Geschehen läuft einem
solchen Interesse zuwider. Denn dass ein psychisches Geschehen
von der Natur, Beschaffenheit, Verfassung des psychischen Individuums oder einem Zuge in dieser Natur, Beschaffenheit etc.
„getragen" sei, dies heisst nichts anderes, als dass dies Moment
der Persönlichkeit in dem Geschehen zur Mitwirkung gelangt,
also seine psychische Wirksamkeit unterstützt, kurz seiner Apperception zu Hilfe kommt. Und dies eben besagt das Wort
Interesse.

Das positive Wertinteresse und das Gefühl der
Aktivität. — Auf der Mitwirkung eines solchen Interesses der
Persönlichkeit bei der Apperception oder dem psychischen
Wirksamwerden eines psychischen Geschehens, und darauf allein,
beruht letzten Endes alles Lust- oder Wertgefühl, das ein psychisches Geschehen begleitet. Demgemäss können wir auch die
Interessen, von denen hier die Rede ist, „meine" Interessen also,
kurz bezeichnen als „positive Wertinteressen". Diesen positiven
Wertinteressen stehen dann gegenüber die im Zusammenhang des
psychischen Geschehens gegründeten Interessen, d. h. die daraus
sich ergebenden positiven Bedingungen der Apperception.

Solche positive Wertinteressen nun sind es, die ich oben im Auge hatte. Auf ihrem Dasein beruht das Gefühl der Aktivität. Ich kann mich in einem psychischen Geschehen aktiv fühlen, wenn ein solches positives Wertinteresse das Geschehen trägt, d. h. in ihm mitwirkt, und wenn dies Interesse das in mir herrschende ist. Dagegen fühle ich mich passiv in dem Geschehen, welches das in mir herrschende Wertinteresse gegen sich hat, mag es im übrigen durch welches Interesse immer getragen sein. Wir sahen schon, dass dies letztere Interesse gleichfalls ein positives Wertinteresse sein kann. Nur darf dasselbe eben nicht die Herrschaft haben. — Ich bemerke noch: Das „herrschende“ Wertinteresse ist nicht notwendig das in mir wirksamste Interesse überhaupt. Es ist nur das im Vergleich mit anderen positiven Wertinteressen „herrschende“.

Das aktive Streben, so sagte ich oben, ist oder erscheint in spezifischer Weise als „mein“ Streben. Jetzt sehen wir, dies Streben ist das vom herrschenden positiven Wertinteresse getragene Streben. Das in mir herrschende Wertinteresse ist also „Ich“ im spezifischen Sinne. Daraus· gewinnen wir eine eigentümliche Vorstellung vom Ich, d. h. der Persönlichkeit. So eigentümlich sie ist, so sehr muss sie doch psychologisch mit aller Bestimmtheit festgehalten werden.

Die Persönlichkeit ist eine Einheit. Dies hindert doch nicht, dass sie jederzeit in eine Zweiheit gespalten erscheinen kann. Es gibt in der Persönlichkeit „Interessen“ und insonderheit Wertinteressen, die sich entgegenstehen und ihrer Natur nach entgegenwirken. Und diese können relativ selbständig nebeneinander aktuell werden, ebenso wie auch verschiedene und ihrer Natur nach einander entgegenwirkende psychische Vorgänge, d. h. Empfindungen, Wahrnehmungen, Vorstellungen relativ selbständig nebeneinander aktuell werden können. Dabei wird jederzeit ein Wertinteresse, oder ein hinsichtlich seiner Wirkung gleichgerichteter Komplex solcher Interessen, die Herrschaft über die entgegenwirkenden Wertinteressen haben. Und dies überwiegende Wertinteresse nun ist in einem besonderen Sinne die Persönlichkeit oder das Ich innerhalb der Gesamtpersönlichkeit. Das von ihm getragene psychische Geschehen ist in spezifischem Sinne „mein"; es ist das Geschehen, auf dessen Seite „ich" stehe, oder für das „ich" Partei nehme. Kurz, es ist „mein" Streben, oder Thun; ich bin in ihm aktiv. Dagegen ist das Gegeninteresse, obzwar auch ein Stück von mir, doch nicht in gleichem Sinne „Ich". Es ist etwas „in" mir, etwas „mir" Fremdes. Das von ihm getragene Geschehen ist ein Geschehen, das mir geschieht oder mir widerfährt. Ich fühle mich in ihm oder ihm gegenüber passiv.

Und zugleich besteht die Möglichkeit der Wanderung des „Ich". „Ich" trete jetzt auf die Seite dieses, jetzt auf die Seite jenes Geschehens. Ein Geschehen etwa, oder das in ihm mitwirkende Wertinteresse, zieht mich erst mit fühlbarer Gewalt zu sich hinüber. Ich folge widerwillig. Aber ich folge doch. Und schliesslich bin ich drüben. Und nun blicke ich auf das Interesse, das erst „Ich" war, wie auf etwas „mir" Fremdes; und blicke auf das Geschehen, das erst meine „Thätigkeit" war, wie auf ein Widerfahrnis. Dies ist merkwürdig, da doch eben alle solche positiven Wertinteressen „Ich" sind, ein Zug, ein Moment in der einen Persönlichkeit, eine „Saite" des Saitensystems, das ich dies ungeteilte psychische Individuum nenne.

Die Wertinteressen und ihre Objekte. — Damit ist nun aber noch nicht alle Merkwürdigkeit erschöpft. Obgleich die Wertinteressen nichts sind als Züge meiner Persönlichkeit, und obgleich andererseits jedes psychische Geschehen eine Bethätigung ist dieser selben Persönlichkeit, so sind doch diese Interessen auch gegenüber dem psychischen Geschehen, bezw. umgekehrt, relativ selbständig. D. h., besteht für ein psychisches Geschehen in mir ein positives Wertinteresse, so ist nicht ohne weiteres gesagt, dass dies Wertinteresse bei Gelegenheit des Geschehens, an welchem ich dieses Interesse habe, aktuell werde. In dem psychischen Geschehen liegt wohl die Fähigkeit, die auf dies Geschehen abgestimmte „Saite" zu wecken. Aber es kann auch geschehen, dass das zunächst potentiell in mir gegebene Interesse lediglich potentiell bleibt.

Jeder psychische Vorgang, so sagen wir dies genauer, hat

zunächst für sich, d. h. abgesehen von jeder Unterstützung durch ein „positives Wertinteresse", eine Fähigkeit, oder es liegt in ihm eine Tendenz, sich zum Objekte der Apperception zu machen, also psychisch wirksam zu werden. Dazu kommen dann erst als ein Zweites jene Faktoren des positiven Wertinteresses unterstützend hinzu. Und es besteht zwischen einem Vorgang und meinem positiven Wertinteresse an ihm eine natürliche Beziehung. Aber diese Beziehung kann, wie jede psychische Beziehung, ausser Funktion gesetzt, oder irgendwie in ihrer Funktion gehemmt sein. Es kann der Zusammenhang oder die „Association" zwischen dem Vorgang und dem Interesse mehr oder minder unwirksam bleiben. Und diese Unwirksamkeit der Association, oder dieses mangelnde Funktionieren der Beziehung zwischen den beiden psychischen Thatbeständen kann soweit gehen, dass das Interesse bei Gelegenheit des Auftretens des psychischen Geschehens, dem es gilt, gar nicht aktuell wird, also gar nicht eingreift. Dies heisst etwa: Es kann auch derjenige, dem die Fähigkeit der ethischen Wertung einer Art des Verhaltens, die er als möglich denkt, an sich nicht fehlt, dieselbe doch in einem gegebenen Falle unvollzogen lassen, also den Wert nicht verspüren. Es versagt eben das potentiell in ihm liegende Wertinteresse. D. h. es versagt jene „Beziehung".

Offenbar ist, was ich hier sage, auch unserer gewöhnlichen Anschauung keineswegs fremd. Wir sind durchaus daran gewöhnt, dass wir uns der Wirkung eines Gegenstandes auf uns, z. B. eines Kunstwerkes, „hingeben", uns darauf innerlich akkomodieren, uns ihm geflissentlich „öffnen" müssen, wenn wir die Wirkung ganz verspüren sollen, und dass uns dies, bei gleichem gutem Willen und gleicher geflissentlicher Zuwendung der Aufmerksamkeit zu dem Kunstwerk, bald mehr bald minder gelingt. Dabei kann das Kunstwerk dasselbe sein. Es ist dazu auch nicht etwa erforderlich, dass ein Element im Inhalte des Kunstwerkes das eine Mal uns aufgeht, das andere Mal uns verborgen bleibt. Sondern dasjenige, was wir in uns aufnehmen, schliesst vielleicht keinerlei Unterschiede in sich. Nur unsere Aufnahmefähigkeit, d. h. unser Interesse für ein solches Objekt, ist jetzt leichter, jetzt weniger leicht in Anspruch genommen oder aktuell gemacht.

Bedingung des Gefühles der Aktivität und Passivität. — Aus dieser relativen Unabhängigkeit eines psychischen Geschehens einerseits, und des in mir vorhandenen Wertinteresses für dasselbe andererseits, ist nun auch einzig begreiflich, wie wir in demselben psychischen Geschehen uns jetzt aktiv, jetzt passiv fühlen können. Zunächst gilt hier die allgemeine Regel, dass ein Gefühl jederzeit bezogen erscheint auf das jetzt spezifisch Appercipierte oder Beachtete, oder auf das apperceptiv in mir Herrschende, und dass dabei zugleich die Beschaffenheit des Gefühles durch dies spezifisch Beachtete bedingt ist. Oder anders gesagt: Dass ich mich in oder angesichts einer Sache in bestimmter Weise, insbesondere also auch aktiv oder passiv fühle, dies heisst gar nichts Anders, als dass ich mich so fühle, indem ich diese Sache apperceptiv heraushebe oder zum Hauptzielpunkt der Aufmerksamkeit mache. Und dann ist zugleich das Gefühl durch diese Sache bestimmt.

Wenden wir dies an auf unser Beispiel. Ich fühle mich in dem Pflichtgedanken oder angesichts desselben erst aktiv, dann passiv, oder umgekehrt. Dann ist beidemal der Pflichtgedanke das apperceptiv Herausgehobene; er ist der in mir herrschende Gedanke. Nicht minder ist, solange ich mich ihm gegenüber aktiv fühle, auch das Pflichtinteresse das in mir herrschende Wertinteresse. Dies Wertinteresse kann also das in mir herrschende sein. Es hat in sich selbst „das Zeug dazu". Dies hindert doch nicht, dass ein andermal dies Interesse nicht das herrschende ist, sondern zurücktritt hinter dem Interesse an dem Vergnügen. Dann fühle ich mich angesichts des Pflichtgedankens passiv; dieser Gedanke erscheint mir als ein sich mir aufnötigender. Und so ist es, obgleich auch in diesem Falle der Pflichtgedanke selbst in mir das Übergewicht oder die Herrschaft hat. Es kann also, allgemein gesagt, ein Gegenstand meines höchsten Interesses in mir die volle apperceptive Herrschaft haben, ohne dass deswegen auch dies Interesse in mir die Herrschaft gewänne.

Verallgemeinern wir das hier über das Bewusstsein der Aktivität und Passivität und seine Bedingungen Erkannte. Wir müssen dann sagen: Ich fühle mich aktiv in einem psychischen

Geschehen, dies heisst allemal: Dies Geschehen hat in mir die apperceptive Herrschaft, und ist zugleich getragen von einem, über andere gleichzeitige Wertinteressen überwiegenden oder über sie herrschenden Wertinteresse. Dagegen fühle ich mich passiv angesichts eines Geschehens in mir, wenn dies Geschehen, indem ich es apperceptiv heraushebe, also in mir zur apperceptiven Herrschaft bringe, von einem sonstigen Interesse getragen ist, das dem in mir herrschenden Wertinteresse entgegenwirkt, oder wenn das Wertinteresse, das ihm zu Hülfe kommt, von einem anderen Wertinteresse überwogen wird.

Aktivität in der Passivität und umgekehrt. — Auch mit Vorstehendem ist nun aber das Gefühl der Aktivität und der Passivität noch nicht verständlich geworden. Wir gelangen dazu, indem wir zunächst die Beziehung der Aktivität und Passivität zur Thatsache des Strebens genauer bestimmen.

Das Streben ist aktiv oder passiv, d. h. es ist jederzeit das Eine oder das Andere. Und dies müssen wir zugleich umkehren. Nur im Streben findet sich der Gegensatz der Aktivität und Passivität. Dieser Gegensatz ist überhaupt an das Streben gebunden. Ich kann nicht mich aktiv oder passiv fühlen, ohne in mir ein Streben zu fühlen, so wie ich umgekehrt kein Streben fühlen kann, ohne in ihm mich aktiv oder passiv zu fühlen. In aller „Aktivität" liegt ein Ziel, und ein Moment des Gegensatzes und der Spannung: Ich ziele auf etwas und ziele damit zugleich gegen etwas, nämlich gegen eine zu überwindende Hemmung. Ebenso liegt in der „Passivität" ein Ziel und ein Moment des Gegensatzes, also der Spannung. Etwas zielt gegen mich, gegen einen Punkt in meiner „Natur" oder Persönlichkeit, oder gegen ein psychisches Geschehen, auf dessen Verwirklichung ich natürlicherweise gerichtet bin. Das Abzielen aber, und der Gegensatz und die daraus entstehende Spannung, das sind die charakteristischen Momente des Strebens.

Zugleich ergibt sich aus oben Gesagtem: In jedem aktiven Streben, also in jeder Aktivität überhaupt, liegt zugleich notwendig ein Moment der Passivität. Umgekehrt liegt in jeder Passivität ein Moment der Aktivität.

Im aktiven Streben ist ein Moment der Passivität jederzeit gegeben durch das Hemmnis; in der Passivität ist ein Moment der Aktivität jederzeit gegeben in „mir" d. h. dem Moment meiner Persönlichkeit oder dem von einem solchen getragenen Geschehen, also in einem aktiven Streben oder Thun, welchem das Geschehen, in dem ich mich passiv fühle, entgegenwirkt. Und das Dasein jenes Momentes der Passivität in der Aktivität schliesst zugleich die Möglichkeit in sich, dass ich mich passiv fühle. Ebenso das Dasein dieses Momentes der Aktivität in der Passivität die Möglichkeit, dass ich ein Gefühl der Aktivität habe. Ich brauche nur dort das Hemmnis, hier das Moment meiner Persönlichkeit, oder das von ihm getragene Geschehen, das aktive Streben oder Thun, in mir zur apperceptiven Herrschaft zu bringen.

Was das Moment der Aktivität in der Passivität betrifft, so habe ich hier zwei Möglichkeiten unterschieden, dass ein aktives Streben oder Thun, und dass lediglich ein Moment der Persönlichkeit dasjenige sei, wogegen das passive Geschehen wirkt. Strebt der Gedanke an etwas irgendwie mir Widerwärtiges in mir auf, und gewinnt über mich Gewalt, so tritt dieser Gedanke zunächst einfach in Gegensatz zu mir; er ist mir widerwärtig, d. h. er widerstrebt meiner Natur. Meine „Natur" wirkt dann zugleich ihm entgegen. Hier ist diese meine Natur, oder der bestimmte Zug in derselben, der dem Gedanken entgegensteht, das Moment der Aktivität. Drängt sich mir ein andermal eine Thatsache auf, die einem bestimmten, von mir gehegten Wunsche widerstreitet, so ist dieser Wunsch das Moment der Aktivität in der Passivität.

Ebenso müssen wir aber in unserem aktiven Streben zwei Möglichkeiten des „Hemmnisses" unterscheiden. Dies Hemmnis oder dies dem aktiven Streben Entgegenwirkende ist einmal ein Geschehen oder ein Erlebnis. So war im Obigen zunächst vorausgesetzt. Aber dies ist nicht notwendig der Fall. Das meinem Streben oder Thun Entgegenstehende und Entgegenwirkende kann auch bestehen in einem ruhenden psychischen Thatbestand, einer Zuständlichkeit, einer Beschaffenheit meiner, auch einer solchen, deren eigene Natur mir völlig unbekannt ist.

Ich besinne mich etwa vergeblich auf den Namen eines Menschen, den ich doch sehr wohl kenne. Hier liegt das Hemmnis nicht in einem psychischen Geschehen, sondern in einer, wissenschaftlich einstweilen nicht genauer definierbaren Zuständlichkeit.

Auch dieses Hemmnis nun ist ein Moment der Passivität. Und ich kann mich auch gegenüber jedem solchen zuständlichen Momente der Passivität passiv fühlen. Ich brauche auch hier nur das Hemmnis zur apperceptiven Herrschaft zu bringen.

Und dies kann ich; auch in dem soeben speziell hervorgehobenen Falle. Ich kann hier freilich nicht den Thatbestand, in welchem das Hemmnis besteht, für sich appercipieren, oder apperceptiv isolieren, aber ich kann ihn appercipieren als Hemmnis, d. h. ich kann innerhalb des Gesamtthatbestandes, der jetzt in mir vorliegt, dies, dass in ihm ein Hemmnis sich findet, apperceptiv herausheben, oder was Dasselbe sagt, ich kann jenen Gesamtthatbestand speziell unter dem Gesichtspunkt dieses Hemmnisses betrachten, kann in spezifischer Weise darauf achten, dass meine Vorstellungsbewegung in ihrem Fortgehen gehemmt ist. Dann fühle ich mich passiv.

Entstehung des Passivitätsgefühles. — Darin nun liegt zugleich eine genauere Bestimmung des Apperceptionsaktes, durch welchen überhaupt das Gefühl der Passivität zu stande kommt, oder des eigentlichen Sinnes jener Behauptung, als Gegenstand eines Passivitätsgefühles erscheine das mir oder einem aktiven Streben oder Thun Entgegenwirkende, wenn es zur apperceptiven Herrschaft gebracht werde. Dieser Apperceptionsakt, oder dies „Zur apperceptiven Herrschaft Bringen", besteht, kurz gesagt, nicht in einer abstrahierenden Apperception dessen, was in mir aufstrebt und mir entgegenstrebt, sondern in der apperceptiven Heraushebung oder Betonung desselben innerhalb des psychischen Gesamtthatbestandes, in welchem mein Streben besteht. Es besteht darin, dass ich diesen Gesamtthatbestand dem Moment der Passivität apperceptiv unterordne, oder ihn in „Hinsicht" darauf betrachte, oder unter den „Gesichtspunkt" dieses Momentes der Passivität stelle. Ich würde das Gefühl der Passivität angesichts eines passiven Erlebnisses nie haben können, wenn ich dabei von dem Moment der Aktivität, also dem Faktor in mir, zu dem das passive Erlebnis in Gegensatz tritt, absähe, ihn ausser Betracht liesse. Vielmehr ist, wenn das Gefühl der Passivität entstehen soll, die erste Bedingung, dass ich das passive Erlebnis zu mir oder dem Momente in mir, dem es entgegenwirkt, in Beziehung setze, dass ich es betrachte als zu diesem Momente in Gegensatz tretend. Zugleich darf dies Moment der Aktivität doch auch wiederum nur in Betracht kommen, sofern das Erlebnis zu ihm in Gegensatz tritt. Ich muss also insbesondere dies Moment der Aktivität „unter dem Gesichtspunkte" des Erlebnisses, angesichts dessen ich mich passiv fühlen soll, betrachten.

So würde in dem oben gebrauchten Beispiel das Gefühl der Passivität angesichts des sich mir „aufdrängenden" Pflichtgedankens nicht entstehen können, wenn ich, mit einer Wendung Kants, von der in mir vorhandenen, der Pflicht entgegenstehenden „Neigung" absähe. Denn dies hiesse, dass die psychische Wirkung dieser Neigung, insbesondere also auch die Wirkung auf mein Gefühl, ausgeschaltet wäre. Die Gegenwirkung dieser Neigung, oder die gegensätzliche Beziehung zwischen ihr und dem Pflichtantrieb ist es aber eben, die das Passivitätsgefühl bedingt. Dies Gefühl entsteht — nicht, weil der Gedanke der Pflicht in mir da und lebendig ist, sondern weil er zu der „Neigung" in der besonderen Beziehung steht, die ich damit bezeichne, dass ich sage, er wirkt derselben entgegen. Und das fragliche Gefühl besteht nur, so lange diese Beziehung da ist und wirksam ist. Diese „Beziehung" kann aber in mir da sein und wirksam sein, oder es kann jene Gegenwirkung in mir stattfinden, nur wenn beide Gedanken, der Pflichtgedanke und der Gedanke an das Vergnügen, in mir zumal wirksam sind und mich in Anspruch nehmen und wenn beide apperceptiv vereinigt sind. Das Gefühl der Passivität angesichts des Pflichtgedankens entsteht, indem ich diesen Gedanken innerhalb dieser apperceptiven Einheit apperceptiv hervorhebe, und ihm die „Neigung" oder allgemeiner gesagt, das Moment in der Persönlichkeit, bezw. das aktive Streben oder Thun, zu dem jener Gedanke in Gegensatz tritt, apperceptiv unterordne, indem ich den Pflichtgedanken zum apperceptiv herrschenden Moment mache, zu demjenigen, worauf ich in jener Wechselbeziehung apperceptiv hinziele, worauf ich jetzt den Ton oder Nachdruck lege, indem in dieser apperceptiven Einheit der Pflichtgedanke zum apperceptiven Mittelpunkt oder Schwerpunkt wird; kurz indem ich die Neigung betrachte einzig unter dem Gesichtspunkte des Pflichtgedankens und ihres Gegensatzes zu ihm.

Dies ist, wie hier, so auch sonst, der Sinn der „Unterordnung". Er besteht, allgemein gesagt, nicht darin, dass ich über das „Untergeordnete" zur Tagesordnung übergehe, dass dasselbe für mich bedeutungslos wird, sondern dass es für mich in Betracht kommt, aber nur in seiner Beziehung zum Übergeordneten, oder so, dass ich es „unter dem Gesichtspunkt" dieses „Übergeordneten" betrachte. — Dabei ist die Einsicht vorausgesetzt, dass solche Unterordnung oder solche Betrachtung eines psychischen Thatbestandes unter dem Gesichtspunkte eines anderen eine durchaus eigenartige psychologische Thatsache ist.

Gefühl der Aktivität. — Analoges gilt nun aber auch mit Rücksicht auf das Aktivitätsgefühl. Das Aktivitätsgefühl ist, ich wiederhole, ein Gefühl „meines" Strebens, oder „meines" Thuns, d. h. meines strebenden Fortgehens, und dazu gehört das Hemmnis. Nun hindert mich unter Umständen nichts, von dem Hemmnis allerdings abzusehen, oder sein Dasein ausser Betracht zu lassen. Damit hebe ich aber zugleich seine Wirkung auf mein Gefühl auf, d. h. es kann jetzt gar kein Gefühl des Strebens, also auch kein Gefühl der Aktivität desselben mehr zu stande kommen.

Ich wünsche z. B. reich zu sein an irdischen Gütern. Dies „Wünschen" ist, wie jedes Wünschen, ein aktives Streben. Hier nun kann ich absehen von dem, was der Verwirklichung des Zieles entgegensteht. Dies Moment, das Hemmnis, kann hier kurz bezeichnet werden, als mein thatsächlicher und mir bekannter Mangel an irdischen Gütern. Aber wenn ich von diesem Mangel absehe, so werde ich in meiner Vorstellung wirklich reich. Ich „anticipiere" meinen gewünschten Reichtum. — Wie hier, so besteht überhaupt das „Anticipieren" eines erstrebten Zieles darin, dass ich in meinem Streben von dem, was seiner Verwirklichung entgegensteht, oder sie für mich negiert, absehe. Daraus ergibt sich allemal das gedankliche Haben oder der gedankliche Besitz des Erstrebten.

Mit dieser Anticipation ist aber das Gefühl des Strebens und demnach auch sein Aktivitätscharakter dahin, nämlich genau für so lange, als ich in dieser Anticipation, d. h. dieser Abstraktion verweile.

Oder anders ausgedrückt, ich kann nicht streben im Sinne des aktiven Strebens, ohne dass mir etwas fehlt. Und dies negative Moment muss in mir wirksam sein, wenn das Gefühl des aktiven Strebens in mir entstehen soll.

Zugleich aber ist für das Gefühl des aktiven Strebens dies erforderlich, dass ich das Ziel gedanklich oder apperceptiv dem Hemmnis überordne, dass ich also in dem einheitlichen Erlebnis, oder dem Zusammenhang des psychischen Erlebens, den ich bezeichne als Gegeneinanderwirken eines von einem herrschenden Wertinteresse getragenen Geschehens und eines gegenwirkenden Faktors, oder eines „Hemmnisses“, auf das erstere Moment den apperceptiven Nachdruck lege, es zum apperceptiven Schwerpunkt mache, oder zum apperceptiv Herrschenden werden lasse, oder dass ich das Hemmnis betrachte lediglich unter dem Gesichtspunkte „meines“ Strebens oder Thuns.

Vierfache Beziehung des Strebungsgefühls. — In jedem Streben, so sagte ich schon allgemein, liegt die Möglichkeit, dass ich das Gefühl der Aktivität und andererseits das der Passivität habe. Und es wurde im Vorstehenden gezeigt, wie ich zu dem einen und dem anderen gelange.

Damit sind nun aber die möglichen Modifikationen des Strebungsgefühles noch nicht erschöpft. Sondern es besteht im Ganzen die Möglichkeit einer vierfachen Modifikation desselben. Ich zeige sie alle vier an einem Beispiel. Ich strebe etwa darnach, einen Stein zu heben, oder will ihn heben. Hier ist das Ziel, oder das Erstrebte, psychologisch betrachtet, nicht der physikalische Thatbestand der Aufwärtsbewegung des Steines oder der den Stein fassenden Hand, sondern dasselbe besteht in einem Komplex von

**Empfindungen.** Und das psychische Geschehen, das auf dies Ziel hinwirkt, besteht in dem Komplex der entsprechenden **Vorstellungen,** einschliesslich alles dessen, was auf den Übergang dieser Vorstellungen in die entsprechenden Empfindungen, bezw. Wahrnehmungen, unterstützend hinwirkt, oder kurz, einschliesslich meines Interesses an diesem Übergange.

Hier kann ich nun zunächst wiederum von dem Hemmnis, d. h. von dem gegenwärtigen Sachverhalt, sofern durch ihn das Ziel negiert ist, absehen. Dann anticipiere ich das Ziel, d. h. ich stelle mir vor, dass ich die Hebung des Steines vollziehe, oder ich vollziehe die Hebung des Steines thatsächlich, nämlich in meiner Vorstellung. Und gesetzt, es bleibt bei dieser Anticipation, dann ist das Streben eben damit aufgehoben.

Setzen wir aber voraus, diese Anticipation geschehe nicht, oder es bleibe zum mindesten nicht dabei. Dann kann ich zunächst innerhalb des gesamten psychischen Sachverhaltes, der mein Streben ausmacht, die Zielvorstellung zur apperceptiven Herrschaft bringen, und ihr die Wahrnehmung des Sachverhaltes, der dieselbe negiert, unterordnen. Jetzt habe ich das Bewusstsein „meines“ Strebens nach der Hebung des Steines, also das Gefühl des aktiven Strebens.

Andererseits ergibt sich mir das Gefühl des passiven Strebens, wenn ich den wahrgenommenen **Thatbestand** appercipiere — nicht für sich, oder isoliert, sondern als das dem Ziele und meinem Interesse an dem Ziele Entgegenstehende, also in seiner Eigenschaft als Hemmnis, wenn ich also die Vorstellung des **Zieles** diesem **Hemmnis** gedanklich unterordne. Dies passive Streben ist, eben als passives Streben, ein Streben des **Hemmnisses,** oder ein Streben, das in dem Hemmnis liegt. Es ist, sofern der **Stein** speziell als dasjenige erscheint, worin die erlebte Hemmung meines Thuns begründet liegt, ein Streben des Steines, und zwar ein Streben gegen mich oder mein Thun. Mit einem Worte: Der Stein **widerstrebt,** oder übt **Widerstand.** Das Gefühl des von mir erlebten Widerstandes ist, wie überall, so auch hier, das Gefühl des Strebens, bezogen auf das Hemmnis, oder auf dasjenige, in dessen Dasein für mich das Hemmnis gegeben ist. In dieser Beziehung auf das Hemmnis hört das Streben zugleich auf Aktivitätscharakter zu haben und gewinnt Passivitätscharakter, d. h. es wird zu dem eigenartigen Gefühlserlebnis, das ich eben als Widerstreben gegen mich oder als Widerstand bezeichne.

Zwischen diesen beiden Möglichkeiten aber steht nun eine dritte. Ich „betone" wiederum den gegenwärtigen Thatbestand oder bringe ihn zur apperceptiven Herrschaft, aber nicht den gegenwärtigen Thatbestand als solchen, oder nach seiner positiven Seite, sondern als den aufzuhebenden, d. h. durch die Zielvorstellung, in unserem Falle durch die Vorstellung der Aufwärtsbewegung des Steines, negierten. Ich betrachte ihn nach dieser negativen Seite. Jetzt bleibt mein Streben aktiv, aber es hört auf, positives Streben zu sein. Es wird zum „Widerstreben", nämlich zu meinem Widerstreben gegen den wahrgenommenen Thatbestand. Es entsteht dies neue und eigenartige Gefühlserlebnis, das ich als Gefühl „meines Widerstrebens" bezeichne. Es ist ein Aktivitätsgefühl eben darum, weil die Aufhebung des gegenwärtigen Thatbestandes nur die negative Seite ist dessen, worauf das mich beherrschende Interesse sich richtet, d. h. der Hebung des Steines. Es ist ein Gefühl des negativen Strebens, weil das Streben eben damit zugleich gerichtet erscheint gegen den gegenwärtigen Thatbestand.

So entsteht überhaupt das Gefühl meines Widerstrebens, indem ich in „meinem" Streben das zu Überwindende, oder das durch das Ziel Negierte, als solches, oder nach dieser negativen Seite hin, apperceptiv heraushebe und in dem Gesamterleben, welches das Streben konstituiert, zum apperceptiven Schwerpunkt mache.

Und endlich besteht eine vierte Möglichkeit. Ich „betone" in meinem Streben den gegenwärtigen Thatbestand, — nicht in seiner Beziehung zum Ziel meines Strebens, sondern zu seinem eigenen natürlichen Erfolge. Ich mache in meinem Gesamterleben diesen gedanklichen Zusammenhang zum apperceptiven Schwerpunkt. Ich mache dazu den Stein, aber als denjenigen, der, sich selbst überlassen, erfahrungsgemäss herabsinkt. Jetzt ist mein Strebungsgefühl wiederum auf dies mir Entgegenwirkende bezogen, aber eben auf dies Entgegenwirkende, sofern an dasselbe dieser Erfolg gebunden ist. Das Streben ist also Streben des Steines, aber es ist ein

Streben, das in ihm liegt, s o f e r n er im Begriffe ist, herab zu sinken, oder kurz, ein Streben des Steines herabzusinken.

Auch dies Gefühlserlebnis ist ein neues. Es ist etwas Anderes, ob der Stein gegen mich heranstrebt, mir widerstrebt, ob in ihm dieses Element des „Gegen mich" vorwaltet, oder ob in dem Gefühl diese Beziehung auf mich zurücktritt, und an die Stelle die Beziehung tritt auf dasjenige, was aus dem Stein wird, wenn er sich selbst überlassen bleibt.

S t u f e n d e s A k t i v i t ä t s - u n d P a s s i v i t ä t s g e f ü h l s. — Aus dem oben über die Bedingungen für das Zustandekommen des Aktivitäts- und Passivitätsgefühls Gesagten ergibt sich zugleich ohne weiteres, dass in einem Streben mannigfache und schliesslich unendlich viele S t u f e n des Aktivitäts- und ebenso des Passivitätsgefühles statthaben können. Indem ich strebe — im Sinne des a k t i v e n Strebens —, kann mein Blick sicherer und fester auf das Ziel gerichtet sein, d. h. ich kann in h ö h e r e m G r a d e der Vorstellung des Zieles das Hemmnis apperceptiv unterordnen. Ein andermal ist die Unterordnung eine minder vollständige. Ich „schiele" zugleich, mehr oder minder, apperceptiv nach der Hemmung. Je mehr J e n e s der Fall ist, desto mehr hat mein Streben den Charakter des positiven, des entschlossenen, des um das Hemmnis unbekümmerten Gerichtet-seins oder Losgehens auf das Ziel. Je mehr D i e s der Fall ist, um so mehr trägt mein Gefühl den Charakter des Widerstrebens in sich. Es gewinnt einen Charakter des Sich-Abmühens gegen das Hindernis, kurz einen Charakter der Negativität. Dort ist ebendamit zugleich die A k t i v i t ä t r e i n e r, in höherem Grade n u r Aktivität, sie ist so zu sagen, gesättigtere Aktivität, weiter entfernt vom Passivitätscharakter. Hier dagegen kommt in den Aktivitätscharakter des Gefühles mehr und mehr das Moment der Passivität oder der Gegensätzlichkeit zwischen dem Hemmnis und dem eigenen Streben oder Thun hinein. Hiermit sind Gefühlserlebnisse von immer anderer und anderer qualitativer Charakteristik bezeichnet.

Ebendieselbe unendliche Möglichkeit von Abstufungen besteht dann auch rücksichtlich des Passivitätsgefühles. Je mehr ich das

Hemmnis oder den zu überwindenden Thatbestand ins Auge fasse, und ihm das Ziel unterordne, desto mehr ist das Gefühl ein solches der reinen Passivität, je weniger vollkommen die Unterordnung ist, um so mehr ist in der Passivität zugleich das Moment der eigenen Gegenwehr mitverspürbar.

Weitere Modifikationen des Aktivitäts- und Passivitätsgefühls. — Von den hier bezeichneten Stufen des Aktivitäts- und Passivitätsgefühles müssen wir aber endlich unterscheiden gewisse andere qualitative Unterschiede des Aktivitäts- und Passivitätsgefühls. Zunächst solche, die sich ergeben, wenn wir schon früher erwähnter qualitativer Unterschiede des Strebungsgefühles uns erinnern. Ich stellte einander gegenüber die Energie des Strebens und Strebungsgefühles und den Grad der Spannung, der in ihm sich findet. Dieser Gegensatz nun bleibt auch innerhalb des Gegensatzes von aktivem und passivem Streben bestehen. Mein Streben, und nicht minder das, was „in mir" aufstrebt oder gegen mich heranstrebt, oder sich mir aufnötigt, kann grössere oder geringere Energie aufweisen. Und mein Streben, eben sowohl aber auch dies passive Streben, kann in höherem oder geringerem Grade den Charakter der Spannung haben. Ich habe ein Gefühl des leichteren, d. h. spannungsloseren, in diesem Sinne „freieren", aktiven Strebens oder Thuns, in dem Masse als die Energie oder Wirkungsfähigkeit der Hemmung sich mindert im Vergleich mit der Energie jenes eigenen Strebens oder Thuns, oder der Faktoren, in deren Wirksamkeit das Positive dieses eigenen Strebens oder Thuns besteht. Und ich habe ein Gefühl der spannungsloseren, d. h. widerstandsloseren Passivität, in dem Masse als umgekehrt die Energie des Momentes meiner Persönlichkeit, zu welchem das in mir Aufstrebende und mich Nötigende in Gegensatz tritt, sich mindert im Vergleich mit der Energie dieses in mir Aufstrebenden und mich Nötigenden.

Damit sind nun also im ganzen drei verschiedene Richtungen bezeichnet, in welchen der Charakter des Gefühles der Aktivität und Passivität stetig oder durch unendlich viele Stufen sich modifizieren kann. Aber auch damit sind die Möglichkeiten nicht erschöpft. Noch eine Möglichkeit tritt hinzu. Ein Streben kann das einzige sein, das jetzt in mir sich regt. Ich finde mich also in ihm völlig zusammengefasst. Oder aber es kann mit einem auf ein anderes Ziel gerichteten Streben konkurrieren. In jenem Falle ist das Streben „frei", wiederum in einem neuen Sinn, d. h. es ist in sich selbst frei. In diesem Falle ist es in sich zwiespältig. Und ich habe in jenem Falle ein G e f ü h l der Freiheit, in diesem ein Gefühl der Zwiespältigkeit, des Hin- und Hergezogenseins, der Gegensätzlichkeit der Strebungen oder Nötigungen, ein Gefühl des Zweifels, was ich eigentlich will, oder was ich soll. Dies Gefühl ist durchaus verschieden von dem Gefühle der Spannung, das für mich in jedem e i n z e l n e n Streben liegt.

S u b j e k t i v e   M ö g l i c h k e i t ,   W a h r s c h e i n l i c h k e i t , G e w i s s h e i t . — Damit sind wir an einen Punkt gekommen, von wo aus wiederum neue „Kategorien" des Strebens und neue Modifikationen des Strebungsgefühls sich ergeben. Bei jenem Widerstreit der Strebungen kann es bleiben. Er kann aber auch aufgehoben werden, nicht nur so, dass das eine Streben verdrängt oder vergessen wird, sondern auch unter der gegenteiligen Voraussetzung: Ich halte beide Ziele und damit beide Strebungen fest und halte sie zusammen. Ich wäge sie gegen einander ab. Dies Gegeneinanderabwägen ist zunächst gar nichts Anderes als der Zusammenschluss in einen einzigen Apperceptionsakt. In diesem Zusammenschluss oder dieser Einheitsapperception aber können beide Strebungen sich vereinheitlichen. Und es wird dies umso sicherer geschehen, je mehr ich sie neben einander festhalte und in einen einzigen Gedanken zusammenschliesse. Und dies wiederum geschieht am leichtesten, wenn ich sie unter einen einzigen Gesichtspunkt stellen kann.

Das Resultat dieser Vereinheitlichung ist ein verschiedenes, je nach dem Verhältnis zwischen der Energie, die dem einen und dem anderen Streben an sich und vermöge des Interesses, von welchem beide getragen werden, eignet. Gesetzt, beide Strebungen halten sich das Gleichgewicht, so ergibt die Vereinheitlichung das Gefühl des neutralen Könnens, oder der Indifferenz gegen beide Ziele. Ich fühle mich gegen die beiden Möglichkeiten des Strebens neutral oder in der Schwebe: Ich kann das Eine, könnte aber auch ebensowohl das Andere erstreben, bezw. thun. Solche Vereinheitlichung können wir Verschmelzung, und demnach das Gefühl des neutralen Könnens ein Verschmelzungsgefühl nennen. Dabei ist der Begriff der Verschmelzung durchaus analog dem Begriffe der Tonverschmelzung genommen: Verschiedenes wirkt nicht für sich und nicht gegen einander, sondern wirkt zusammen und verbindet sich insbesondere zu einer einheitlichen Bewusstseinswirkung. Die einheitliche Bewusstseinswirkung, die aus dem Zusammenwirken von Tönen sich ergibt, ist der Bewusstseinsinhalt, den wir Klang nennen. Die einheitliche Bewusstseinswirkung, die aus dem Zusammenwirken entgegengesetzter gleich intensiver Strebungen sich ergibt, ist das Gefühl der Indifferenz des Strebens oder des neutralen Könnens.

Oder aber die Energie des einen Strebens besitzt das Übergewicht. Jetzt gewinnt die Vereinheitlichung den Charakter der Unterordnung oder der unterordnenden Einheitsapperception. In dieser wird das schwächere Streben von dem stärkeren mehr oder minder aufgesaugt. Ich verweise hier wiederum auf meine Abhandlung über die Psychologie der Absorption. Auch hier ergibt sich als einheitliches Bewusstseinsresultat ein neues Gefühl, nämlich das Gefühl des Vorziehens, des Lieberwollens. Wegen der Analogie mit dem logischen Wahrscheinlichkeitsentscheid bezeichne ich dies Vorziehen auch als „Wahrscheinlichkeitsentscheid" des Strebens.

Dies Vorziehen wird um so entschiedener, je vollkommener die Unterordnung ist. Wird sie zur absolut vollkommenen, so ist der Entscheid ein absoluter Entscheid, oder ein Gewissheitsentscheid. Es entsteht das Gefühl der Entscheidung für eines der Ziele gegen das andere, der wollenden Zuwendung zum einen und Abwendung vom anderen, oder der Zuwendung zum einen auf Kosten des anderen, oder umgekehrt gesagt, der Opferung dieses zu Gunsten jenes, oder um jenes willen. Auch dies Gefühl der Gewissheit des Strebens oder des absoluten Entscheides ist ein neues Gefühlserlebnis.

Auch jenes Gefühl des Vorziehens und dies Gefühl des absoluten Entscheides kann wiederum bezeichnet werden als ein Verschmelzungsgefühl. Beide sind ein solches in gleichem Sinne und aus gleichem Grunde wie jenes Gefühl der Indifferenz des Strebens.

Wie man sich erinnert, wurde schon oben, S. 22, darauf hingewiesen, dass auch in jedem einfachen Streben ein Grund liegt zu einem Auseinandergehen in ein Streben und ein Gegenstreben. Das Gegenstreben ist das Streben nach Vermeidung der inneren Gegensätzlichkeit oder der inneren Arbeit, die in jedem Streben liegt. Es ist das Streben, auf ein Streben, um des zu überwindenden Hemmnisses willen, zu verzichten. Auch von diesem Gegensatz zwischen Strebungen gilt das hier Vorgetragene.

Der Erfolg des Strebens. Die Befriedigung. — Das Streben, von dem wir im Vorstehenden sprachen, ist der Anfangspunkt einer psychischen Bewegung. Ihr natürliches Ende ist der „Erfolg". Wenden wir jetzt unseren Blick, ohne einstweilen auf das Zwischenliegende zu achten, von jenem Anfang sogleich zu diesem Ende.

Ein Streben „befriedige sich", die Hemmung werde, gleichgültig wie, überwunden. Dann löst sich die Spannung und das Streben zergeht. Es entsteht das Gefühl der Befriedigung. Das Gefühl der Befriedigung ist das Gefühl der in der Verwirklichung eines Strebens sich lösenden Spannung. Dies Gefühl ist nicht etwa ohne weiteres ein Lustgefühl. Dies zeigt deutlich die Befriedigung der Erwartung. Hier habe ich ein gleichartiges Gefühl der Lösung einer Spannung. Aber dies Gefühl kann lust- und unlustgefärbt sein. Es ist das Eine oder das Andere, je nachdem die Erwartung eines Lustvollen oder eines Unlustvollen sich befriedigt. Mag aber das Eine oder das Andere der Fall sein, in jedem Falle bleibt doch das Gefühl der Befriedigung in seiner Eigenart bestehen.

Das eigenartige Gefühl der Befriedigung des Strebens kann aber noch näher bestimmt werden. Es schliesst in sich ein Gefühl der Identität: Ich habe das Bewusstsein, dass ich jetzt eben Dasjenige besitze, was ich erstrebte. Doch ist es nicht ein Gefühl der Identität, das ich gewinne im Vergleiche von Bewusstseinsinhalten. Eine Identität von Bewusstseinsinhalten findet ja hier nicht statt. Ich strebe etwa nach einer Geschmacksempfindung, und die Geschmacksempfindung wird mir zu teil; oder ich strebe nach der Vorstellung des Namens eines Menschen, und ich finde den Namen. In beiden Fällen habe ich das Gefühl der Befriedigung und in ihm das Gefühl der Identität. Ich weiss, eben das, was ich erstrebte, habe ich jetzt. Oder, wenn man will, ich „erkenne" in dem, was ich habe, das Erstrebte „wieder". Hier nun besteht nicht etwa Identität zwischen dem, was jetzt in meinem Bewusstsein ist, und dem, was vorhin in meinem Bewusstsein war. Mein voriger Zustand war ja dadurch charakterisiert, dass ich, was ich jetzt im Bewusstsein habe, nicht im Bewusstsein hatte. Ich hatte statt der Geschmacksempfindung die Geschmacksvorstellung; und ich hatte statt des Namens der Person die Person ohne den Namen.

Dennoch ist das Identitätsgefühl in unserem Falle gleicher Art mit jedem sonstigen Identitätsgefühl. Jedes Identitätsgefühl ist letzten Endes ein Gefühl, dass die Tendenz der Festhaltung oder des weiteren Vollzuges eines inhaltlich bestimmten Apperceptionsaktes sich befriedigt. Und ein solches Gefühl kann ich auch hier haben. Vielmehr ich muss es haben. Ich hatte vorher thatsächlich nicht, was ich jetzt habe, aber ich hatte es d e r T e n d e n z n a c h. Strebe ich nach einer Empfindung, so ziele ich apperceptiv auf die Empfindung. Die Empfindung ist der i n t e n d i e r t e I n h a l t meiner Apperception; sie ist das im Apperceptionsakt „Gemeinte". Und eben diese Empfindung stellt sich mir dar. Es befriedigt sich also eine inhaltlich bestimmte Apperceptionstendenz. — Im übrigen werden wir auf das Identitätsgefühl zurückzukommen haben.

Auch die Befriedigung des Strebens nun hat Aktivitäts- oder Passivitätscharakter. Dies muss so sein, da sie, wie gesagt, das natürliche Endstadium des Strebens und des strebenden Fortgehens oder der strebenden Bewegung ist. Diese ganze Bewegung aber ist ja aktiv oder passiv. Sie ist „aktiv", dies heisst, sie erscheint hervorgehend aus mir, und zwar als diese g a n z e Bewegung; also so, dass jedes folgende Moment derselben aus dem vorangehenden, und d u r c h a l l e die vorangehenden aus m i r hervorgeht. So ist auch die aktive Befriedigung dadurch charakterisiert, dass die Befriedigung, d. h. das Erlebnis, in dessen Auftreten sie sich vollzieht, unmittelbar erlebt wird als hervorgehend aus meinem Streben, und damit aus mir. Natürlich will ich mit diesen Wendungen, insbesondere diesem „Hervorgehen", nur das jedermann bekannte Gefühlserlebnis, das hier vorliegt, so gut und so schlecht, als es mit sprachlichen Mitteln möglich ist, charakterisieren. Ich will aber zugleich zum Bewusstsein bringen, dass es ein eigentümliches Gefühlserlebnis ist. Wie man sieht, wird das Gefühl der Identität, das im Gefühl der Befriedigung liegt, hier zugleich zu einem ganz eigenartigen Gefühl der Kontinuität. Ich kann dasselbe auch, die obige Betrachtung umkehrend, so bezeichnen: Mein Streben geht aus sich selbst heraus in den Erfolg über.

Dagegen ist das Gefühl der passiven Befriedigung — zwar auch ein Gefühl der Identität, aber zugleich ein Gefühl einer eigentümlichen Diskontinuität der Bewegung. Nachdem ich erst fortstrebte, fühle ich mich mit einem Male fortgenommen. An die Stelle meiner tritt an einem Punkte das Erlebnis.

Das Gefühl der aktiven Befriedigung ist das Gefühl des „Gelingens", oder das Gefühl, dass mein Thun gelingt. Es ist das Gefühl, um deswillen ich das erlebte Geschehen auch als „meine That" bezeichne. Das Gefühl der passiven Befriedigung ist das Gefühl, dass mein Streben ohne mein Zuthun sich erfüllt. Dort erlebe ich meine Verwirklichung des Zieles, hier das Sichverwirklichen desselben, also ein Widerfahrnis, etwas, das mir zu teil wird, oder das mir geschieht.

Erleiden und Zwang. Subjektive Notwendigkeit. — Dem Thun oder dem strebenden Fortgehen mit Aktivitätscharakter steht, wie oben gesagt, entgegen das Erleiden oder das passive Erleben eines Geschehens. Was beim Thun die Vollendung des Thuns oder die Befriedigung, das ist hier die Vollendung der im Gegensatz zu mir sich vollziehenden Bewegung, das vollendete Nachgeben-Müssen. Dies wird umsomehr als ein Müssen oder als ein Zwang verspürt, nämlich als ein Zwang des Nachgebens, je mehr meine Gegenwehr, d. h. die Wirkung des Momentes in mir, wozu das sich mir aufdrängende Geschehen in Gegensatz tritt, je mehr also die „Spannung" bestehen bleibt. Wie jene aktive Befriedigung, so ist auch das Nachgeben-Müssen wiederum ein eigentümliches Gefühlserlebnis.

Gesetzt, es erlahmt die Gegenwehr, indem das sich mir aufdrängende Geschehen mehr und mehr sich vollendet, so gewinnt das Gefühl des Strebens successive einen Charakter verminderter Spannung. Ich gewinne dann das Gefühl des kraftlosen Nachgebens. Dasselbe kann schliesslich in ein Gefühl des aktiven Nachgebens umschlagen. Wie dies Beides möglich ist, dafür verweise ich auf das, was S. 22 und S. 49 über den Gegensatz von Strebungen, der in jedem Streben liegt, und die Möglichkeit, dass die eine die andere aufsaugt, gesagt wurde; ausserdem auf die Bemerkung von S. 22 über die allgemeine Tendenz jedes Strebens, sich zu verlieren.

Auch das Gefühl des Nachgeben-Müssens, wie das Gefühl des Müssens überhaupt, ist kein eindeutiges Erlebnis, sondern es kann positiven und negativen Charakter haben. Wiederum ist dieser Gegensatz bedingt durch die Weise meines Appercipierens. Betrachte ich das, was ich muss, unter dem Gesichtspunkte meiner Gegenwehr, d. h. fasse ich dasjenige, was mir „zum Trotz" geschieht, nicht als das, was es an sich ist, sondern als Negation dessen, worauf die Gegenwehr zielt, stelle ich es unter diesen „Gesichtspunkt", so ist das Gefühl des „Müssens" das negative Gefühl der Unmöglichkeit, oder meines Nicht-Könnens, nämlich meines Nicht-Standhaltenkönnens oder meiner Widerstandsunfähigkeit. Es ist ein Gefühl des positiven Müssens oder der Notwendigkeit, wenn ich umgekehrt meine Gegenwehr dem, was mir geschieht und über mich Macht gewinnt, apperceptiv unterordne, und den ganzen inneren Thatbestand unter dem Gesichtspunkt dieses Geschehens betrachte.

Das positive und negative Notwendigkeitsgefühl entsteht nun aber nicht nur in meinem Nachgeben, sondern es entsteht ebensowohl, wenn gar nichts geschieht, sondern einfach mein Streben misslingt, also keine Bewegung sich vollzieht, und demnach einfach die Spannung bestehen bleibt. Dies Gefühl der stehenbleibenden Spannung ist wiederum das „negative" Gefühl der Unmöglichkeit der Verwirklichung des Zieles, wenn ich den erlebten Sachverhalt fasse unter dem Gesichtspunkte, also als Negation, des

Erstrebten. Es ist das „positive" Gefühl der Notwendigkeit, wenn ich ihn fasse unter dem Gesichtspunkt des Thatbestandes, den ich vergeblich aufzuheben bemüht war, wenn ich also diesen That-bestand zum apperceptiven Mittelpunkt in meinem Gesamterleben mache.

Die Notwendigkeit oder Unmöglichkeit, von welcher ich hier spreche, ist psychologische oder physikalische Notwendigkeit. Sie ist psychologische Notwendigkeit, wenn mir nur eben ein auf ein psychisches Geschehen gerichtetes Streben misslingt, wenn ich etwa vergebens mich besinne. Ich „kann" das Gesuchte „nicht" finden, ich „muss" mich ohne dasselbe behelfen. Sie ist physikalische Notwendigkeit, wenn das meinem aktiven Streben Entgegenstehende das Erleben eines Gegenständlichen ist, das mir als physikalisch wirklicher „Gegenstand" erscheint. In der Mitte steht der, von einer anderen Persönlichkeit, aber durch physikalische Mittel auf mich ausgeübte, und von mir verspürte Zwang. In allen diesen Fällen ist doch der Zwang seinem eigentlichen Wesen nach psychologischer Zwang. Wir werden von dieser Notwendigkeit oder Unmöglichkeit, die wir allgemein kurzweg als Zwang bezeichnen können, die logische und die ethische Notwendigkeit bezw. Unmöglichkeit, die beide Objektivitätscharakter besitzen, zu unterscheiden haben.

## III. Kapitel.

### Das Wirklichkeitsbewusstsein.

Objektivitätsbewusstsein und „Gegenstand". — Von dem Gebiete des Strebens, auf welchem der Gegensatz der Aktivität und Passivität herrscht, wenden wir uns jetzt zu dem psychischen Geschehen, welches das spezifische Gebiet des Gegensatzes der Subjektivität und Objektivität bildet. Freilich nur, um uns von diesem Gebiet auf jenes später wiederum zurückführen zu lassen.

Bei der Einführung des Begriffsgegensatzes der Aktivität und Passivität betonte ich, dass derselbe mit dem Gegensatz zwischen mir und dem Gegenstand, worauf der Gegensatz der Subjektivität und Objektivität beruhe, nichts zu thun habe. Umgekehrt hat dieser letztere Gegensatz nichts zu thun mit dem Gegensatz des von einem herrschenden Wertinteresse getragenen psychischen Geschehens und einem gegenwirkenden psychischen Faktor, worauf jener erstere Gegensatz sich aufbaut.

Der Gegensatz zwischen mir und dem „Gegenstand", wodurch der Gegensatz der Objektivität und Subjektivität bedingt ist, muss nun zunächst gleichfalls genauer bestimmt werden. Der Gegenstand, sagte ich oben, nötigt nicht, sondern „fordert". Das Gefühl dieser Forderung ist das Objektivitätsgefühl. Ich bezeichnete dies Gefühl auch schon als ein Gefühl des Sollens, des an mich gestellten Rechtsanspruches oder der Gültigkeit von etwas. Ich kann weiter gehen und sagen, das Objektivitätsgefühl ist überall das Gefühl der Vernünftigkeit. Vernunft ist gar nichts, als das Vermögen sich vom Objektivitätsgefühl leiten zu lassen, d. h. so sich innerlich zu verhalten, dass das Objektivitätsgefühl entsteht, und sich behaupten kann. Dagegen ist das Subjektivitätsgefühl das Gefühl jeder Art von „Willkür".

Vom Aktivitätsgefühl wurde betont, dass es nicht bestehen könne ohne ein Moment der Passivität, d. h. ohne einen Gegensatz, eine Spannung. So kann auch das Subjektivitätsgefühl nicht bestehen ohne einen Gegensatz oder eine Spannung. Aber während dort der Grund der Spannung in einem psychischen Geschehen oder einer psychischen Zuständlichkeit besteht, ist er hier gegeben durch den Gegenstand.

Was ist nun der „Gegenstand"? — Nicht der Bewusstseinsinhalt, sondern — der Gegenstand, oder das mit dem Bewusstseinsinhalte Gemeinte. Wirklicher Gegenstand ist normalerweise für mich zunächst das Wahrgenommene, und der Gegenstand der Erinnerung, d. h. das in der Erinnerung Gemeinte, und weiterhin dasjenige, was ich erkennend, auf Grund des Nachdenkens oder der Mitteilung, zum Wahrgenommenen und zu den Gegenständen der Erinnerung hinzufüge, bezw. die Modifikation, welche ich erkennend an dem Wahrgenommenen und dem in der

Erinnerung Gegebenen vorgenommen habe. Kurz, wirklicher Gegenstand ist für mich das wirklich oder vermeintlich „Erkannte". Schliesslich ist die einfachste und zugleich die einzig richtige Antwort auf die Frage, was der wirkliche Gegenstand sei, die: Er ist der Gegenstand des Objektivitätsbewusstseins. Denn der wirkliche Gegenstand besteht für uns einzig und allein durch das Objektivitätsbewusstsein.

Phantasiegegenstände und Subjektivitätsbewusstsein. — Nun sagte ich aber schon, in der Phantasie schaffe ich willkürlich „Gegenstände", und das Bewusstsein davon, dass ich sie willkürlich schaffe, sei das gegenständliche Subjektivitätsgefühl. Wie ist dies möglich, wenn der wirkliche Gegenstand das „Erkannte" ist? Darauf ist zu antworten, dass die Gegenstände der Phantasie eben nicht wirkliche Gegenstände sind. Dennoch sind sie in gleichem Sinne „Gegenstände". Der Gegenstand der Phantasie ist zunächst nicht das Phantasiebild, sondern das Phantasiegebilde, d. h. er ist das mit dem Phantasiebild Gemeinte. Der goldene Berg, den ich in meiner Phantasie schaffe, ist nicht das Bild, das ich vor mir habe, das, zum mindesten bei mir, weder mit Gold noch mit Bergen grosse Ähnlichkeit besitzt, sondern es ist der goldene Berg „selbst". Es ist dasjenige, was der goldene Berg sein würde, wenn ein solcher existierte. In der That existieren keine goldenen Berge. Sie finden in der Welt der wirklichen Gegenstände keine Stelle. Und eben dieses Sachverhaltes werde ich in dem Gefühle der gegenständlichen Subjektivität, oder allgemeiner gesagt, der Willkür inne. Aber dass die goldenen Berge in der Welt der wirklichen Gegenstände keine Stelle finden, kann ich nicht erleben ohne den Versuch, ihnen in dieser Welt eine Stelle zu geben, d. h. ich kann es erleben, nur weil die Phantasiegebilde der Tendenz nach wirkliche Gegenstände sind. Der Gegensatz zwischen dieser Tendenz und dem thatsächlichen Bestand der Welt der Gegenstände, das eben ist es, was ich im Gefühle der gegenständlichen Subjektivität verspüre. Darin liegt das Moment des Gegensatzes, ohne welches das Gefühl der gegenständlichen Subjektivität nicht bestände. Ich gehe mit dem von mir geschaffenen Gegenstande der Phantasie in die Welt der Gegenstände, nämlich derjenigen, die ich „wirklich" nenne, hinein, oder greife in dieselbe ein, und fühle nun den Gegensatz und fühle eben damit meine Willkür. Ich schaffe in den Gegenständen der Phantasie Analoga dieser Gegenstände, also etwas, das sich wie ein ebensolcher Gegenstand gebärdet, oder zu gebärden die Tendenz hat, aber von der Welt dieser Gegenstände nicht aufgenommen und anerkannt wird. Dies sind die Gegenstände meiner Phantasie. Sie sind Analoga der wirklichen Gegenstände und sind damit zugleich Gegenstände der Tendenz nach. Das Gefühl der gegenständlichen Subjektivität ist das Gefühl, dass ich in die Welt der Gegenstände etwas diesen Analoges, aber zugleich Fremdes, das doch auch Gegenstand sein möchte, einführe.

Objektive und subjektive Wirklichkeit. — Dies nun wird sich nachher noch näher bestimmen. Zunächst kehren wir zurück zum wirklichen Gegenstand. Das Gefühl, in welchem sich sein Dasein zu erkennen gibt, das gegenständliche Objektivitätsgefühl, nannten wir auch schon Wirklichkeitsgefühl. Was aber bedingt dies, oder was ist der wirkliche „Gegenstand" psychologisch betrachtet? Auch darauf ist bereits die Antwort gegeben. Sie lautet allgemein: das Gefühl der gegenständlichen Objektivität oder der Wirklichkeit ist das unmittelbare Bewusstseinssymptom davon, dass etwas dem psychischen Lebenszusammenhang Fremdes, nicht, oder letzten Endes nicht aus ihm Stammendes, in denselben hineinragt und hineinwirkt. Sie ist das unmittelbare Bewusstseinssymptom vom Dasein eines „Nicht-Ich".

Hiefür bestehen aber die beiden Möglichkeiten, einmal, dass ein dem psychischen Lebenszusammenhang überhaupt, und zum anderen, dass ein dem gegenwärtigen psychischen Lebenszusammenhang Fremdes in diesen hineinragt und hineinwirkt. Jenes erstere „Fremde" ist zunächst gegeben durch den physiologischen Reiz; dies zweite durch die Gedächtnisspur. Das Bewusstsein der Objektivität ist im einen Falle das Bewusstsein der objektiven, im anderen das der subjektiven Wirklichkeit. Objektive Wirklichkeit ist nichts Anderes, als Wirklichkeit des „Objektiven", d. h. des Dinglichen, des absolut oder nur Gegenständlichen, also dessen, was dem unmittelbar erlebten oder erlebbaren Ich schlechthin als ein Anderes, davon Verschiedenes gegenübersteht. Oder genauer —, sie ist die Wirklichkeit des in einem solchen absolut Gegenständlichen „gemeinten", oder kurz, des „objektiven" Gegenstandes. Subjektive Wirklichkeit ist Wirklichkeit des „Subjektes" und des „Subjektiven", d. h. Wirklichkeit des Ich, nämlich des Ich, so wie es unmittelbar erlebt wurde bezw. erlebt werden kann, und meiner Bewusstseinserlebnisse, also auch meiner Inhalte und Gegenstände, aber nur als meiner Bewusstseinserlebnisse, d. h. sofern sie von mir empfunden, wahrgenommen, vorgestellt, gedacht wurden, oder gedacht werden können. Das Bewusstsein der objektiven Wirklichkeit ist das unmittelbare Erleben eines Wahrgenommenen oder Vorgestellten als unabhängig von mir oder „meinem Bewusstsein" überhaupt. Das Bewusstsein der „subjektiven" Wirklichkeit ist kurz gesagt das Bewusstsein vom Dasein meines „Bewusstseins" und seiner Inhalte und Gegenstände, unabhängig von dem jetzt unmittelbar erlebten Ich oder dem gegenwärtigen Bewusstsein.

Gesetz der allgemeinen Wirklichkeitstendenz des als objektiv wirklich Erkannten. — Hier ist nun aber sogleich hinzuzufügen: Die Erinnerung an ehemals Wahrgenommenes ist nicht nur das Bewusstsein der Wirklichkeit meines ehemaligen Wahrnehmens und des ehemals daran sich anschliessenden, oder darin eingeschlossenen Bewusstseins der Wirklichkeit des Gegenstandes der Wahrnehmung, sondern sie ist zugleich gegenwärtiges Bewusstsein der Wirklichkeit des wahrgenommenen Gegenstandes. Ich erinnere mich nicht nur des ehemaligen Wirklichkeitsbewusstseins, sondern ich erlebe dasselbe jetzt von Neuem. Die Erinnerung an Wahrgenommenes ist also Bewusstsein der subjektiven und Bewusstsein der objektiven Wirklichkeit zumal.

Im letzteren Umstande nun liegt eine wichtige Thatsache. In den Gedächtnisspuren des Empfundenen bezw. Wahrgenommenen ist nicht nur das Empfundene bezw. Wahrgenommene aufbewahrt — in dem Sinne, in welchem überhaupt in Gedächtnisspuren etwas „aufbewahrt" wird, — sondern es ist damit zugleich dasjenige Moment aufbewahrt, das der Empfindung bezw. Wahrnehmung ihren Objektivitätscharakter verlieh, d. h. das Moment der Fremdheit, des Entstammens aus einem dem psychischen Lebenszusammenhange Jenseitigen, der Herkunft aus dem physiologischen Reiz. Es ist darin mitaufbewahrt, kurz gesagt, der objektiv wirkliche Gegenstand. Derselbe ist in der Gedächtnisspur aufbewahrt derart, dass er nun auch in der Reproduktion der Wahrnehmung von neuem zur Wirkung gelangt, also von neuem das Bewusstsein der Wirklichkeit erzeugt.

Mit dieser Einsicht müssen wir nun aber vollen Ernst machen. Im einfachen Akte der Erinnerung an Wahrgenommenes versetze ich das Wahrgenommene in den Zeitpunkt, und verlege es an den Ort, in welchem es wahrgenommen wurde. Es scheint mir wirklich zunächst als ein diesem Zeitpunkte und diesem Orte Zugehöriges. Aber dieser Zeitpunkt ist nicht etwas für die ehemalige Wahrnehmung oder ihren Gegenstand Charakteristisches. Er ist keine unterscheidende Eigentümlichkeit des wahrgenommenen Gegenstandes. Zeitpunkte an sich sind nicht verschieden, sondern jeder Zeitpunkt ist an sich betrachtet allen Zeitpunkten der Welt gleich. Und das Gleiche gilt von dem räumlichen Ort, an welchem das Wahrgenommene wahrgenommen wurde. Auch jeder Ort im Raume ist an sich betrachtet jedem anderen Ort im Raume gleich.

Daraus folgt: Liegt in der ehemaligen Wahrnehmung dies, dass die erneute Vorstellung des Wahrgenommenen von neuem und immer wieder das Bewusstsein der Wirklichkeit des Wahrgenommenen bedingt, so ist für mich das einmal Wahrgenommene als solches objektiv wirklich, in welche Zeit und welchen Ort auch ich es versetze. Oder: — Haftet dem ehemals wahrgenommenen und jetzt vorgestellten Gegenstande überhaupt dies an, auch in der Vorstellung als objektiv wirklich zu erscheinen, so haftet es ihm allgemein an. Es haftet ihm an an sich oder von Hause aus, d. h. es haftet ihm an, sofern nicht etwas da ist, das diesen Charakter der Wirklichkeit aufhebt. Es haftet ihm an der „Tendenz" nach. Dies heisst aber nichts Anderes, als: Das einmal in der Wahrnehmung als wirklich Erkannte bleibt für mich, an sich betrachtet, wirklich; es muss, wenn es mir nicht mehr als wirklich erscheinen soll, ein besonderer Grund gegeben sein, um dessenwillen ich das Wirklichkeitsbewusstsein aufgeben kann.

Dies müssen wir aber verallgemeinern. Nicht nur das ehemals Wahrgenommene, sondern jeder einmal als objektiv wirklich erkannte Gegenstand überhaupt bleibt in der Erinnerung für mich objektiv wirklich. D. h. ich erinnere mich nicht nur, dass er mir als objektiv wirklich erschien, sondern er erscheint mir auch jetzt wiederum in diesem Lichte. Es haftet ihm auch in der Erinnerung der Charakter der objektiven Wirklichkeit an. Und daraus folgt wiederum: Haftet ihm dieser Charakter an, so haftet er ihm notwendig an, solange er in sich selbst unverändert bleibt. Oder: Ist der erkannte Gegenstand einmal für mich ein wirklicher objektiver Gegenstand, so bleibt er für mich ein solcher, solange er dieser selbe Gegenstand ist, oder als solcher gedacht wird. Er bleibt es an sich, oder „der Tendenz nach“, auch wenn ich ihn in einen anderen Zeitpunkt und an einen anderen räumlichen Ort versetze. Auch hier kann der andere Zeitpunkt oder der andere Ort, da er an dem Gegenstande nichts ändert, auch nicht die ihm anhaftende objektive Wirklichkeit aufheben. Kurz, auch das auf irgend einem anderen Weg, als dem der eigenen Wahrnehmung, etwa das durch Mitteilung, oder auf dem Wege des Schlusses von mir als objektiv wirklich Erkannte bleibt für mich objektiv wirklich, solange nicht ein Grund gegeben ist für die Aufhebung des Wirklichkeitsbewusstseins.

Dies alles endlich heisst: Nichts objektiv Wirkliches kann für mich aufhören wirklich zu sein, ohne einen diese Wirklichkeit aufhebenden Grund oder ohne eine „Ursache“. Dieser Satz repräsentiert einen Teil des Kausalgesetzes. Dieser Teil des Kausalgesetzes hat sich hier ausgewiesen als der Ausdruck einer fundamentalen psychologischen Thatsache. Es ist, um zu wiederholen, die Thatsache, dass mit jedem einmal als objektiv wirklich Erkannten die Tendenz verbunden ist, allgemein als objektiv wirklich zu erscheinen.

Die Aufhebung der allgemeinen Wirklichkeitstendenz des als objektiv wirklich Erkannten. — Wir

können nun aber weiterhin auch leicht uns davon überzeugen,
worin der Grund oder die Ursache bestehen muss, wodurch das
Bewusstsein der Wirklichkeit eines als objektiv wirklich Erkannten
aufgehoben werden kann. Ich sagte soeben, der Ort im Raume,
und ebenso die Stelle in der Zeit, bedinge als solche keinen
Unterschied im Gegenstande der Wahrnehmung oder der Erkenntnis. Dass ich den Gegenstand in der Erinnerung oder reproduktiven Vorstellung auf einen anderen Ort oder eine andere
Zeit beziehe, kann demnach dem Gegenstande den Charakter der
objektiven Wirklichkeit nicht rauben.

So gewiss nun aber Raum- und Zeitpunkte an sich nicht verschieden sind, so gewiss können sie verschieden sein hinsichtlich
der Gegenstände, die ihre räumliche, bezw. zeitliche Umgebung bilden. Auch das qualitativ durchaus Identische, das
jetzt in einem räumlichen oder zeitlichen Ort, dann in einem anderen räumlichen oder zeitlichen Ort wahrgenommen, vorgestellt,
gedacht wird, ist, wenn die örtlichen und zeitlichen „Umstände"
verschieden sind, in die es in der Wahrnehmung bezw. Vorstellung
sich einfügt, hinsichtlich eben dieser räumlichen oder zeitlichen
„Umstände" verschieden. Es ist für mich verschieden, wenn ich
es in solche verschiedene Umstände einfüge, d. h. wenn ich es betrachte — nicht mehr als diesen Gegenstand, sondern als Teil des
Komplexes oder des Ganzen aus dem Gegenstand und diesen verschiedenen Umständen.

Damit nun ist gesagt, unter welcher Voraussetzung ich das
in einem Falle als objektiv wirklich Erkannte in einem neuen
Falle, d. h. mit Rücksicht auf einen neuen Ort in Raum oder
Zeit, als nicht wirklich denken kann, nämlich dann wenn die
„Fälle" verschieden sind, d. h. wenn der Gegenstand im einen
Falle für mich einem qualitativ so, das andere Mal einem qualitativ anders beschaffenen räumlichen oder zeitlichen Zusammenhang angehört, wenn er von mir betrachtet wird als Element
in diesen verschiedenen Zusammenhängen, wenn er für mich diese
verschiedene Bestimmtheit oder nähere Bestimmung gewonnen
hat. Diese verschiedene Zugehörigkeit, oder die darin liegende
verschiedene Bestimmtheit, erscheint dann als die „Bedingung" für

die Aufhebung der Wirklichkeit und weiterhin als Ursache des „Nicht mehr Seins".

Jetzt können wir den Satz, dass nichts, was einmal von mir als wirklich erkannt ist, irgend einmal oder irgendwo mir als unwirklich erscheinen könne ohne eine Ursache, genauer so bestimmen: Nichts, das einmal als wirklich erkannt wurde, kann unwirklich erscheinen, ausser sofern es durch veränderte räumliche oder zeitliche Umstände verschieden bestimmt ist. Umgekehrt wird hier der Sinn des allgemeinen psychologischen Gesetzes deutlicher, dass „an sich", oder „von Hause aus" alles, was einmal für mich objektiv wirklich ist, für mich allgemein den Charakter der objektiven Wirklichkeit hat. Es hat ihn an sich, d. h. es hat ihn, wenn ich davon absehe, dass neue räumliche oder zeitliche Umstände mich dazu bringen können, den Wirklichkeitsgedanken aufzugeben.

Gesetz der objektiven Möglichkeit des Vorstellbaren. — Wir kehren jetzt zurück zu den Gegenständen der Phantasie. Dabei denke ich an alle möglichen „Gegenstände" der Phantasie, an solche, mit denen die Phantasie die Aussenwelt, wie an solche, mit denen sie mein vergangenes oder zukünftiges Bewusstseinsleben bereichert. Ich betone aber ausdrücklich, dass es sich dabei um Gegenstände der Phantasie handelt, also um das mit den Phantasiebildern Gemeinte. Diese sind, so sagte ich schon, der Tendenz nach wirkliche Gegenstände. Dies nun besagt, dass in ihnen die Tendenz liegt als wirklich und zwar jenachdem als objektiv oder als subjektiv wirklich zu erscheinen. Inwiefern aber dies der Fall sein muss, leuchtet ein, wenn wir bedenken, dass die Gegenstände der Phantasie ihren Elementen nach aus der Erfahrung, d. h. aus der Wahrnehmung oder sonstiger Wirklichkeitserkenntnis genommen sind. Sie sind gewoben aus Wirklichem oder solchem, das als wirklich erkannt wurde. Eben dadurch sind sie „Gegenstände" der Phantasie. Darin nun muss eine solche Tendenz eingeschlossen liegen. Es muss den Gegenständen der Phantasie die Tendenz, als wirklich zu erscheinen, eignen, sofern sie aus Wirklichem gewoben sind.

Dieser Tendenz steht aber freilich entgegen eine andere

Tendenz. Die Kombination der Elemente des Wirklichen, aus welchen die Phantasiegegenstände gewoben sind, ist eine neue und geschieht im Gegensatz zur Erfahrung oder Erkenntnis, d. h. zu der Kombination, welche den Elementen in der Erfahrung oder innerhalb der von uns erkannten Wirklichkeit eignet, sie steht demnach im Gegensatz zu der aus dieser Erfahrung oder Erkenntnis fliessenden „objektiven Forderung", es bei dieser Kombination zu belassen.

Danach schweben also die Phantasiegegenstände zwischen Wirklichkeit und Nichtwirklichkeit, d. h. sie schweben zwischen den beiden „objektiven Tendenzen", der Tendenz als wirklich zu erscheinen, und der Tendenz nicht so zu erscheinen. Sie schweben zwischen der Forderung, dass ich sie wirklich denke, und dem Verbot, sie so zu denken. Hieraus ergibt sich das neue Gefühl der gegenständlichen objektiven Möglichkeit. Gegenständliche objektive Möglichkeit ist Möglichkeit des Wirklichseins eines Gegenstandes. Solche gegenständliche objektive Möglichkeit eignet allen Gegenständen der Phantasie an sich, d. h. sie eignet ihnen, solange sie nicht aufgehoben ist. Und dies wiederum heisst, solange die Phantasiegegenstände nicht als unwirklich erkannt sind. Alle Phantasiegebilde überhaupt sind an sich möglich, oder — „Alles Vorstellbare ist denkbar".

Statt des Wortes „Möglichkeit" kann ich auch hier setzen das Wort „Können". Alle Phantasiegebilde können an sich wirklich sein, d. h. sie können es sein, abgesehen von der widersprechenden erkannten Wirklichkeit.

Hiebei verstehe ich unter dem Können, wie auch sonst zunächst, das reine oder neutrale Können, d. h. das Können, welches weder Wahrscheinlichkeit noch Unwahrscheinlichkeit ist, also das Können der reinen Indifferenz.

Aber nicht vom Können überhaupt rede ich hier, sondern vom objektiven und genauer vom gegenständlichen objektiven Können. Dasselbe ist, wie gesagt, das Schweben zwischen objektiven Tendenzen. Es ist das Gleichgewicht entgegengesetzter und sich widerstrebender objektiver Tendenzen. Diese objektiven Tendenzen sind aber wiederum, genauer gesagt, die

Tendenzen eines Gegenstandes, einerseits als wirklich, andererseits als nicht wirklich zu erscheinen. Sie sind objektive Tendenzen, d. h. weder Strebungen noch Nötigungen, sondern Forderungen. Der Gegenstand der Phantasie selbst fordert einerseits die Wirklichkeit oder fordert meine Anerkennung derselben, und trägt andererseits in sich einen Grund für die Forderung seiner Unwirklichkeit. Hieraus entsteht die „gegenständliche objektive Möglichkeit" oder die „objektive Möglichkeit von Gegenständen".

Damit ist zugleich gesagt, dass es auch eine andere „objektive Möglichkeit" gibt, d. h. eine solche, die nicht objektive Möglichkeit von Gegenständen ist. Dies leuchtet ein, wenn wir für die objektive Möglichkeit einen anderen Namen setzen. Objektive Möglichkeit ist nichts Anderes als logische Möglichkeit oder Möglichkeit fürs Denken. Umgekehrt ist alle „logische" Möglichkeit objektive Möglichkeit oder Gleichgewicht von objektiven Forderungen oder „Tendenzen" oder von Forderungen der Gegenstände.

Aber nicht alle logische Möglichkeit ist Gleichgewicht der Forderungen, einen Gegenstand als wirklich, und als unwirklich zu denken. Ein Dreieck, von dem ich nicht weiss, was für ein Dreieck es ist, „kann" spitzwinklig oder stumpfwinklig sein, d. h. die in dem Dreieck, diesem Gegenstande, liegenden Forderungen, es als spitzwinklig und andererseits es als stumpfwinklig zu denken, gleichen sich aus; sie vereinigen sich zu dem mittleren logischen Thatbestande oder zu der Resultante, die wir eben als Können oder als logische Möglichkeit bezeichnen. Jene Forderungen, das Dreieck als spitzwinklig und als stumpfwinklig zu denken, sind aber nicht gerichtet auf Wirklichkeit, sondern auf qualitative Bestimmungen. Darum ist die fragliche objektive oder logische Möglichkeit nicht gegenständliche objektive Möglichkeit, sondern eben — objektive Möglichkeit einer qualitativen Bestimmtheit eines Gegenstandes.

Davon rede ich nun hier nicht weiter. Dagegen erinnern wir uns hier, dass früher schon die Rede war von einer anderen, nicht objektiven Möglichkeit, nämlich der Möglichkeit einen Gegenstand zu erstreben, oder zu wollen, oder von der Indifferenz des Strebens oder Wollens. Diese Möglichkeit nennen wir jetzt ausdrücklich subjektive Möglichkeit. Sie ist die Ausgleichung, oder das Gleichgewicht — nicht entgegengesetzter objektiver Tendenzen oder durch Gegenstände gestellter Forderungen, sondern das Gleichgewicht „subjektiver" Strebungen.

Im übrigen aber ist der Sachverhalt hier ein analoger. Vor allem erinnere ich noch an dies: Das Gefühl des „subjektiven" Könnens oder der Indifferenz der „subjektiven" Strebungen nannte ich ein Verschmelzungsgefühl. Dies hiess nichts Anderes, als dass es sich ergibt, indem die entgegengesetzten Strebungen oder „subjektiven Antriebe" — nicht als selbständige Strebungen oder Antriebe nebeneinander stehen bleiben und gegeneinander wirken sondern zu einem einheitlichen Ergebnis zusammenwirken. Das einheitliche Ergebnis für das Bewusstsein ist eben das Gefühl des Könnens oder der Möglichkeit.

Ein vollkommen analoger Thatbestand nun liegt vor in unserem Falle; — Entgegengesetzte Denkantriebe oder objektive Tendenzen gleichen sich aus zur „logischen" Möglichkeit. Sie ergeben dies eigenartige Bewusstseins- und Gefühlserlebnis, das wir eben als Gefühl der objektiven oder logischen Möglichkeit bezeichnen, und um dessenwillen wir allein von einer solchen Möglichkeit sprechen und sprechen können.

Bewusstsein der Unwirklichkeit. — Aus dem, was im Vorstehenden über die objektive Möglichkeit der Gegenstände der Phantasie gesagt wurde, wird nun auch erst das Gefühl der Unwirklichkeit verständlich. Es entsteht, indem die erkannte Wirklichkeit der Tendenz des Phantasiegebildes, als wirklich zu erscheinen, einen zwingenden Widerstand entgegensetzt. Solcher Widerstand trägt auf logischem Gebiete den Namen des Widerspruches. Es leuchtet aber ein, dass für das Gefühl dieses Widerspruches, also für das Bewusstsein der Unwirklichkeit, jene Tendenz vorausgesetzt ist. Als nichtwirklich oder unwirklich erscheint nicht etwa dasjenige, was wir nicht als wirklich erkennen, sondern immer nur dasjenige, was der erkannten Wirklichkeit widerspricht. Dass es ihr aber widerspricht, dies setzt voraus, dass in dem Phantasiegebilde die Tendenz liegt, ein Wirkliches zu sein oder als solches sich zu geberden.

Das Bewusstsein der Nichtwirklichkeit ist die Abweisung dieser Tendenz oder dieses Anspruches.

Man hat vom negativen Urteile überhaupt gesagt, es sei die Verneinung eines versuchten positiven Urteiles. Dies trifft zu. Nur weil irgend welcher Anlass oder irgend welche Tendenz der „Bejahung" gegeben ist, können wir das Bewusstsein der Verneinung gewinnen. Es ist Dasselbe, wenn ich sage, das Bewusstsein der Verneinung ergibt sich immer nur als Antwort auf die Frage, ob etwas bejaht werden dürfe. Diese „Frage" schliesst eben eine Tendenz der Bejahung in sich. Hier nun handelt es sich um das verneinende Urteil der einfachsten Art, d. h. um das einfache Bewusstsein der Nichtwirklichkeit. Dasselbe ist das Bewusstsein der abgewiesenen Forderung, als wirklich zu erscheinen. — Auch das Unwirklichkeitsbewusstsein ist ein eigenes Icherlebnis oder ein eigenes Gefühl.

Pathologisches zur Wirklichkeitstendenz des Vorstellbaren. — Zum Erweise des Daseins der allgemeinen Tendenz alles Vorgestellten, als wirklich zu erscheinen, kann aber weiterhin hier schon hingewiesen werden auf gewisse pathologische Fälle. Ich denke an die Fälle der Suggestion und speziell der Autosuggestion, in welchen Gegenstände der Phantasie für wirklich gehalten werden. Wir verstehen diese Thatsache leicht aus unseren Voraussetzungen. Der Tendenz des Phantasiegegenstandes, als wirklich zu erscheinen, wird, wie gesagt, normalerweise die Wage gehalten durch den Umstand, dass die Elemente des Phantasiegegenstandes in der Erfahrung oder Wirklichkeitserkenntnis in anderen Kombinationen gegeben waren. Diese in der Erfahrung oder Erkenntnis gegebenen Kombinationen bestehen nun in uns zunächst in Gestalt von Gedächtnisspuren, oder Gedächtnisdispositionen. Natürlich müssen diese Spuren oder Dispositionen geweckt werden, wenn sie der freien Kombination der Elemente, durch welche das Phantasiegebilde entsteht, entgegentreten sollen. Gesetzt aber, sie thun dies nicht, dann unterbleibt die Gegentendenz, welche die erfahrungsgemässen Kombinationen der Elemente der Tendenz des Phantasiegebildes, als wirklich zu erscheinen, entgegenstellen. Es bleibt also die letztere Tendenz frei, und muss demnach sich verwirklichen, d. h. das Phantasiegebilde muss als wirklich erscheinen. Die fragliche abnorme Erscheinung ist also eine Ausfallserscheinung. Ausgefallen ist die normale objektive Tendenz, oder dasjenige, was normalerweise der Tendenz der Phantasiegebilde, als wirklich zu erscheinen, das Gleichgewicht hält, und so das Bewusstsein der blossen Möglichkeit derselben entstehen lässt.

Zweifel; objektive Wahrscheinlichkeit und Gewissheit. — Das Gefühl der subjektiven Möglichkeit wurde ehemals in Gegensatz gestellt zu einem entsprechenden Gefühl der Zwiespältigkeit oder des Zweifels. Jenes entsteht, wie gesagt, wenn die entgegengesetzten subjektiven Antriebe, oder wenn auf verschiedene Ziele gerichtete Strebungen zu einem einzigen Gefühl zusammenwirken. Dieses, wenn solches Zusammenwirken unterbleibt, also wenn und solange die Strebungen sich selbständig gegenüberstehen und demnach gegen einander wirken. Andererseits stellte ich dem Gefühl der subjektiven Möglichkeit zur Seite das Gefühl der subjektiven Wahrscheinlichkeit, oder des Vorziehens; und weiterhin das Gefühl des absoluten Strebungsentscheides, oder das Gefühl des gewissen Strebens oder Wollens.

Alles dies nun müssen wir hier wiederholen. Auch hier besteht ja der Gegensatz entgegengesetzter Antriebe oder Tendenzen, nur eben objektiver oder logischer Antriebe oder Tendenzen, d. h. Forderungen des Gegenstandes; Forderungen der Bejahung und Forderungen der Verneinung. Auch diese objektiven Tendenzen nun können einfach einander gegenüberstehen und gegen einander wirken. Dann entsteht das Gefühl der logischen Zwiespältigkeit, oder des Zweifels, ob wirklich oder nicht wirklich. Es entsteht, wie gesagt, das Gefühl der neutralen objektiven oder logischen Möglichkeit, oder der logischen Indifferenz, wenn sie im Gleichgewicht stehen und sich vereinheitlichen.

Es kann nun aber auch dies Gleichgewicht aufgehoben sein. Die Forderung der Bejahung, oder aber die Forderung der Verneinung des Phantasiegebildes, oder allgemeiner gesagt, des vorgestellten Gegenstandes, überwiegt. Dann ergiebt die „Verschmelzung" auch hier ein neues Gefühl, nämlich das Gefühl der logischen Wahrscheinlichkeit oder der Wahrscheinlichkeit fürs Denken. Wir können es auch nennen das Gefühl des logischen Vorziehens. In unserem speziellen Falle ist es das Gefühl der Wahrscheinlichkeit, dass der Gegenstand wirklich sei. — Ich brauche nicht hinzuzufügen, dass auch dies Gefühl der logischen Wahrscheinlichkeit, ebenso wie das des subjektiven Vorziehens, unendlich viele Grade hat.

Jenes Gefühl hat aber nicht nur viele Grade, sondern es schliesst ausserdem auch gewisse qualitative Gegensätze in sich. Nicht weniger als vier Möglichkeiten des Wahrscheinlichkeitsgefühles lassen sich unterscheiden. Gesetzt, es überwiegt die Tendenz des Gegenstandes als wirklich zu erscheinen. Dann gewinne ich das Gefühl der positiven Wahrscheinlichkeit, oder der Wahrscheinlichkeit, dass der Gegenstand wirklich sei, wenn ich in meiner Apperception den Antrieb oder den „Grund" für das Bewusstsein der Nichtwirklichkeit dem Grunde für das Bewusstsein der Wirklichkeit unterordne, also diesen letzteren zum apperceptiven Schwerpunkt mache, ihn betone, auf ihn spezieller hinblicke. Ich gewinne das Bewusstsein der Unwahrscheinlichkeit der Nichtexistenz, wenn ich umgekehrt den Grund für die Existenz dem Grunde für die Nichtexistenz unterordne. Und gesetzt, es überwiegt der Grund für die Nichtwirklichkeit, oder subjektiv ausgedrückt für die Verneinung, so gewinne ich das Bewusstsein der Wahrscheinlichkeit der Nichtexistenz, oder das Bewusstsein der Unwahrscheinlichkeit der Existenz, jenachdem ich den Grund für die Nichtexistenz dem Grunde für die Existenz unterordne, oder umgekehrt.

Hier ist vorausgesetzt, dass Wahrscheinlichkeit der Existenz und Unwahrscheinlichkeit der Nichtexistenz, ebenso Wahrscheinlichkeit der Nichtexistenz und Unwahrscheinlichkeit der Existenz voneinander verschiedene Bewusstseinserlebnisse sind. Aber daran ist kein Zweifel. Mag noch so sehr die Wahrscheinlichkeit, dass es morgen regne, logisch gleichbedeutend sein mit der Unwahrscheinlichkeit, dass wir morgen einen regenlosen Tag haben werden, so bleibt doch der Unterschied der Betrachtungsweise, des Gesichtspunktes, unter welchen ich das Gesamterlebnis stelle, und es bleibt ein darauf beruhender Unterschied des Gefühls. Es

liegt ein anderes Bewusstseinserlebnis vor in dem Bewusstsein,
es sei die Bejahung des Regens in gewissem Grade gefordert, ein
anderes in dem Bewusstsein, es sei die Verneinung desselben mehr
oder minder eindringlich untersagt. Es liegt ebenso ein anderes
Bewusstseinserlebnis vor in dem Bewusstsein, es sei die Bejahung
des Regens mehr oder minder gebieterisch untersagt, ein anderes
in dem Bewusstsein der mehr oder minder bestimmten Forderung
der Verneinung desselben.

Endlich müssen wir aber auch noch dem Bewusstsein und
Gefühl des „gewissen Strebens" oder des subjektiven Gewissheits-
entscheides als logisches oder objektives Gegenstück gegenüberstellen das Bewusstsein der objektiven oder logischen Gewissheit. Gesetzt, es steht einer Tendenz der Verneinung eine Tendenz der Bejahung gegenüber, die jener absolut übermächtig ist,
d. h. die Tendenz der Bejahung beruht auf einem z w i n g e n d e n
Grunde. Dann ordnet sich in der apperceptiven Vereinheitlichung beider diesem Grund der Gegengrund, der selbstverständlich nicht gleichfalls ein zwingender sein kann, absolut unter.
Und hieraus ergibt sich ein neues Gefühl, nämlich eben das Gefühl der positiven logischen Gewissheit, und speziell in unserem
Falle der Gewissheit der Existenz eines Gegenstandes; es ergibt
sich ebenso das Gefühl der negativen Gewissheit, oder Gewissheit der Nichtwirklichkeit, wenn das Umgekehrte stattfindet.

Auch, dass die Gefühle der positiven und der negativen Gewissheit neue Gefühle sind, nicht etwa gleichbedeutend mit einfachen Gefühlen der Bejahung oder Verneinung, oder dem einfachen Wirklichkeits- und Unwirklichkeitsgefühl, darf als einleuchtend angesehen werden. Das Bewusstsein der Wirklichkeit
ist eben — das Bewusstsein der Wirklichkeit; das Bewusstsein
der Gewissheit dagegen ist das sich b e h a u p t e n d e, den gegenteiligen Gedanken v e r n e i n e n d e Bewusstsein der Wirklichkeit,
oder es ist das Bewusstsein der Wirklichkeit, welches das Bewusstsein der Nichtwirklichkeit als überwundenes Moment in
s i c h  e n t h ä l t. Das Bewusstsein der Gewissheit etwa, ein Ereignis werde eintreten, ist eine Bejahung seines Eintretens, der
zugleich dies anhaftet, eine absolute Abweisung des Gedankens
zu sein, dass das Ereignis auch unterbleiben könne, oder eine ab-

solute Überwindung der Gründe, aus denen das Unterbleiben desselben angeuommen werden könnte.

Das Denken. — Mit Vorstehendem haben wir das gegenständliche Objektivitätsgefühl nicht etwa in allen seinen Modifikationen betrachtet, wohl aber insoweit verfolgt, als es einfaches gegenständliches Objektivitätsgefühl ist. Alle diese Modifikationen sind Gefühle der Objektivität, weil sie alle Gefühle sind einer, von dem vorgestellten bezw. wahrgenommenen Gegenstand gestellten Forderung. Sie sind einfache gegenständliche Objektivitätsgefühle, weil der Gegenstand hier nichts Anderes fordert als sich selbst, d. h. die Anerkennung des Rechtes, für mich Gegenstand zu sein oder als Gegenstand für mich da zu sein. Sie sind einfache gegenständliche Objektivitätsgefühle, weil die Forderung gerichtet ist, nicht auf Anerkennung der Existenz unter einer Voraussetzung, sondern schlechtweg. — Diesen einfachen, oder wie wir auch sagen können, absoluten Forderungen werden die „relativen" später entgegenzustellen sein.

Die logische Gewissheit ist das Ziel des Denkens. Das Fragen, das nicht in Worte sich zu kleiden braucht, ist das Streben nach diesem Ziele; die auf dasselbe abzielende Bewegung ist das Denken. Denken ist objektiv gefordertes Vorstellen und Appercipieren. Die aktive Denkbewegung ist das Nachdenken, Überlegen, Besinnen. Psychologischer Grund dieses aktiven Denkens ist der Widerstreit oder Widerspruch zwischen entgegengesetzten Möglichkeiten des Bejahens und Verneinens Desselben, oder ist der Zweifel. Diese Denkthätigkeit geschieht nach dem Gesetz, dass jeder psychische Widerstreit in sich die Tendenz seiner Aufhebung trägt, aus sich selbst auf den Weg hinweist, oder in sich die Tendenz einer Bewegung einschliesst, durch welche der Widerstreit gelöst und eine Entscheidung herbeigeführt werden kann. Auch darüber später Genaueres.

Im Gegensatz zum objektiv bedingten oder logischen, d. h. durch die Gegenstände geforderten psychischen Geschehen, ist jedes sonstige psychische Geschehen subjektiv bedingt, d. h. es ist bedingt durch die Verfassung der Persönlichkeit und die Beschaffenheit desjenigen, was sonst in der Seele geschieht und, nach rein psychologischen Gesetzen, auf das Auftreten und die Apperception eines einzelnen psychischen Geschehens, Einfluss haben kann. Selbstverständlich sind hier die „rein psychologischen Gesetze" von den Forderungen der Gegenstände und den Gesetzen, die in diesen walten, aufs Bestimmteste unterschieden.

**Subjektiv bedingtes Wirklichkeitsbewusstsein,** — Alles Vorstellen, das nicht Denken ist, ist streng genommen Phantasiethätigkeit. Dabei dürfen wir doch nicht vergessen, dass es unter den Phantasiegebilden mögliche Gegenstände gibt, und alle Gegenstände der Phantasie an sich mögliche Gegenstände sind. Auch diese möglichen Gegenstände nun stellen Forderungen. Nicht nur diejenigen, die wir oben als „objektive Tendenz" der Gegenstände der Phantasie, als wirklich zu erscheinen, bezeichneten, sondern auch Forderungen anderer Art. Sie stellen z. B. Forderungen an das apperceptive Vermögen und stellen Forderungen. so oder so gewertet zu werden. Soweit Forderungen dieser letzteren Art wirksam werden, erscheint auch das zunächst subjektiv bedingte psychische Geschehen zugleich objektiv bedingt.

Davon reden wir indessen noch nicht. Sondern es interessiert uns zunächst das Umgekehrte, dass das objektiv geforderte psychische Geschehen zugleich subjektiv bedingt, oder subjektiv beeinflusst sein kann. Von da aus gewinnen wir dann den Übergang oder finden wir den Rückweg zum eigentlich subjektiv bedingten psychischen Geschehen.

Ich bin geneigt, an das Neue, Seltsame, Ausserordentliche, Niedagewesene, schliesslich vielleicht an das Widersinnige zu glauben. Das Wunder ist des Glaubens liebstes Kind. Ich bin geneigt, dasjenige für wirklich zu halten, was mir erwünscht, also erfreulich, und ein andermal dasjenige, das mir peinlich, schrecklich, entsetzlich wäre. Und ich bin geneigt dasjenige zu glauben, das vorzustellen ich mich gewöhnt habe, und das darum mit besonderer Energie sich mir aufdrängt.

Der Grund dieser Neigung liegt in dem Moment, das allen diesen Fällen gemeinsam ist. Das Neue, ebenso das Seltsame,

Ausserordentliche, Unerhörte besitzt eine besondere Fähigkeit, die Aufmerksamkeit in Anspruch zu nehmen. Ebenso das Lustvolle, und andererseits das in hohem Masse Unlustvolle. Endlich auch unter Umständen das Gewohnte. Es kommt etwa ein Mensch auf ein Phantasiegebilde wiederholt zurück; er beschäftigt sich damit dauernd. Er erzählt eine erfundene Geschichte mehrmals. Solche Phantasiegebilde können sich besonders festsetzen und eine besondere Gewalt gewinnen.

Daraus nun verstehen wir die bezeichneten Thatsachen, wenn wir uns der Einsicht erinnern, dass in jedem Gegenstande der Phantasie an sich die Tendenz liegt, als wirklich zu erscheinen, oder dass in jeder Vorstellung eines Gegenstandes die Tendenz eingeschlossen ist, diesen Gegenstand für wirklich zu halten. Dieser Tendenz wird, wie oben gesagt, normalerweise durch die gleiche Tendenz der nie fehlenden Gegenvorstellungen die Wage gehalten. Daraus ergibt sich das Bewusstsein der blossen Möglichkeit. Und ist der Gegenstand als unwirklich e r k a n n t, und wird diese Erkenntnis in mir aktuell, so schwindet auch dies Bewusstsein der Möglichkeit: Jene objektive Tendenz erscheint völlig aufgehoben.

Nun ist aber in den oben bezeichneten Fällen der vorgestellte Gegenstand so geartet, dass er in besonderem Masse die Aufmerksamkeit auf sich zieht. Dies heisst nichts Anderes als: Die Vorstellung des Gegenstandes besitzt eine besondere Fähigkeit psychisch oder im psychischen Lebenszusammenhang zur Geltung zu kommen oder zu wirken. Damit kommt dann notwendig auch jene in ihr liegende Forderung des Glaubens an die Wirklichkeit des vorgestellten Gegenstandes in besonderem Masse zur Geltung und Wirkung.

Hiermit ist nun noch keineswegs gesagt, dass ich das Neue, Seltsame, Lustvolle, in hohem Masse Unlustvolle, glaube oder auch nur zu glauben „geneigt“ bin. Gewinnt eine Vorstellung in mir eine besondere Wirkung, so werden normalerweise auch die Gegenvorstellungen, es wird vor allem das ihr entgegengesetzte und sie verneinende W i s s e n zu besonderer Wirkung gebracht. Die Vorstellung des Wunderbaren weckt, jemehr sie sich uns aufdrängt, umsomehr die Vorstellung oder das Wissen vom gewöhnlichen

Geschehen, im Vergleich womit eben das Wunderbare ein Wunderbares ist, oder die Vorstellung und das Wissen von den Gewohnheiten des Geschehens, die von dem Wunderbaren durchbrochen werden oder durchbrochen würden. Es weckt ebenso die Vorstellung des Lustvollen, das möglicherweise geschehen kann, die Vorstellung des Gleichgültigen oder Unlustvollen, was an seiner Stelle geschehen kann u. s. w.

Aber so verhält es sich eben „normalerweise". Es verhält sich so, genauer gesagt, in dem Masse, als die gedankliche Beziehung, die zwischen der zunächst in mir lebendigen Vorstellung einerseits und ihren Gegenvorstellungen oder meinem Gegenwissen andererseits obwaltet, eng ist und in mir leicht funktioniert. Aber wie schon früher gesagt, es kann auch geschehen, dass solche Beziehungen in einem Individuum weniger leicht zur Funktion gebracht werden. Es kann in einem Individuum eine Art der „Dissociation" oder der Lähmung der Wirkung solcher Beziehungen bestehen. Und je mehr nun dies der Fall ist, umsomehr ergibt sich das Gegenteil jenes „normalen" Vorganges. Die mit besonderer Energie auftauchende Vorstellung „absorbiert" dann die nur schwach sich regende Gegenvorstellung und gelangt in mir zur Herrschaft. Und dies heisst dann zugleich: Ich bin mehr oder minder geneigt oder unterliege mehr oder minder leicht der Neigung, an das Neue, Seltsame oder Wunderbare, das Lustvolle, Unlustvolle, das durch Wiederholung in mir zu besonderer Kraft Gelangte, trotz der entgegenstehenden Möglichkeiten oder Wahrscheinlichkeiten, zu glauben; oder ich glaube mehr oder minder entschieden daran. Ich thue dies aus keinem anderen Grunde, als weil der Gegenstand der Vorstellung neu, seltsam oder wunderbar u. s. w. ist, und demgemäss mit besonderer Energie sich mir aufdrängt.

Solche subjektive Neigung zu glauben, kann mir als möglich erscheinen lassen, was sonst unwahrscheinlich, ja unmöglich erscheinen müsste. Sie kann weiterhin Möglichkeit in Wahrscheinlichkeit verkehren. Es entsteht so eine subjektiv bedingte logische Möglichkeit und Wahrscheinlichkeit. Es ist in meinen Augen möglich, was an sich nicht möglich ist. Es hat für mich Wahrscheinlichkeit, was objektiv unwahrscheinlich ist.

Schliesslich gibt es auch eine entsprechende subjektiv bedingte logische Gewissheit.

Auch hiermit sind wiederum neue Icherlebnisse bezeichnet. Es ist etwas Anderes, ob ich mich geneigt fühle etwas zu glauben, eine Annahme der entgegengesetzten vorzuziehen, oder ob in dem Gegenstande eine Möglichkeit, oder Wahrscheinlichkeit liegt. Es ist beispielsweise etwas Anderes, es liegt ein ganz anderes Wahrscheinlichkeitsbewusstsein vor, wenn ich sage: Da ich mich auf das Vergnügen so gefreut habe, so wird wahrscheinlich, oder natürlich, oder gewiss etwas dazwischen kommen, oder ob ich sage: Im Dreieck hat die Schiefwinkligkeit grössere Wahrscheinlichkeit als die Rechtwinkligkeit; oder: Es besteht eine bestimmte Wahrscheinlichkeit, dass ich aus einem Kästchen, das schwarze und weisse Kugeln enthält, eine schwarze oder weisse ziehe. Es ist ebenso etwas Anderes, ob ich sage, ich bin absolut gewiss, dass mein Freund sein Wort halten wird, oder ob ich von der objektiven Gewissheit einer naturwissenschaftlichen oder mathematischen Thatsache rede. Es ist etwas Anderes, meine Gewiss·heit von einer Sache, und die Gewissheit der Sache.

Der Grund der „Geneigtheit", oder der überwiegenden Geneigtheit, oder gar der Nötigung, zu glauben, ist in allen diesen Fällen ein negativer: Wegfall einer Hemmung, Minderung der Wirksamkeit eines gegenwirkenden Momentes, das normalerweise die Phantasiegebilde als unmöglich, bezw. als nur möglich, oder nur wahrscheinlich erscheinen lässt. Sie ist ihrem positiven Wesen nach eine objektive Tendenz, oder eine Forderung. Die Geneigtheit zu glauben besteht darin, dass die Forderung des Gegenstandes, als wirklich zu erscheinen, leichter sich Gehör verschafft. Die subjektiven Bedingungen, die gegeben sind in der Neuheit, oder Seltsamkeit, dem Lust- oder Unlustcharakter u. s. w. der Phantasiegebilde wirken befreiend, d. h. die normalerweise sich regende objektive Gegentendenz aufhebend.

# IV. Kapitel.

## Die Gesetze des Strebens.

Objektive Tendenzen und subjektive Erlebnisse. — Wir müssen nun aber in unserer Betrachtung des Gegensatzes zwischen der Forderung eines Vorgestellten, als wirklich zu erscheinen, oder unserer Tendenz, es für wirklich zu halten, einerseits, und den Gegentendenzen oder den gleichartigen Gegenforderungen andererseits, zwei prinzipiell verschiedene Gesichtspunkte oder Fragen unterscheiden. Nennen wir der Kürze halber die in der Vorstellung eines Gegenstandes eingeschlossene Tendenz desselben, Gegenstand des Wirklichkeitsbewusstseins zu sein oder mir als wirklicher Gegenstand zu erscheinen, die Wirklichkeitsforderung des vorgestellten Gegenstandes oder seine objektive Wirklichkeitstendenz. Dann ist die eine Frage die Frage nach der Möglichkeit dieser objektiven Wirklichkeitstendenz, als solche für das Bewusstsein sich zu behaupten, bezw. nach den Bedingungen, unter welchen sie, in diesem Sinne, sich behaupten, oder mehr oder minder sich behaupten kann. Davon war im Vorstehenden die Rede. Eine objektive Tendenz kann für sich zum Bewusstsein kommen, die Forderung des vorgestellten Gegenstandes, als wirklich zu erscheinen, gelangt zu unwidersprochenem Gehör, oder erscheint als giltig, wenn und so weit die objektiven Gegentendenzen nicht aktuell, oder soweit sie „aufgesaugt" werden. Und dies kann, wie wir sahen, geschehen, wenn die Vorstellung, um die es sich handelt, durch die Momente der Neuheit oder Ausserordentlichkeit, oder durch das positive oder negative Wertinteresse, oder auch durch Gewohnheit oder Einübung in ihrer Energie gesteigert ist.

Um das Bewusstsein der Giltigkeit der objektiven Wirklichkeitstendenz oder der Forderung des Gegenstandes, als wirklich zu erscheinen, handelte es sich also im Vorstehenden. Oder was Dasselbe sagt, es handelte sich um das bewusste Dasein derselben. Den Ausgangspunkt der Betrachtung bildete das Gleichgewicht der objektiven Wirklichkeitstendenz eines Gegenstandes und ihrer Gegentendenzen. Falls dies Gleichgewicht besteht, können die objektiven Tendenzen, unter Voraussetzung der zusammenfassenden Betrachtung oder der apperceptiven Vereinheitlichung der „Gegenstände" oder der „Gründe", für das Bewusstsein sich wechselseitig ausgleichen, d. h. die Wirklichkeitstendenz des Gegenstandes einer Vorstellung und die Wirklichkeitstendenz der Gegenstände der Gegenvorstellungen können zum Bewusstsein der Indifferenz oder der blossen „objektiven Möglichkeit" sich vereinigen.

Damit ist schon angedeutet, welche neue Frage wir jetzt zu stellen haben. Es ist die Frage — nicht mehr nach dem Bewusstsein der Giltigkeit der Forderungen oder dem Bewusstseinsresultat ihres Gegensatzes, sondern nach der psychischen Wirkung der objektiven Tendenzen.

Nehmen wir jetzt wiederum an, der Wirklichkeitstendenz eines vorgestellten Gegenstandes stehen Gegentendenzen gegenüber, der Art, dass — nicht jene diese aufsaugt, oder irgendwie in mir ausser Aktion setzt. Sondern: — Jene Tendenz und diese Gegentendenzen seien als solche da und in Kraft. Beide Tendenzen halten sich das Gleichgewicht; d. h. jeder Gegenstand fordere ebensowohl als wirklich, wie als nicht wirklich zu erscheinen. Er sei also nur ein „möglicher" Gegenstand, und könne demgemäss auch in diesem Lichte erscheinen.

Dann müssen wir bedenken: Die objektiven Tendenzen oder die Forderungen des Gegenstandes sind doch notwendig zugleich subjektive Erlebnisse. Oder zunächst: Das Dasein des Gegenstandes ist ein solches. Dasselbe besteht in der Weise, wie der Gegenstand in den psychologischen Lebenszusammenhang aufgenommen ist. Der Gegenstand ist eben doch in mir nur als vorgestellter. Seine Vorstellung aber ist ein psychisches Geschehen. Sie ist ein Bestandteil des gegenwärtigen psychischen Lebenszusammenhanges. Sie ist also auch notwendig durch ihn mitbestimmt. Und sie ist andererseits ein in ihm wirksamer Faktor. Sie wirkt hin auf die Erfüllung der Forderung oder auf die Verwirklichung der Tendenz. Für diese Wirkung ist die Gegentendenz eine Hemmung. Damit wird die objektive Tendenz zur Wirkung eines psychischen Geschehens gegen eine Hemmung, kurz zum „subjektiven" Streben.

Objektive Wirklichkeitstendenz und Wirklichkeitsstreben. — Oder in umgekehrter Betrachtung: Das „subjektive" Streben — worunter genau das verstanden ist, was
wir sonst einfach als Streben bezeichnen, und was jedermann
mit dem Worte „Streben" zu meinen pflegt — ist nicht etwas
von den Gegenständen und den in diesen liegenden objektiven
Tendenzen ganz und gar Getrenntes. Diese Tendenzen sind
lediglich objektive, solange wir sie nur von seiten des Gegenstandes betrachten. Sie sind aber zugleich ebensowohl Tendenzen
in uns, und insofern subjektiv. Sie sind also zugleich subjektive
Tendenzen oder „subjektive" Strebungen. Sie sind es genau
so weit, als sie in den gegenwärtigen psychischen Lebenszusammenhang verflochten und in ihm wirksam sind. Umgekehrt sind die
subjektiven Strebungen allemal zunächst objektive Tendenzen.
Sie sind Strebungen nach einem Gegenstand. Aber ob ein
Gegenstand in mir zum Gegenstand meines Strebens wird, dies
ist allemal zunächst bedingt durch den Gegenstand. Es wirkt
also in dem Streben der Gegenstand. Und indem er wirkt, gelangt in ihm zur Wirkung die in ihm liegende, also die objektive
Tendenz. Und indem diese Tendenz subjektives Erlebnis, also von
den „Interessen" des Subjektes erfasst oder getragen ist,
wird sie zur subjektiven Tendenz oder zum Streben.

Damit nun sage ich im Grunde gar nichts, als was schon
enthalten liegt in der ehemals gegebenen Antwort auf die Frage,
was das Streben sei. „Streben", so sagte ich, heisst: Ein
psychisches Geschehen ist in seinem natürlichen Ablauf begriffen
und wird darin gehemmt. An sich würde es in der ihm natürlichen Weise ablaufen. Das Streben ist das Wirken gegen die
Hemmung.

Oben nun sind wir, wie man sieht, zunächst auf eine bestimmte Art des Strebens gestossen, nämlich das Streben nach der
Wirklichkeit eines vorgestellten Gegenstandes. Das Ziel ist dabei
genauer gesagt das Bewusstsein der Wirklichkeit des Gegenstandes. Hier besagt das „Streben": Die Vorstellung des Gegenstandes würde von sich aus zum Gegenstande des Wirklichkeitsbewusstseins werden, wenn keine Hemmung bestände. Genau
Dasselbe nun sagt der Satz: Sie trägt in sich selbst die Tendenz,

als wirklich zu erscheinen. Diese Tendenz aber ist nichts als die objektive Wirklichkeitstendenz, die in jedem vorgestellten Gegenstande liegt. Das Streben nach Wirklichkeit eines Vorgestellten ist also letzten Endes gar nichts Anderes als die objektive Wirklichkeitstendenz des vorgestellten Gegenstandes. Sie ist diese Tendenz nicht als solche, aber sofern sie zugleich ein psychischer Thatbestand ist und eine psychische Wirkung übt, nämlich gegen ein Hemmnis angeht. Auch das „Hemmnis" ist an sich Träger einer objektiven Tendenz. Es ist das, was den vorgestellten Gegenstand verhindert, wirklich zu sein, oder psychologisch gewendet, es ist das, was fordert, dass ich ihn als unwirklich betrachte. Es ist der Träger der objektiven Gegentendenz oder die die objektive Wirklichkeitstendenz des Erstrebten negierende Thatsache. „In mir" aber wird es zum Hemmnis.

Hier steht, wie gesagt, zunächst eine bestimmte Art des Strebens in Frage, nämlich das Wirklichkeitsstreben. Bei diesem wollen wir auch zunächst bleiben. Die objektive Wirklichkeitstendenz ist zugleich, als psychische Thatsache oder als subjektives, dem psychischen Lebenszusammenhange angehöriges, und demnach psychisch wirksames Erlebnis ein subjektives Streben oder ein Streben nach Wirklichkeit. Nun sahen wir: In jedem vorgestellten Gegenstand liegt jene objektive Tendenz. Also ist jeder vorgestellte Gegenstand zugleich Gegenstand des „subjektiven" Wirklichkeitsstrebens.

Aktualisierung des Wirklichkeitsstrebens. — Dies müssen wir freilich genauer sagen. Jeder vorgestellte Gegenstand ist Gegenstand des Wirklichkeitsstrebens an sich. Für jede Vorstellung eines Gegenstandes gibt es aber Gegenvorstellungen. Auch in diesen liegt die objektive Wirklichkeitstendenz. Auch sie sind also Gegenstand des Wirklichkeitsstrebens. Und diese entgegengesetzten Strebungen heben sich auf oder setzen sich ins Gleichgewicht. Dies heisst, jeder vorgestellte Gegenstand ist Gegenstand des Wirklichkeitsstrebens der Möglichkeit nach. Er wird dazu thatsächlich, wenn das Streben nach seiner Wirklichkeit das in den Gegenständen der Gegenvorstellungen liegende Streben, wirklich oder Objekte des Wirklichkeitsbewusstseins zu werden, **überwiegt**. Dabei ist zu wiederholen, dass es sich hier nicht handelt um ein Überwiegen der objektiven Tendenz oder der objektiven Forderung des Gegenstandes als solcher, sondern um ein Überwiegen ihrer Wirkung im psychischen Lebenszusammenhang, also um ein Überwiegen auf Grund hinzutretender „subjektiver Momente".

Hiermit kehren wir zunächst zurück zu jenen Geneigtheiten, an einen Gegenstand zu **glauben**. Die Momente, welche diese bedingen, die Momente der Neuheit, Ausserordentlichkeit eines vorgestellten Gegenstandes u. s. w., wurden schon bezeichnet als „**subjektive**" Momente. Wiefern sie dies sind, braucht nicht gesagt zu werden. Neuheit, Ausserordentlichkeit u. s. w. bezeichnen eine Beziehung zu dem, was ich sonst erlebt habe; dass ein Gegenstand lustvoll oder unlustvoll ist, besagt, dass er zu mir, meinen Bedürfnissen, den Forderungen meiner Natur in einer bestimmten Beziehung steht; Gewohntheit oder Eingeübtheit einer Vorstellung besagt, dass in mir eine Disposition zu solchen Vorstellungen sich findet.

Indem nun diese Momente zu der objektiven Tendenz unterstützend hinzukommen, machen sie nicht nur, wie oben gesagt, diese objektive Tendenz wirkungsvoller, sondern sie machen auch aus ihr ein subjektives Streben. Dabei muss nur freilich eine neue Voraussetzung gemacht werden. Jene „**Geneigtheit**" zu **glauben** ergab sich, indem die Gegentendenz, durch Wirkung der subjektiv gesteigerten objektiven Tendenz, an Wirksamkeit einbüsste. Die Geneigtheit war nichts Anderes, als der durch die subjektiven Momente erleichterte **Sieg** der objektiven Tendenz, d. h. das bewusste zur Geltung Kommen oder das Bewusstsein der Giltigkeit der objektiven Forderung. Jetzt aber setzen wir voraus, dass die Gegentendenz in Kraft bleibe, also die Gegenwirkung derselben gegen die subjektiv gesteigerte objektive Tendenz bestehen bleibe.

Und damit ist nun ein neuer Sachverhalt gegeben. Nämlich nicht mehr jener „Sieg", also jene **Geneigtheit** an die Wirklichkeit des Gegenstandes zu **glauben**, sondern das Streben, an die Wirklichkeit desselben glauben zu **können**; nicht mehr ein thatsächliches Heraustreten des Wirklichkeitsbewusstseins im Gegensatz oder auf Kosten der gegenteiligen Forderung, also der Forderung, dass der Gegenstand als unwirklich gedacht werde, sondern ein auf das Dasein des Wirklichkeitsbewusstseins gerichtetes Streben. Dies ist zugleich ein Gegenstreben gegen das in dieser letzteren Forderung liegende Hemmnis. Wie die objektive Tendenz, an sich betrachtet, nicht ein subjektives Streben, also überhaupt nicht ein Streben ist in dem gewöhnlichen Sinne des Wortes, sondern die Forderung eines Gegenstandes, so ist auch die objektive Gegentendenz nicht an sich Hemmung, sondern sie ist — objektive Gegentendenz, d. h. wiederum eine Forderung eines Gegenstandes. Ebenso aber, wie die objektive Tendenz zum Streben wird durch jene subjektiven Momente, in denen das Subjekt die objektive Tendenz sich zu eigen macht, so wird auch die objektive Gegentendenz zur Hemmung, indem sie zu dieser subjektiven Tendenz in Gegensatz tritt. Oder genauer gesagt, die objektive Tendenz wird zum Streben durch den doppelten Umstand, einmal das Eingreifen der subjektiven Momente, und zum Anderen den Umstand, dass im Gegensatz zu diesen die objektive Gegentendenz als Hemmung sich darstellt.

Die besonderen Bedingungen der Aktualisierung des Wirklichkeitsstrebens. — Wir haben also jetzt den Übergang gewonnen von der subjektiv bedingten objektiven Tendenz zum subjektiven Streben oder zum Streben im eigentlichen Sinne. Und wir haben zugleich Bedingungen dieses Strebens gewonnen. Sofern die objektive Forderung, den vorgestellten Gegenstand als nur möglich anzusehen, für mich in Kraft bleibt, ist in mir nicht mehr eine Geneigtheit an das Neue, Wunderbare, das Lust- und erheblich Unlustvolle, an das durch Gewohnheit Festgewurzelte zu glauben, sondern es ist in mir ein Streben den Gegenstand verwirklicht zu sehen oder verwirklicht zu wissen, ein Streben, das darauf gerichtet ist, dass er wirklich sei.

Dies Streben nun besteht in der That oder kann bestehen. Es gibt nicht nur eine Geneigtheit, das Neue, nie Dagewesene, und das Wunderbare, dem gewohnten Erleben und Vorstellen Zuwiderlaufende, zu glauben, sondern es gibt auch ein Verlangen, dass es wirklich sei, und ein inneres Widerstreben, ein Gefühl der

Enttäuschung, ein Bedauern, wenn es erst schien, dass es wirklich sein könne oder werde, und dann seine Nichtwirklichkeit sich herausstellt.

Und Niemand zweifelt, dass ein Streben besteht, das Gewohnte, öfter Erlebte wieder zu erleben, ein Verlangen, dass dasjenige, was an bestimmter Stelle oder bei bestimmter Gelegenheit immer wirklich war, an dieser Stelle und bei dieser Gelegenheit wiederum wirklich sei. Und völlig selbstverständlich erscheint es, dass wir die Wirklichkeit des vorgestellten lustvollen Gegenstandes „wünschen".

Aber es gibt auch ein Verlangen, einen Drang, ein Begehren, das gerichtet ist auf die Wirklichkeit des ganz und gar n i c h t „Erwünschten", also des ganz und gar nicht Lustvollen, sondern in hohem Masse Unlustvollen, des Schrecklichen, Entsetzlichen, Grauenvollen. Wir w ü n s c h e n nicht, dass das grosse Unglück, von dem in der Zeitung berichtet wird, wirklich stattgefunden habe, sondern sträuben uns dagegen, oder „unsere Natur" sträubt sich gegen ein solches Vorkommnis. Aber es ist „in u n s" etwas, das darauf hindrängt, es verlangt „e t w a s in u n s", „uns selbst" zum Trotz, darnach, und es überkommt uns auch hier neben der inneren Befreiung eine Art von Enttäuschung oder Bedauern, wenn die Nachricht widerrufen wird. Es steht in solchem Falle meinem Verlangen, dass das Schreckliche wirklich sei, oder von mir dürfe als wirklich angesehen werden, normalerweise der Wunsch entgegen, dass es nicht wirklich sei, oder es steht ihm entgegen mein positives Wertinteresse. Und es ist normal, dass dies Wertinteresse eben durch die Macht der Vorstellung des Schrecklichen, das ihm widerspricht, wachgerufen und zur vollen Wirkung gerufen, und dass dadurch jenes Verlangen „absorbiert" oder verschlungen wird. Aber es ist m ö g l i c h, dass dies nicht sofort mit voller Intensität geschieht. Es ist auch möglich, dass in einem Individuum vermöge einer eigenen Art der „Dissociation" die Beziehung zwischen der Vorstellung des Schrecklichen und diesem gegenwirkenden positiven Wertinteresse ihren Dienst versagt, also dies Wertinteresse nur schwach oder gar nicht geweckt und zur Gegenwirkung gerufen wird. Im letzteren Falle kann jenes Verlangen die Übermacht gewinnen. Und gesetzt, das Entsetzliche ist ein solches, das durch das Individuum selbst ins Dasein gerufen werden kann; die Vorstellung des Entsetzlichen ist die Vorstellung einer eigenen entsetzlichen That. Dann kann es geschehen, dass die That vollbracht wird aus keinem anderen Grunde, als weil sie entsetzlich ist. Nicht ihr Thäter eigentlich thut sie, aber ein psychologischer Zwang in ihm lässt sie ihn thun. — Damit ist zugleich gesagt, dass ich im Vorstehenden nicht vom aktiven Streben redete, sondern der Unterschied der Aktivität und Passivität einstweilen ausser Betracht blieb.

Die Entstehung des Strebens nach Wirklichkeit überhaupt. — Reden wir aber zunächst wiederum allgemeiner. Jede Vorstellung ist die Vorstellung eines an sich möglichen „Gegenstandes". Darin liegt ihre objektive Seite. Jede Vorstellung ist aber zugleich meine Vorstellung dieses Gegenstandes. Sie ist dies Geschehen in mir oder dies aus mir stammende Geschehen. Sie ist das durch mich, d. h. den gegenwärtigen psychischen Lebenszusammenhang bedingte „subjektive Erlebnis". Und insofern ist die Tendenz des Gegenstandes, wirklich zu erscheinen, zugleich meine Tendenz, dass der Gegenstand mir wirklich erscheine. Dies heisst: Wie alles Vorstellbare an sich denkbar oder objektiv möglich, so ist auch alles Vorstellbare an sich erstrebbar oder „subjektiv" möglich, d. h. es liegt in ihm an sich betrachtet die „Tendenz", erstrebt zu werden.

Diese Tendenz müsste, wenn sie frei sich auswirken könnte, zur Wirklichkeit werden; d. h. jeder vorgestellte Gegenstand ist an sich Gegenstand des Strebens, oder es liegt in ihm, erstrebter Gegenstand zu sein. Aber nun gibt es für jede Vorstellung Gegenvorstellungen. Der Vorstellung, dass ich mich bewege, steht gegenüber die Vorstellung, dass ich ruhe; der Vorstellung, dass irgend etwas in der Welt geschehe, die Vorstellung, dass es unterbleibe, oder etwas geschehe, das damit sich nicht verträgt. Und auch die Gegenstände dieser Vorstellungen sind an sich Gegenstände des Strebens.

Damit ist der Sachverhalt gegeben, der bereits früher so bezeichnet wurde: Die einander entgegenstehenden Strebungen heben sich auf oder gleichen sich gegen einander aus. Sie wirken zu-

sammen zum Thatbestand der „Schwebe". Dadurch eben kommt
die blosse subjektive Möglichkeit zustande. Es entsteht die der
logischen Indifferenz entsprechende Indifferenz des Strebens.

Und bei dieser bleibt es, so lange nicht die eine der Vorstellungen grössere Energie gewinnt, also überwiegt. Ist dies der
Fall, dann wird diese Vorstellung Gegenstand eines positiven
Strebens. Das Streben ist ein passives, sofern diese Energie nicht
dem jetzt in mir hervortretenden Wertinteresse ihr Dasein verdankt, sondern im Gegensatz zu einem solchen ihre Wirkung übt.
Das Streben ist ein aktives, sofern ein jetzt in mir herrschendes
Wertinteresse dem Streben seine Energie verleiht. Damit ist noch
einmal gesagt, dass die Energie des in hohem Masse Unlustvollen,
ebenso die des Neuen oder Ausserordentlichen, endlich auch die
reine Gewohnheitsenergie oder dispositionelle Energie, an sich kein
aktives Streben bedingen: Alle solche Energie ist nicht Energie
aus einem Wertinteresse oder ist nicht Wertenergie. Nur die
Energie der Vorstellung eines Gegenstandes, die im Lustcharakter
des Gegenstandes sich kundgibt, schafft ein aktives Streben oder
gibt dem Streben Aktivitätscharakter.

Wir müssen aber hier noch genauer reden. Alles „Interesse",
d. h. alles was der Vorstellung eines Gegenstandes Energie ver-
leihen kann, hilft dieser Vorstellung zu nichts, wenn sie nicht
geweckt ist und das Interesse in ihr zur Wirkung gelangt. So
ist auch, wenn ein vorgestellter Gegenstand ein Gegenstand des
Wirklichkeitsstrebens sein soll, als selbstverständlich vorausgesetzt,
dass die Vorstellung des Gegenstandes geweckt wird und ihre
Energie bethätigt, dass demnach die „Aufmerksamkeit" sich
darauf richtet. Mit Einschluss dieser Voraussetzung dürfen wir
endgiltig sagen: Gegenstand des Wirklichkeitsstrebens ist in
jedem Momente der Gegenstand derjenigen Vorstellung, auf welche
die Aufmerksamkeit gerichtet, oder die appercipiert ist, und deren
natürliche, d. h. in ihr, wie in jeder Vorstellung eines Gegenstandes von Hause aus liegende Tendenz, für mich ein wirklicher
Gegenstand zu sein, durch irgend ein überwiegendes „Interesse",
d. h. durch irgend ein Moment, das ihr eine die Energie der
Gegenvorstellungen überwiegende Energie verleiht, herausgehoben
ist. Der letzte Grund des Strebens bleibt dabei immer diese

objektive Tendenz. Wird die Verwirklichung eines vorgestellten Lustvollen erstrebt, so wird auch durch diesen Lustcharakter das Streben nicht erst bewirkt, sondern der Lustcharakter oder genauer Dasjenige, was ihm denselben verleiht, macht, dass das Streben aus den unendlich vielen gleichzeitigen Möglichkeiten des Wirklichkeitsstrebens heraustritt oder ausgewählt wird. Der Lustcharakter macht in diesem Falle zugleich, dass das Streben als ein aktives Streben oder als „mein" Streben sich darstellt. Gesetzt, das Wirklichkeitsstreben läge nicht in jeder Vorstellung von Hause aus oder an sich, dann würde auch kein Lustcharakter des Erstrebten dasselbe erzeugen können.

Dieses in jedem Gegenstande einer Vorstellung von Hause aus liegende Streben, für mich wirklich zu sein, oder dies in jeder Vorstellung eines Gegenstandes von Hause aus liegende Streben nach Wirklichkeit ihres Gegenstandes ist, wie oben gesagt, nichts als die subjektivierte objektive Tendenz oder Forderung jedes Gegenstandes mir als wirklich zu erscheinen. Diese objektive Tendenz ist ohne weiteres dadurch für mich subjektiviert, dass der Gegenstand von mir vorgestellt, also mein Erlebnis ist. Die Vorstellung des Gegenstandes hat jederzeit ihr Mass von psychischer Energie. Es gibt immer ein „Interesse", das sie trägt. Insofern muss der Gegenstand, an sich betrachtet, von mir erstrebt werden. Es kommt nun aber darauf an, ob die Vorstellung in mir ein überwiegendes Mass von Energie gewinnt.

Dass es sich so verhält, zeigen am eindringlichsten die Zwangshandlungen, auf die oben hingedeutet wurde. Es können aber beliebige Vorstellungen zu Zwangshandlungen führen, wenn die Wirkung der Gegenvorstellungen, d. h. wenn das auch in den Gegenvorstellungen liegende Streben nach Verwirklichung ausgeschaltet wird. Was man „Zwangshandlungen" nennt, hat allemal eben in solcher Ausschaltung seinen Grund. Man denke hier auch an die automatischen Handlungen des Hypnotisierten.

Die objektive Möglichkeit als Bedingung des Strebens. — Indessen wir bedürfen nicht der Berufung auf solche abnorme Erscheinungen, um das zu erweisen, worum es sich hier handelt. Ich wiederhole, das Streben nach Wirklichkeit ist seinem letzten Grunde nach nichts Anderes als die objektive Tendenz des vorgestellten Gegenstandes, für mich wirklich zu sein, wofern dazu das Interesse an dem Gegenstand hinzutritt. Dadurch ist die objektive Tendenz in ein subjektives Streben verwandelt. Das Streben ist ein aktives Streben, etwa ein Wünschen, wenn das Interesse ein in mir herrschendes Wertinteresse ist.

Der Hinzutritt des „Subjektiven" oder des „Interesses" zu der an sich objektiven Tendenz des vorgestellten Gegenstandes, als wirklich zu erscheinen, also die Verwandlung der objektiven Tendenz in ein subjektives Wirklichkeitsstreben ist zugleich, wie wir oben sahen, eine Steigerung dieser objektiven Tendenz. Dadurch wird, wie wir gleichfalls sahen, die gleichzeitig bestehende objektive Tendenz des nur möglichen Gegenstandes als unwirklich zu erscheinen, oder was Dasselbe sagt, es wird der Gegensatz der Erfahrung oder meines Wissens gegen mein Wirklichkeitsstreben normalerweise erst recht geweckt. Dies heist z. B.: Je mehr ich wünsche, dass etwas sei, desto fühlbarer ist mir das Nichtsein desselben.

Dies hindert nun doch nicht, dass die Erkenntnis oder Gewissheit der Nichtwirklichkeit die objektive Tendenz des Vorgestellten, als wirklich zu erscheinen, aufhebt. Damit muss dann auch unserer Voraussetzung zufolge mein Streben nach seiner Wirklichkeit, also z. B. mein „Wünschen" aufgehoben erscheinen. Die Erkenntnis der Unwirklichkeit eines Gegenstandes ist ja eben das Bewusstsein der unwidersprochenen Forderung, den Gegenstand als nicht wirklich zu denken. Sie ist die Verneinung jeder objektiven Tendenz des Vorgestellten als wirklich zu erscheinen. Und da diese der letzte Grund ist für mein Streben nach Wirklichkeit des Gegenstandes, so muss auch dies subjektive Streben durch jenes Bewusstsein der Nichtwirklichkeit seines Gegenstandes aufgehoben werden. Es verschwindet, weil ihm seine notwendige Basis entzogen ist. Dies heisst nichts Anderes als: Unwirkliches kann nicht erstrebt werden. Oder genauer, es ist unmöglich, dass ich die Wirklichkeit eines Vorgestellten erstrebe und zugleich das Bewusstsein der Unwirklichkeit eben dieses Vorgestellten habe. Oder positiv gesagt:

Nur das für mich **objektiv Mögliche** ist möglicher Gegenstand eines subjektiven Strebens.

Dieser Satz wird Manchem sonderbar erscheinen. Aber er ergibt sich nicht nur aus unseren Voraussetzungen, sondern trifft auch mit der Erfahrung überein. Er muss nur richtig verstanden werden.

Zunächst ist durch diesen Satz nicht ausgeschlossen, sondern eingeschlossen, dass Beliebiges, das nicht nur an sich unwirklich und unmöglich, sondern mir auch als solches bekannt ist, Gegenstand meines Strebens werden kann, wenn ich von seiner Unwirklichkeit oder meinen Gründen für dieselbe abstrahiere. Dadurch wird eben das Nichtwirkliche für mich zu einem möglicherweise Wirklichen. Ich betrachte es, wenn auch nur versuchsweise, als solches. Ich setze durch mein Abstrahieren die „objektiven Gegentendenzen" ausser Wirkung.

Dass solche Abstraktion die Voraussetzung des Strebens nach dem als unwirklich Erkannten ist, sagt uns schon der auch sonst oft lehrreiche Sprachgebrauch. Ich kann sagen, ich wünsche, dass es morgen „**regnet**", da in diesem Falle das Gewünschte für mich möglich, d. h. da der Eintritt des Regens denkbar ist. Ich könnte dagegen nicht mehr so sagen, wenn ich mit absoluter Sicherheit wüsste, dass es morgen schönes Wetter sein wird. So sage ich des Abends nicht, ich wünsche, dass jetzt der Tag „beginnt". Ich kann nur sagen, ich „**wünschte**" oder „**wollte**", dass er „**begänne**". Durch diese sprachliche Form ist das Streben als ein lediglich hypothetisches gekennzeichnet, d. h. es ist gekennzeichnet als bedingt durch die Abstraktion von dem bekannten Sachverhalt und damit von der erkannten Unmöglichkeit, dass das Erstrebte sich verwirkliche. Es ist gekennzeichnet als ein Streben, das in mir besteht und bestehen kann, nur weil und solange ich die Möglichkeit des Erstrebten versuchsweise annehme. Und dies thue ich eben, indem ich von seiner Unmöglichkeit abstrahiere. Die „Annahme", um die es sich hier handelt, **besteht** in nichts Anderem, als in der Abstraktion von der Thatsache, dass jetzt die Nacht beginnt, allgemeiner gesagt in der Abstraktion von dem gegenwärtigen, der Verwirklichung des Erstrebten gegenüberstehenden und sie verneinenden Sachverhalt.

Indem ich dieselbe vollziehe, mache ich den gegenwärtigen Sachverhalt psychisch unwirksam; und damit ist das Vorgestellte, das
gegenwärtige Beginnen des Tages, für mich möglich. Und eben
damit ist es erstrebbar.

In gleich hypothetischer Weise kann ich ein andermal sagen,
ich „wünschte", oder auch ich „wünsche", ich „hätte" diesen
oder jenen dummen Streich nicht gemacht, während ich niemals
sage, ich wünsche, dass ich ihn nicht gemacht habe. In ebensolcher
hypothetischen Weise kann ich schliesslich das Allerunmöglichste
wünschen.

Alles Hoffen, dass etwas sei oder sein werde, ist ein Wünschen.
Es ist ein Wünschen, in welchem das Bewusstsein der Möglichkeit des Gewünschten zum Bewusstsein der Wahrscheinlichkeit
sich gesteigert hat. Vernachlässigen wir diese Steigerung, so
dürfen wir umgekehrt sagen, alles Wünschen ist ein Hoffen. Es
ist in jedem Falle eine niedrigere Stufe desselben psychischen
Thatbestandes, der im Hoffen vorliegt, d. h. eine solche, in welcher
das Bewusstsein der Wahrscheinlichkeit eventuell zum blossen Bewusstsein der Möglichkeit herabgedrückt ist. So muss es sein, weil
Wirklichkeitsstreben in der objektiven Tendenz des Erstrebten,
als wirklich zu erscheinen, seinen letzten Grund hat, und demgemäss nur möglich ist unter der Voraussetzung der objektiven
Möglichkeit seiner Verwirklichung.

Besondere Belege. — Gehen wir aber weiter. Weil es so ist,
wie hier von Neuem gesagt wurde, darum allein ist auch die Thatsache
der Ermutigung und Entmutigung möglich. Das Ermutigen
besteht eben in der Steigerung des Strebens durch die Aufhebung
oder Minderung des Zweifels, ob der Erfolg möglich sei, das
Entmutigen in der Abschwächung des Strebens durch die Weckung
oder Steigerung dieses Zweifels oder die Weckung des Gedankens
der Unmöglichkeit oder Unwahrscheinlichkeit, dass das Erstrebte
sich verwirklichen werde.

Eben dahin gehört weiter die Weckung eines Wunsches, Begehrens, Verlangens, das vorher nicht aktuell geworden war, oder
die Steigerung eines solchen, das bereits bestand, durch ein Versprechen, ein in Aussicht Stellen. Nicht minder die Steigerung

der Lebendigkeit des Wünschens, Begehrens, Verlangens, wenn die Zeit heranrückt, in welcher das Erstrebte eintreten soll. Je mehr Zeit noch zwischen mir und diesem Momente liegt, desto mehr Zeit muss noch verfliessen, oder desto mehr muss noch geschehen, bis das Erstrebte eintreten kann, in desto höherem Grade erscheint es mir also als jetzt noch nicht möglich. Der Verlauf der Zeit ist eine Bedingung der Möglichkeit dessen, was nach Verlauf derselben geschehen soll. Umgekehrt, je mehr die Zeit verläuft, desto lebendiger wird das Bewusstsein der Möglichkeit des Erstrebten. Und damit wird das Streben selbst lebendiger.

Endlich gehört hierher auch die Steigerung des Wunsches, etwas zu besitzen, zu sein, zu leisten, wenn ich sehe, dass Andere es besitzen, sind, leisten. Diese Thatsache macht das Bewusstsein der Möglichkeit, dass „man" Dergleichen besitze, sei, leiste, dass also auch ich dergleichen besitze, sei, leiste, eindringlicher. Und daraus entsteht auch hier die Steigerung des Wunsches.

Hier sehen wir also überall: Steigerung des Bewusstseins der Möglichkeit, dass das Erlebte sich verwirkliche, ist gleichbedeutend mit Steigerung des Strebens nach seiner Verwirklichung. Dies brauchen wir nun nur umzukehren, und wir sind wiederum bei dem oben ausgesprochenen Satze: Aufhebung des Bewusstseins der Möglichkeit des Erstrebten ist Aufhebung des Strebens. Und davon müssen wir die Konsequenzen ziehen: Besteht gar kein Bewusstsein der Möglichkeit des Erstrebten mehr, weiss ich von einem Thatbestandes, der die Wirklichkeit des Erstrebten unbedingt ausschliesst, also den Gedanken seiner Möglichkeit für mich völlig aufhebt, so schwindet das „kategorische", d. h. das von versuchsweisen Annahmen freie, an keine Abstraktion von einem wirklichen Sachverhalt gebundene Streben, Wünschen, Wollen. Es bleibt nur die Entsagung und das hypothetische Wünschen oder Wollen, also das Wünschen oder Wollen auf Grund einer Abstraktion, das „Ich wünschte" oder „Ich wollte", dass etwas wäre; oder das Bewusstsein, etwas sei wünschenswert. Es würde alles kategorische Streben unterbleiben bei demjenigen, der in die Notwendigkeit des Weltverlaufes eine absolute Einsicht hätte und diese Einsicht jederzeit absolut gegenwärtig hätte.

Hiermit ist unsere Grundvoraussetzung endgültig festgelegt:

Das „subjektive" Streben nach Wirklichkeit ist nichts Anderes, als das erfahrungsgemässe Bewusstsein der objektiven oder wie wir auch sagen können „logischen" Möglichkeit, dass etwas wirklich sei, bezw. es ist die darin liegende objektive Tendenz oder Forderung des Gegenstandes als wirklich zu erscheinen, unterstützt durch das subjektive oder „psychologische" Moment, das wir allgemein als ein „Interesse" an dem vorgestellten Gegenstande bezeichnen. Das subjektive Streben ist dies Zusammenwirken der objektiven Forderung mit der subjektiven, d. h. in dem psychischen Lebenszusammenhang liegenden Momente.

Streben als Tendenz des vollen Erlebens. Wahrnehmungsstreben. — Vom Wirklichkeitsstreben war hier zunächst einzig die Rede. Daneben aber bestehen andere Möglichkeiten des Strebens. Um auch diesen gerecht zu werden, müssen wir eine im Obigen vorausgesetzte Regel erweitern. Mit jeder Vorstellung ist die Tendenz gegeben den Gegenstand derselben als wirklich zu denken. Oder kürzer, jeder Gegenstand einer Vorstellung ist der Tendenz nach ein wirklicher Gegenstand. Diese Regel erweitern wir zu dem Satz: Jede Vorstellung schliesst die Tendenz in sich des vollen Erlebens ihres Gegenstandes. In diesem Satz ist ein allgemeines psychologisches Fundamentalgesetz ausgesprochen. Dasselbe ist zugleich oder vor allem ein Fundamentalgesetz des Strebens.

Zur Erläuterung ist hinzuzufügen: Das volle Erleben des sinnlich Wahrnehmbaren ist die sinnliche Wahrnehmung. In jedem von mir vorgestellten wahrnehmbaren Gegenstande liegt also die Tendenz wahrgenommen zu sein oder in ein Wahrgenommenes sich zu verwandeln. Und jede Vorstellung irgend eines möglichen Erlebens, etwa eines Denkens, Fühlens, Wollens, ist, der Tendenz nach, ein entsprechendes thatsächliches Erleben, Denken, Fühlen, Wollen.

Thatsachen, die unter dieses Gesetz fallen, wurden schon früher berührt. Ich sagte ehemals, wenn ich einen goldenen Berg vorstelle, so „meine" ich den Berg, so wie er in der Wahrnehmung sich mir darstellen würde, wenn es goldene Berge gäbe und ich sie sähe. Allgemein gesagt, mit jeder Vorstellung meine ich einen über den Vorstellungsinhalt hinausgehenden „Gegenstand“. Nun, statt zu sagen, mit einer Vorstellung eines wahrnehmbaren Gegenstandes meine ich diesen Gegenstand, so wie er in der Wahrnehmung sich darstellt oder darstellen würde, kann ich ebenso wohl sagen, das Vorgestellte oder der Vorstellungsinhalt ist der Tendenz nach das entsprechende Wahrgenommene. Jenes Meinen ist eben gar nichts Anderes, als ein Dasein der Tendenz nach.

Dies gilt von allem „Meinen“ überhaupt. Auch wenn ich mit den Worten meiner Rede allerlei, jetzt in meinem Bewusstsein nicht Gegenwärtiges meine, so heisst dies, dass Dasselbe der Tendenz nach in mir gegenwärtig ist. Alles „Meinen“ ist eine Perceptionstendenz.

Auch wenn man, wie es wohl geschieht, das „Meinen“ durch ein „uneigentliches“ oder „unanschauliches“ oder „bildloses“ „Vorstellen“ ersetzt, also etwa sagt, der Redner habe zwar nicht notwendig ein Bild der Gegenstände, von denen er rede, oder die er meine, aber die Gegenstände schweben ihm doch „bildlos“ vor, seien von ihm in „unanschaulicher“ Art, oder „uneigentlich“ vorgestellt, so meint man mit diesem Vorstellen ein intendiertes Gegenwärtighaben, ein volles inneres Haben oder Erleben der Gegenstände der Tendenz nach. Zum mindesten ist nicht einzusehen, was sonst man mit jenen Ausdrücken „meinen“ sollte.

**Die Reproduktion als Tendenz des vollen Erlebens.** — Im Übrigen ist hier an bestimmte einzelne Thatsachengruppen zu erinnern. Die Thatsachen, die ich meine, sind wiederum jedermann bekannt. Grund genug, dass man sie übersehen oder nicht in ihrer Bedeutung gewürdigt hat. Habe ich mich von dem Stattfinden einer Thatsache überzeugt, also ein Urteil vollzogen, und ich erinnere mich dieses psychischen Erlebnisses, so bleibt es nicht bei dieser Erinnerung, sondern es kehrt nun auch das Urteil selbst wieder; ich habe jetzt wiederum dieselbe Überzeugung. Und sehe ich ein, dass mein Urteil falsch war, oder habe ich Grund an seiner Richtigkeit zu zweifeln, so bleibt doch in mir eine fühlbare Tendenz, ein Drang, eine Art innerer Nötigung, bei dem ehemals gefällten Urteil zu bleiben, d. h. es jetzt zu wiederholen, die ehemalige Überzeugung wieder zu haben, kurz jetzt wiederum den reproduzierten psychischen Thatbestand zu verwirklichen.

Das Gleiche, wie von meinen vergangenen Urteilen, gilt von meinen vergangenen Entschlüssen. Soweit sie meinem Gedächtnis nicht entschwunden sind, sind sie der Tendenz nach gegenwärtige Entschlüsse. Ein vollzogener Entschluss bleibt für die Folge in Kraft, d. h. er kehrt, wenn er reproduziert wird, nicht nur als Erinnerungsbild, sondern als gleichartige Thatsache wieder. Er muss eigens aufgehoben werden, wenn er nicht mehr bestehen soll.

Oder allgemeiner gesagt. Mein vergangenes Erleben überhaupt ist, wenn es von mir reproduziert wird, zugleich der Tendenz nach ein gegenwärtiges gleichartiges Erleben. Es gibt, als allgemeine psychologische Thatsache, eine Tendenz der Treue gegen mich selbst. Davon habe ich an anderem Orte ausführlicher[1]) gehandelt.

In diesen Fällen sind die Vorstellungen, welche die Tendenz des vollen Erlebens des vorgestellten Gegenstandes in sich schliessen, Erinnerungsvorstellungen. Erinnerungen sind Reproduktionen im engeren Sinne. Zunächst mit Bezug auf sie kann unser Gesetz auch so ausgedrückt werden: Reproduktionen sind der Tendenz nach volle Reproduktionen. Dabei verstehe ich unter der „vollen" Reproduktion die einfache Wiederkehr des Reproduzierten.

Die Phantasievorstellung und die Tendenz des vollen Erlebens. — Aber auch Phantasievorstellungen sind Reproduktionen. Sie sind es in ihren Elementen. Sie sind Neukombinationen von Erinnerungselementen. Und sofern sie aus Erinnerungselementen gewoben sind, muss auch für sie das Gesetz der vollen Reproduktion Geltung haben. Auch sie müssen der Tendenz nach ein volles Erleben ihres Gegenstandes sein.

Auch dies wiederum zeigen jedermann bekannte Thatsachen. Jeder weiss, dass die Vorstellung eines Urteiles, die durch eine fremde Behauptung in mir geweckt wird, der Tendenz nach ein eigenes Urteil ist; die Vorstellung eines Wollens, die mir durch

---

[1]) Die ethischen Grundfragen. Hamburg und Leipzig 1899 S. 134 ff.

das fremde Gebot oder Verbot übermittelt wird, der Tendenz nach ein eigenes Wollen. Ebenso ist die Vorstellung einer auf körperliche Bewegungen gerichteten Thätigkeit, die ich aus der Betrachtung einer fremden Bewegung gewinne, der Tendenz nach eine gleichartige eigene Thätigkeit. D. h. fremde Behauptungen vermögen ein eigenes Glauben, fremde Willensäusserungen ein eigenes Wollen zu erzeugen; und es gibt einen „Nachahmungstrieb". In allen diesen Fällen ist die Vorstellung des inneren Vorganges oder Geschehens nicht Erinnerungsvorstellung. Sie ist also Phantasievorstellung. Und diese ist der Tendenz nach ein volles Erleben des Vorgestellten. Auch davon habe ich an der oben bezeichneten Stelle genauer geredet. Wie das eigene vergangene Erleben, sofern es reproduziert wird, der Tendenz nach ein gegenwärtiges gleichartiges Erleben ist, so ist das fremde Erleben, sofern ich davon weiss, der Tendenz nach mein eigenes Erleben.

Wie man sieht, ist nun freilich auch hier die Vorstellung, die die Tendenz des vollen Erlebens in sich schliesst, nicht eine beliebige Phantasievorstellung. Sondern sie hat den Vorzug, Gegenstand eines Wissens und an eine Wahrnehmung unmittelbar gebunden zu sein. Aber dass die Vorstellung, deren Tendenz, in volles Erleben des Vorgestellten überzugehen, sich verwirklicht, eine in bestimmter Weise bevorzugte sein muss, ist ja selbstverständlich.

Die „Tendenz des vollen Erlebens" besagt eben nicht, dass dies volle Erleben eintritt, sondern dass es eintritt, wofern keine Gegengründe bestehen. Aber auch hier wiederum gilt: Jede Vorstellung hat ihre Gegenvorstellungen, also jede Tendenz des vollen Erlebens eines vorgestellten Gegenstandes ihre Gegentendenzen. Und diese beiden, die Tendenz und die Gegentendenzen halten sich zunächst die Wage. Es entsteht ein Zustand der Indifferenz der Tendenzen des vollen Erlebens. Es entsteht insbesondere, wenn die Vorstellungen Vorstellungen eines sinnlich Wahrnehmbaren sind, die Indifferenz der Wahrnehmungstendenzen. Es entsteht die blosse Wahrnehmungsmöglichkeit oder Wahrnehmbarkeit. Das Bewusstsein dieser blossen Wahrnehmbarkeit ist ein eigenes Erlebnis, ein Icherlebnis, eine Weise, wie ich mich angesichts der Vorstellung angemutet finde, also ein Gefühl. Dasselbe ist dem Bewusstsein der Denkbarkeit alles Vorgestellten, oder der Möglichkeit, dass es wirklich sei, koordiniert.

Noch genauer müssen wir sagen: Phantasievorstellungen eines Wahrnehmbaren haben nicht nur ihre Gegenvorstellungen, sondern es steht und wirkt ihnen normalerweise entgegen der die entsprechende Wahrnehmung — oder Empfindung — ausschliessende oder negierende gegenwärtige Empfindungszustand. Diese Gegenwirkung kann aber abnormerweise ausgeschaltet erscheinen. Dann verwirklicht sich die Tendenz des Überganges der Vorstellung in Wahrnehmung. Es entsteht die Hallucination. Die Hallucination ist nichts Anderes, als die abnorme, d. h. durch den Wegfall normaler Hemmungen bedingte Verwirklichung der an sich oder von Hause aus in jeder Vorstellung eines Wahrnehmbaren liegenden Tendenz ein Wahrgenommenes zu sein, so wie die Wahnideen nichts sind, als die unter gleichartigen Bedingungen sich verwirklichende Tendenz jedes Vorgestellten als wirklich zu erscheinen.

Besondere Bedingungen des Wahrnehmungsstrebens. — Auch die Tendenz alles vorgestellten Wahrnehmbaren als Wahrgenommenes sich darzustellen, ist eine objektive Tendenz. Sie ist eine Tendenz des Gegenstandes der Vorstellung für mich da zu sein. Der „Gegenstand" der Vorstellung eines Wahrnehmbaren das ist eben der wahrgenommene Gegenstand. Diese Tendenz schliesst, wie man sieht, die Tendenz des vorgestellten Gegenstandes als wirklich zu erscheinen in sich. Das Bewusstsein der Wirklichkeit eines Wahrnehmbaren ist eine Vorstufe dieses Wahrgenommenseins, verhält sich dazu, sozusagen, wie eine Abschlagszahlung.

Und von dieser objektiven Tendenz gilt nun wiederum dasjenige, was von der objektiven Tendenz als wirklich zu erscheinen galt, d. h. sie wird zum subjektiven Streben und event. zu „meinem", d. h. zum aktiven Streben nach Wahrnehmung des Vorgestellten, also zu meinem „Wünschen", dass es wahrgenommen sei, oder meinem Wahrnehmenwollen, meinem Begehren, Verlangen nach Wahrnehmung oder nach sinnlichem Gegenwärtighaben, wenn die Gegentendenz wirksam bleibt, und andererseits zur objektiven Tendenz hinzutritt ein Interesse an dem Gegenstande und insonderheit ein positives Wertinteresse: Ich wünsche etwa den angenehmen Geschmack einer Frucht, den ich jetzt vorstelle, zu empfinden. Das Interesse an dem Gegenstande hebt auch hier die objektive Tendenz des Vorgestellten, ein Wahrgenommenes zu sein, aus der Menge der sich entgegenstehenden und sich wechselseitig auf der Stufe der Möglichkeit zurückhaltenden objektiven Tendenz heraus, lässt die Tendenzen für sich zur Geltung kommen oder aktuell werden, und macht sie zugleich zu einer subjektiven oder zu einem Streben im eigentlichen Sinne, und in unserem Falle zugleich zu einem aktiven Streben. Nicht die Lust an dem Gegenstande der Vorstellung ist der Grund des sinnlichen Empfindungsstrebens, sondern sie ist nur Grund der Steigerung, Heraushebung und Subjektivierung desselben.

Auch im Einzelnen müssen wir das, was oben gesagt wurde über das subjektive Streben, dass ein Vorgestelltes w i r k l i c h sei, hier wiederholen. Wir streben wahrzunehmen das vorgestellte Neue, oder Seltsame, wir erstreben neben der Wahrnehmung des Lustvollen die Wahrnehmung des Unlustvollen, Schrecklichen, Entsetzlichen, schliesslich auch die Wahrnehmung des vorgestellten Wahrnehmbaren, das auf Grund der Gewohnheit meines Vorstellens in besonderem Masse sich aufdrängt oder aufnötigt. Wiederum ist hier, nach früher Gesagtem, nur das Streben nach Wahrnehmung des vorgestellten L u s t v o l l e n, etwa des vorgestellten angenehmen Geschmackes, des vorgestellten schönen Tones oder Bildes, ein a k t i v e s Streben. Dagegen erscheint das Streben, das vorgestellte Neue, oder Seltsame, Wunderbare, den Gewohnheiten des Wahrnehmens Widersprechende, zu sehen, kurz die Neugier, ebenso das Streben Unangenehmes, Schreckliches, Entsetzliches wahrzunehmen, endlich nicht minder das Streben, solches, das immer wiederum meiner Vorstellung sich darstellte und dadurch eine besondere „dispositionelle Energie" gewonnen hat, zu erleben, als ein p a s s i v e s. Nicht i c h   m ö c h t e das vorgestellte Widrige, Entsetzliche sinnlich erleben, aber e s   r e i z t mich, es zu erleben. Dieser Reiz kann unter Voraussetzung geringer Widerstandsfähigkeit, d. h. geringer Kraft eines gegenwirkenden Wertinteresses, schliesslich zum zwingenden Reize werden. Das extremste Ergebnis sind die Selbstpeinigungs-, und Selbstmord-Epidemien.

Auch das, was oben über Entmutigung, Ermutigung u. s. w. gesagt wurde, wäre hier einfach zu wiederholen. Es behauptet das dort Gesagte für das Wahrnehmungsstreben seine volle Geltung.

**Das Gesetz des Strebens als Gesetz der Vervollständigung überhaupt.** — Das Gesetz, das die Tendenz des vollen Erlebens des Gegenstandes jeder Vorstellung behauptet, wurde bezeichnet als eine Erweiterung des Gesetzes, dass in jeder Vorstellung die Tendenz des Gegenstandes liege, als wirklich zu erscheinen. Wir können nun aber schliesslich jenes Gesetz noch allgemeiner fassen. Damit gewinnen wir zugleich ein allgemeinstes Gesetz alles Strebens. Wir bezeichnen dasselbe als das Gesetz der Vervollständigung überhaupt. In diesem allgemeinen Gesetze liegen dann, ausser den im Vorstehenden bezeichneten Möglichkeiten des Strebens, noch zwei weitere Möglichkeiten desselben eingeschlossen. In jedem psychischen Vorgange liegt einmal an sich die Tendenz, möglichst vollkommen appercipiert zu werden. Und zweitens: Jedes psychische Teilgeschehen, das durch Association mit einem anderen zu einem Ganzen verwoben oder verwachsen ist, schliesst die Tendenz in sich, zu diesem Ganzen sich zu vervollständigen.

Von diesem „associativ bedingten Streben" nun wird weiter unten die Rede sein. Dagegen kommt für uns hier unmittelbar das Streben nach möglichst vollkommener Apperception, als eine dritte Möglichkeit des Strebens, in Frage.

In jedem psychischen Vorgang, sagte ich, liege die Tendenz des möglichst vollen Appercipiertwerdens. Auch diese Tendenz ist zunächst eine objektive Tendenz. Jeder Gegenstand fordert, abgesehen von dem Interesse, das er für mich haben mag, mit gewisser Energie die „Beachtung". Der intensive Klang, die leuchtende Farbe etwa fordern vermöge ihrer Intensität einen höheren Grad der Beachtung als der weniger intensive Klang oder die weniger leuchtende Farbe. Aus dieser objektiven Forderung wird aber auch hier das subjektive Streben, wenn zu ihr unterstützend hinzutritt das Interesse an dem Gegenstande. Es wird zum subjektiven Streben mit Aktivitäts-Charakter oder zu einem auf das volle Beachten des Gegenstandes gerichteten Wünschen oder Wollen, wenn dies Interesse ein positives Wertinteresse ist.

Dass auch das subjektive Streben nach Beachtung und insbesondere das auf Beachtung gerichtete Wünschen oder Wollen, auf dem Zusammenwirken der objektiven Tendenz und des ihm entgegenkommenden subjektiven Interesses beruht, zeigt der Umstand, dass das subjektive und insonderheit das aktive Streben sich steigert mit der Grösse der objektiven Tendenz. Dies heisst etwa: Der laute Klang, die leuchtende Farbe macht mich zur aktiven apperceptiven Zuwendung geneigter. Davon wird später noch die Rede sein. Im übrigen braucht nicht besonders darauf hingewiesen zu werden, dass auch Gegenstand des Beachtungsstrebens wiederum vor allem das Neue und Seltsame ist, dann weiter neben dem Erfreulichem das sehr Unerfreuliche, endlich auch dasjenige, dem die Gewohnheit eine höhere psychische Energie verliehen hat. Nur ist in diesen letzteren Fällen das Streben wiederum nicht ein aktives, sondern ein passives.

---

## V. Kapitel.

### Associativ bedingte Gefühle und Strebungen.

Bekanntheit und Neuheit. — Das Streben, von dem im Vorstehenden die Rede war, nannte ich das unbedingte oder absolute Streben. Der Sinn dieses Ausdruckes wird deutlicher aus dem Gegensatz zum „bedingten" oder „relativen" Streben. Wie schon gesagt, ist darunter das associative oder associativ bedingte Streben verstanden. Dabei müssen wir sogleich unterscheiden das durch Ähnlichkeits- und das durch Erfahrungsassociation bedingte Streben.

Auf der Schwelle des neuen Thatsachengebietes, das wir damit betreten, stehen zunächst neue Gefühle; nämlich diejenigen, die sich ergeben aus der Wirkung der Ähnlichkeit bezw. Verschiedenheit zwischen einer gegenwärtigen Wahrnehmung, oder einem mir Mitgeteilten, und demjenigen, was ich bereits früher erlebt habe.

Eine Wahrnehmung wird von mir gemacht, und ich habe Dasselbe oder Gleichartiges schon früher wahrgenommen. Dann wird durch die gegenwärtige Wahrnehmung normalerweise die Gedächtnisdisposition der vergangenen geweckt oder in Aktivität versetzt. Und diese aktiv gewordene Gedächtnisdisposition kommt der Apperception der Wahrnehmung zu Hilfe. Dies bedingt eine doppelte Gefühlswirkung. Einmal: — Die Apperception der neuen Wahrnehmung wird unterstützt oder erleichtert. Und davon zunächst habe ich ein unmittelbares Gefühl, nämlich ein Gefühl der Erleichterung, ein Gefühl der Resonanz, die meine Apperception findet, ein Gefühl der Minderung des Momentes der Spannung in meiner apperceptiven Thätigkeit, ein Gefühl, als ob meinem apperceptivem Herausheben sozusagen durch einen Schub nachgeholfen würde, ein Gefühl des unverhofft sicheren Gelingens der Apperception.

Dies Gefühl ist an sich ein Passivitätsgefühl. Aber dazu tritt nun ein anderes Moment, nämlich ein Gefühl der Objektivität. Dasselbe tritt nicht neben jenes Gefühl, sondern steckt in ihm: Das Passivitätsgefühl hat zugleich einen Objektivitätscharakter. Die Passivität oder Nötigung zu appercipieren erscheint zugleich im Lichte einer Forderung. Etwas meinem gegenwärtigen psychischen Lebenszusammenhange Fremdes, von mir Unabhängiges, kurz etwas „Objektives" ist zugleich in dem Gefühl der Passivität verspürbar, oder scheint darin sich kundzugeben. Die Passivität erscheint als Passivität durch ein solches „Objektives".

Dies Beides zusammen, oder das einheitliche Gefühl, das doch diesen Doppelcharakter an sich trägt, ist das Gefühl der „Bekanntheit". Dabei rede ich von dem Gefühle der Bekanntheit, das sich einstellt, auch wenn ich nicht weiss, dass mir das Wahrgenommene schon begegnet ist. Es ist mir nur so, als sei ich ihm schon begegnet. Eben deswegen nenne ich es Gefühl der Bekanntheit. D. h. der Name Bekanntheitsgefühl schliesst schon eine erfahrungsgemässe Interpretation des Gefühls in sich.

Diesem Gefühl steht gegenüber das Gefühl der Unbekanntheit oder Neuheit. Wie das Gefühl der Bekanntheit mit dem der Wirklichkeit, so ist das Gefühl der Neuheit vergleichbar mit dem Gefühle der Nichtwirklichkeit. Auch das Gefühl der Neuheit entstammt dem Gegensatz zwischen dem Ganzen, das ich jetzt wahrnehme, und der Weise, wie die Elemente desselben in sonstiger Erfahrung verbunden oder miteinander verwebt waren. Nur ist dieser Gegensatz in unserem Falle ein rein qualitativer. Aber auch hier ist dies festzuhalten: Die Elemente des jetzt Wahrgenommenen sind mir immer schon gegeben gewesen; es ist also in Wahrheit nur die Verbindung oder Kombination derselben, oder das Ganze als Ganzes, ein „Neues".

Damit nun hat sich zugleich der Grund des Gefühles der Bekanntheit näher bestimmt. Dasselbe hat seinen eigentlichen Grund in dem Umstande, dass die in der gegenwärtigen Wahrnehmung gegebene Verbindung von Elementen mit der Gedächtnisspur der ehemaligen gleichartigen Verbindung derselben Elemente zusammenstimmt und durch sie unterstützt wird.

Pathologisches Bekanntheits- und Neuheitsgefühl. — Achten wir auf diese Gründe des Gefühles der Bekanntheit und des Gefühles der Neuheit oder Fremdheit, dann kann uns auch der abnorme Ausfall, sowohl des Bewusstseins der Bekanntheit, als des Bewusstseins der Neuheit, verständlich werden.

Für Beides ist zunächst Eines vorausgesetzt, das wir schon früher, bei dem abnormen Bewusstsein der Wirklichkeit eines Phantasiegebildes, und bei der Erwähnung der Hallucinationen annehmen mussten, nämlich die relative Selbständigkeit und Loslösbarkeit der Gedächtnisspur eines Erlebten gegenüber einem neuen Erlebnis, das mit jenem Erlebnis sich ganz oder teilweise deckt, also mit ihm übereinstimmt, oder dazu in Beziehung der Gegensätzlichkeit steht. Dazu müssen wir hier hinzufügen, dass auch die, verschiedenen Zeiten angehörigen Gedächtnisspuren von ganz oder teilweise sich deckenden Erlebnissen gegeneinander relativ selbständig gedacht werden müssen. Diese, verschiedenen Zeiten angehörigen Gedächtnisspuren sind sozusagen Schichten, die normalerweise eng verbunden sind, aber auch mehr

oder minder voneinander gelöst oder dissociiert sein können, so
dass sie ohne einander zur Wirkung zu gelangen vermögen.
Nebenbei erinnere ich hier daran, dass eine, jener relativen Selbständigkeit der Gedächtnisspuren gegenüber den entsprechenden
neuen Erlebnissen verwandte und teilweise damit sich deckende
Erscheinung uns schon früher begegnete in der relativen Selbständigkeit, die dem Interesse, nämlich dem positiven Wertinteresse
an einem Erlebnisse, gegenüber diesem Erlebnisse eignet, einer
Selbständigkeit, die darin sich kundgibt, dass das Erlebnis dies
Interesse ungeweckt lassen kann. Doch dies, wie gesagt, nur nebenbei. Endlich kommt in diesem Zusammenhang für uns noch in Betracht, dass auch, in gleichem Sinne, eine relative Selbständigkeit
der Gedächtnisspuren psychischer Elemente gegenüber den Gedächtnisspuren ihrer erfahrungsgemässen Verbindungen ausdrücklich statuiert werden muss.

Setzen wir nun zuerst den Fall, eine Wahrnehmung sei thatsächlich neu, aber die Gedächtnisspuren der ehemaligen, anders
gearteten Verbindungen ihrer Elemente versagen vermöge einer
entsprechenden „psychischen Dissociation“ ihren Dienst. Dann
unterbleibt zunächst das Gefühl der Neuheit. Dieser Mangel
des Gefühles der Neuheit kann aber weiter in ein positives Gefühl der Bekanntheit übergehen, wenn gleichzeitig die Gedächtnisspuren der Elemente genügend sicher und lebhaft in
Funktion treten. Wie dies aber geschehen kann, während gleichzeitig die Verbindungen nicht funktionieren, ist, das oben Gesagte vorausgesetzt, wohl verständlich. Nur die Gedächtnisspuren
der Elemente werden ja hier unmittelbar geweckt. Dagegen
ist die Wirkung der Gedächtnisspuren der ehemaligen Verbindungen der Elemente erst eine sekundäre Sache. Zudem müsste
ihre Weckung stattfinden im Gegensatz zu den jetzt thatsächlich erlebten Verbindungen derselben Elemente.

Umgekehrt muss das Gefühl der Bekanntheit unterbleiben, es
findet also kein „Wiedererkennen“ statt, wenn der gegenwärtigen
Wahrnehmung eine gleichartige Wahrnehmung voranging, aber
die Gedächtnisspur des ganzen Komplexes von Elementen, aus
welchen die ehemalige Wahrnehmung bestand, wiederum vermöge einer „psychischen Dissociation“, nicht zur Funktion ge-

langt. Es vollzieht sich dann zunächst einfach die gegenwärtige
Wahrnehmung, ohne in der vergangenen eine fühlbare Unterstützung
zu finden. Aber auch hier kann der Charakter der mangelnden
Bekanntheit in den Charakter positiver Neuheit sich verwandeln. Es brauchen nur irgendwelche der vielen, zumal der
älteren, und vielfach eingeüben Gedächtnisspuren anderer Kombinationen jener Elemente eine Gegenwirkung gegen die gegenwärtige
Wahrnehmung zu üben. Und diese Möglichkeit ist uns eine ge-
läufige Sache. Dass solche Gedächtnisspuren in unserem Falle an
Stelle der versagenden Spur der gleichartigen Wahrnehmung
zur Funktion gelangen, hat gleichfalls nichts Verwunderliches. Sie
können dazu gelangen, eben weil diese letztere versagt. D. h. die
Reproduktion kann in jener Richtung gehen, eben weil sie in der Richtung dieser Gedächtnisspur zu gehen verhindert ist, also jene Bewegung
nicht durch diese, wie dies normalerweise geschähe, absorbiert wird.

Perceptive Freiheit und Gebundenheit. — Jenes
Sichaufdrängen des Bekannten und das im Bekanntheitsgefühle
liegende Moment der Passivität, d. h. die von mir verspürte Nötigung
es zu appercipieren, ist eine Art des associativ bedingten
Strebens, sofern eine „Association der Ähnlichkeit", oder was Dasselbe sagt, eine Ähnlichkeit, zwischen der Gedächtnisspur und dem
jetzt Wahrgenommenen dies Gefühl vermittelt. Von da aber gehen
wir nun zur Wirkung der Association zwischen verschiedenen
psychischen Vorgängen, und zwar zunächst zur Association,
sofern sie die Reproduktion bedingt.

Dabei machen wir einstweilen keinen Unterschied zwischen Ähn-
lichkeits- und Erfahrungsassociation. Die Reproduktion, so müssen
wir allgemein sagen, hat nicht ihren einzigen Grund, wohl aber
ihre jedesmalige Bedingung in einer Association. Freisteigende
Vorstellungen, d. h. Vorstellungen, die ohne einen durch Association
vermittelten reproduktiven Reiz ins Dasein treten, haben wir
anzunehmen keinen Grund. Dass wir in vielen Fällen nicht
zu sagen vermögen, wie oder auf welchem associativen
Wege, oder durch Vermittlung welcher Association mit dem vorher oder gleichzeitig Wahrgenommenen oder Vorgestellten, eine
Vorstellung jetzt in mir zustande kommt, ist eine begreifliche

Sache. Die Wege der Associationswirkungen sind vielverschlungene und niemals vollständig entwirrbare.

Hier nun kommen wir zunächst zurück auf das Gefühl der „perceptiven Freiheit und Gebundenheit". Es gibt keine Reproduktion, die nicht Hemmnisse zu überwinden hätte. Immer weisen Wahrnehmungen die psychische Bewegung in andere Richtung; und immer gibt es neben einer Reproduktion, die geschieht, viele andere, die geschehen könnten und zu deren Vollzug ein Anlass ist.

Daraus nun verstehen wir, wie es kommt, dass normalerweise jede Reproduktion den Charakter eines, sei es aktiven, sei es passiven Strebens und strebenden Fortgehens hat; dass wir insbesondere den „willkürlich" ins Dasein gerufenen Erinnerungen und Vorstellungen gegenüber das Bewusstsein der Willkür haben, d. h. das Bewusstsein, sie seien durch uns in den Zusammenhang des psychischen Lebens eingeführt. Andererseits verstehen wir das Gefühl der perceptiven Gebundenheit, das wir haben, wenn Wahrnehmungen auftauchen und sich im Dasein behaupten. Dasselbe kann entstehen, weil die Wahrnehmungen jederzeit zu meinem freien Vorstellungsablauf in einen Gegensatz treten und mehr oder minder seine Wege kreuzen.

Auch hier wiederum sind aus unseren Voraussetzungen gewisse abnorme Erscheinungen unschwer begreiflich. Ich denke an das Gefühl der perceptiven Gebundenheit bei Eingebungsvorstellungen, die auf das Bestimmteste von den Wahnvorstellungen, d. h. den abnormerweise für wirklich gehaltenen Phantasiegebilden zu unterscheiden sind. Ein Individuum hat eine Vorstellung und hält — nicht etwa das Vorgestellte für wirklich — obgleich dies Wirklichkeitsbewusstsein unter Umständen hinzutreten mag — sondern es scheint ihm nur die Vorstellung nicht durch sein Thun ins Dasein gerufen und in seinen psychischen Lebenszusammenhang eingeführt. Sie scheint ihm vielmehr, analog wie sonst die Wahrnehmungen, durch eine fremde Macht, die je nach der Denkweise des Individuums diesen oder jenen Namen trägt, etwa „Gott", oder „Dämon" oder „Teufel", aufgenötigt. Dies verstehen wir, wenn wir annehmen, dass eine abnorme Erregbarkeit der Gedächtnisspuren der fraglichen Vorstellungen, oder der „Gedächtnisdispositionen" für dieselben, besteht, so dass diese bloss vermöge ihrer eigenen Energie, also wie aus sich selbst, in den psychischen Lebenszusammenhang sich einführen.

Im übrigen haben freilich, wie schon angedeutet, die Eingebungsvorstellungen im normalen Leben ihr Analogon, nämlich in jeder Mitteilung. Das mitteilende Wort reproduziert Vorstellungen und nötigt sie mir auf, unabhängig von dem associativen Zusammenhang, der mein sich selbst überlassenes reproduktives Vorstellen leitet. Alle Mitteilung durchkreuzt analog wie die Wahrnehmung den associativen Vorstellungsverlauf. Im Gefühle dieser Durchkreuzung besteht eben das unmittelbare Bewusstsein der Mitteilung. Und gesetzt nun, Vorstellungen haben in sich selbst die Fähigkeit eine gleichartige Durchkreuzung zu bewirken, oder gleich selbständig oder in gleicher Weise lediglich aus sich heraus sich Geltung zu verschaffen, so entsteht ein analoges Gefühl, das dann in analoger Weise interpretiert wird.

**Reproduktives Streben und Associationsgesetze.** — Auch das associative Streben und Thun ist, wie schon oben angedeutet, ein Beispiel des Gesetzes der Vervollständigung des psychischen Geschehens. Die Associationsgesetze können ja in sich selbst bezeichnet werden als Gesetze der Vervollständigung. Dies leuchtet zunächst ein beim Gesetz der Erfahrungsassociation: Tritt zu einem psychischen Vorgang ein anderer hinzu, so verweben beide zu einem Ganzen mit dem Erfolg, dass die Wiederkehr eines Teiles dieses Ganzen verbunden ist mit der Tendenz der Vervollständigung zu eben diesem Ganzen, und zwar zunächst in der Richtung, in welcher sich die Teile in der Erfahrung zueinander hinzufügten und zum Ganzen verbanden.

Aber auch das Gesetz der Association der Ähnlichkeit lässt sich unter diesen Gesichtspunkt stellen: In jedem psychischen Vorgang ist jeder andere insoweit unmittelbar enthalten, als beide sich gleichen, also ein Gemeinsames in sich schliessen. Es ist also in jedem psychischen Vorgange jeder ähnliche Vorgang zunächst teilweise mitgegeben. Und in diesem Teile nun liegt die Tendenz der Vervollständigung zum Ganzen. Da diese Tendenz bedingt ist durch das Gemeinsame, so besteht sie nach Massgabe dieses Gemeinsamen.

In jedem reproduktiven Streben haben wir, wie gesagt, ein „bedingtes" Streben, nämlich in dem Sinne, in welchem das „bedingte Streben" oben gemeint war. Dies Streben gibt sich aber auch als ein bedingtes zu erkennen. Es stellt sich uns dar als ein eigenes Bewusstseinserlebnis. Dasselbe ist ein eigenes „Apperceptionserlebnis". Aber in diesem liegt zugleich, wie in jedem eigenartigen Apperceptionserlebnis, ein eigenes Ich-Erlebnis oder Gefühl.

Wir sprachen in früherem Zusammenhange von dem Streben nach einem Gegenstand, im Sinne eines Strebens, in welchem wir den Gegenstand durch uns bedingt finden; andererseits von einem Streben, in welchem wir uns durch einen Gegenstand bedingt finden. Hier nun vereinigt sich dies Beides. Nicht so, dass das Eine zum Anderen hinzutritt, sondern in der Weise, dass ein und dasselbe Streben gefühlt wird als hervorgehend aus einem, oder herkommend von einem Gegenstande und hinzielend nach einem anderen Gegenstande. Es ist in dem einen Gefühle eine durch mich hindurchgehende Beziehung zwischen dem einen und dem anderen.

Ich strebe etwa „von" einer gegenwärtigen Wahrnehmung „nach" der Vorstellung eines Gleichartigen oder Ähnlichen, das ich ehemals wahrnahm. Dann finde oder fühle ich mich von der gegenwärtigen Wahrnehmung oder durch dieselbe hingewiesen zu der Vorstellung. Ich erstrebe, so kann ich auch sagen, die Vorstellung „um" der Wahrnehmung „willen". Die Vorstellung stellt sich mir im Streben dar als qualitativ zur Wahrnehmung „zugehörig". Wie hier, so besteht das Bewusstsein der Zugehörigkeit Eines zu einem Anderen jederzeit in dem Bewusstsein oder unmittelbaren Erleben eines solchen Hinstrebens oder Hingewiesenseins vom Einen zum Anderen.

Oder ich „besinne" mich auf den Namen eines Menschen, den ich sah. Hier strebe ich nicht nur schlechthin oder „absolut" nach einer Namensvorstellung, sondern ich finde mich von der Person auf die Vorstellung des zugehörigen Namens hingewiesen. Wiederum besteht das Bewusstsein der Zugehörigkeit eben in diesem Apperceptions- und Ich-Erlebnis. Das fragliche Ich-Erlebnis ist ein neues im Vergleich mit den bisher bezeich-neten. Das Neue an ihm besteht eben in diesem unmittelbar erlebten „von" — „nach", in diesem, in meinem Streben und weiterhin meinem Thun zugleich mitgegebenen, in einem einzigen Bewusstseinserlebnis vereinigten „Herkommen" und „Hinzielen".

Erwartung. — Die Associationsgesetze sind aber nicht nur Reproduktionsgesetze, sondern zugleich Gesetze, die unser Wahrnehmen leiten oder die uns innerlich hinweisen von Wahrnehmungen zu Wahrnehmungen, oder auch von blossen Vorstellungen zu Wahrnehmungen. In jeder Wahrnehmung ist nicht nur die Vorstellung, sondern die Wahrnehmung jedes Gleichartigen unmittelbar enthalten, soweit nämlich beide ein Gemeinsames haben. Und ist zu irgend einem psychischen Vorgange eine Wahrnehmung hinzugetreten und mit ihm zu einem Ganzen verwachsen, so ist die Tendenz der Vervollständigung, die in der Wiederkehr jenes Vorganges liegt, notwendig Tendenz des erneuten Auftretens dieser Wahrnehmung.

Auch hier, wie beim „Besinnen", entspricht dem neuen Sachverhalt eine neue Benennung des Strebens. Wahrnehmungen lassen uns ähnliche Wahrnehmungen „erwarten". Und beliebige Erlebnisse wecken die „Erwartung" solcher Wahrnehmungen, die mit jenen ehemals auf Grund der Erfahrung zu einem Ganzen sich verwoben haben.

Gefühle auf Grund der associativen Vorbereitung. — Lassen wir nun aber für einen Augenblick die hier angedeuteten unterschiedenen Möglichkeiten des associativ bedingten Vorstellungs- und Wahrnehmungsstrebens. Vergegenwärtigen wir uns den gesamten Vorstellungsverlauf, wie er unter dem Einfluss der Association überhaupt sich abspielt. Nehmen wir zunächst an, dieser Vorstellungsverlauf sei der Wirkung der Associationen frei überlassen. Dann haben wir ein Gefühl dieser Freiheit; ein Gefühl des freien Fortganges von Einem zum Anderen, ein Gefühl des von Punkt zu Punkt sich befreienden Strebens und Thuns. Wir haben dasselbe, solange nichts Störendes in den sich selbst überlassenen Vorstellungsverlauf eingreift, so lange also Wahrnehmungen sich einstellen oder Vorstellungen auftreten, die durch die vorangehenden Wahrnehmungen und Vorstellungen vorbereitet sind, oder irgendwie im gegenwärtigen psychischen Leben genügende Anknüpfungspunkte finden; derart, dass sie in den psychischen Lebenszusammenhang ohne starken Widerstand desselben aufgenommen werden können.

Neben dieser Möglichkeit besteht nun aber auch die entgegengesetzte Möglichkeit, dass Wahrnehmungen u n v o r b e r e i t e t kommen und Aufnahme in den psychischen Lebenszusammenhang verlangen. Hieraus entsteht dann ein Gefühl der Nötigung, das ganz allgemein als Passivitätsgefühl zu bezeichnen ist, das aber je nach Umständen als ein so oder so c h a r a k t e r i s i e r t e s Passivitätsgefühl sich darstellt.

Das fragliche Gefühl ist etwa ein Gefühl der „Ü b e r r a s c h u n g". Es ist dies dann, wenn in dem Passivitätsgefühl das Moment der Fremdheit oder der qualitativen Gegensätzlichkeit zwischen einem Erlebnis und solchen psychischen Geschehnissen, auf welche der psychische Lebensablauf jetzt gerade hinzielt, überwiegt. Es ist ein Gefühl des Staunens, wenn wir durch die Wirkung der Associationen nicht auf das G r o s s e vorbereitet sind, das sich uns darbietet. Es ist ein Gefühl des Schrecks, wenn die P l ö t z l i c h k e i t des Zwanges, einen Gegenstand zu appercipieren, also die Plötzlichkeit des Zusammentreffens eines psychischen Vorganges, der die Aufmerksamkeit fordert, einerseits, und des psychischen Lebensablaufes, der keine oder geringe Bereitschaft zu solchem Appercipieren in sich schliesst, andererseits, das Charakteristische ist.

Mit allen diesen Namen sind eigenartige Gefühle bezeichnet. Insbesondere sind Überraschung, Staunen, Schreck nicht etwa an sich L u s t - oder U n l u s t g e f ü h l e. Sie sind vielmehr Gefühle, die je nachdem lust- oder unlust g e f ä r b t sein können und eben damit als von beiden verschieden sich ausweisen. Es gibt eine positive, d. h. lustvolle, und eine negative, d. h. unlustvolle Überraschung. Es gibt ein Erstaunen über Erfreuliches und über Unerfreuliches. Und es gibt einen freudigen und einen unangenehmen Schreck.

Noch weitere Gefühle müssen aber hier angereiht werden. Dem Erstaunlichen, oder wie wir auch sagen können, dem überraschend G r o s s e n steht das überraschend Kleine entgegen. Ist dies seiner Q u a l i t ä t nach vorbereitet, und nur seiner Quantität nach unvorbereitet, so entsteht das Gefühl der Komik. Doch davon wird noch zu reden sein.

Jedes der hier genannten Gefühle schliesst zugleich die Möglichkeit unendlich vielfacher Abstufungen in sich, nicht nur quantitativer, sondern auch qualitativer Art.

Die Gefühle der Überraschung, des Staunens, des Schrecks sind spezifische Apperceptionsgefühle, in dem Sinne, dass sie entstehen aus dem Verhältnis zwischen dem Anspruch eines psychischen Vorganges appercipiert zu werden, und den Bedingungen für die Erfüllung dieses Anspruches, die in dem gegenwärtigen psychischen Lebenslauf bezw. in den innerhalb desselben wirksamen Associationen gegeben sind. Sie sind associativ bedingte Apperceptionsgefühle.

Ähnlichkeit und Verschiedenheit. — Daneben treten nun wiederum andere verwandte Gefühle, die noch in einem spezielleren Sinne Apperceptionsgefühle heissen müssen. Das Gesetz der Association, das in ihnen wirkt, ist speziell das Gesetz der Ähnlichkeitsassociation. Dies Gesetz ist, allgemein gesagt, ein Gesetz der qualitativen Einheitlichkeit des psychischen Geschehens; sowie das Gesetz der Erfahrungsassociation ein Gesetz der empirischen Einheitlichkeit des psychischen Geschehens ist, d. h. ein Gesetz des Fortganges am Leitfaden der Einheit, welche die Erfahrung geknüpft hat.

Dem Gesetze der Ähnlichkeitsassociation zufolge besteht in der Seele die Tendenz des Fortganges zu Ähnlichem. Genauer gesagt ist sie eine Tendenz des Fortganges zu Gleichem: Die Tendenz des Fortganges zu Ähnlichem besteht nur, sofern das Ähnliche ein Gleiches ist. Und schliesslich ist diese Tendenz nichts Anderes als eine Tendenz der Beharrung der Seele in der Bethätigungsweise, in der sie begriffen ist.

Nehmen wir nun an, ein Gegenstand sei appercipiert, und ich gehe von da fort zur Apperception eines anderen Gegenstandes, so fordert jenes Gesetz, dass ich in der Apperception des zweiten Gegenstandes bei eben dem inhaltlich bestimmten Apperceptionsakte verbleiben könne, den ich vorher vollzog. Jetzt fragt es sich, wie sich der zweite Gegenstand zu dieser Forderung oder genauer zu dieser Tendenz verhält. Jenachdem entstehen andere und andere Gefühle. Gesetzt, die fragliche Tendenz befriedigt sich vollkommen, dann vollzieht sich in mir zunächst das Apperceptionserlebnis, das ich als Bewusstsein der Identität bezeichne. Die beiden Apperceptionsakte bleiben nicht aussereinander oder bleiben nicht selbständige Apperceptionsakte, sondern werden ein einziger. Sie decken sich. Ich habe, sehe, erblicke, kurz appercipiere im Inhalt der einen Apperception zugleich den Inhalt der anderen, habe in und mit dem einen Objekte zugleich das andere gegenwärtig. Zugleich ist die vollkommene Befriedigung jener Tendenz verbunden mit einem Gefühl der Befriedigung, das wiederum nicht mit einem Lustgefühl identifiziert werden darf. Dies Gefühl der Befriedigung ist das Identitätsgefühl, d. h. es ist die Gefühlsbegleitung des Identitätsbewusstseins.

Es kann aber jener in der Apperception des einen Objektes liegenden Tendenz, im Fortgang zu einem anderen Objekte als dieser inhaltlich bestimmte Apperceptionsakt bestehen zu bleiben, durch das zweite Objekt auch in verschiedenem Grade genügt werden. Dann entsteht das Bewusstsein und Gefühl der grösseren oder geringeren Gleichheit bezw. Ähnlichkeit, andererseits der Unähnlichkeit oder Verschiedenheit. Das Gefühl der Ähnlichkeit ist das Gefühl der teilweisen Befriedigung jener Tendenz.

Blosse Ähnlichkeit ist ohne weiteres zugleich relative Unähnlichkeit oder Verschiedenheit. Darum ist doch das Gefühl der Ähnlichkeit von dem der Unähnlichkeit qualitativ verschieden; entsprechend den verschiedenen Voraussetzungen, unter denen beide entstehen. Das Gefühl der Ähnlichkeit entsteht, indem ich, im Akte des „Vergleichens“ oder des „Aneinandermessens“, innerhalb der Apperception des Einen und des Anderen dasjenige, was den positiven Grund der Ähnlichkeit bildet, also das Gemeinsame, apperceptiv hervorhebe oder überordne, darauf den apperceptiven Nachdruck lege, und ihm den sonstigen Inhalt der Apperception unterordne. Das Gefühl der Unähnlichkeit entsteht, indem ich das Gegenteil thue.

Damit ist zugleich gesagt, worin das Bewusstsein der Verschiedenheit besteht. Es ist das Bewusstseinserlebnis, dass jene Tendenz, im Fortgang vom Einen zum Anderen bei dem inhaltlich bestimmten Apperceptionsakt zu bleiben, mehr oder minder

misslingt. Auch diesem Verschiedenheitsbewusstsein entspricht
ein Gefühl, nämlich das Gefühl der Verschiedenheit, das nichts
Anderes ist als das Gefühl dieses Misslingens.

Associative Strebungen und objektive Tendenzen.
— Von hier aus kommen wir nun zu dem „associativen" oder
associativ bedingten Streben, auf das schon früher hingewiesen
wurde; und gleichzeitig zu den associativen „objektiven Tendenzen".
Dazu ist zunächst erforderlich, dass wir spezieller auf den prinzipiellen
Gegensatz achten, der zwischen den beiden oben unterschiedenen
Associationsarten besteht. Die Association der Ähnlichkeit ist
eine subjektive, die Erfahrungsassociation ist eine objektive Association. Das Associationsgesetz der Ähnlichkeit besagt nichts, als
dass psychische Vorgänge, einer in der Natur der Seele liegenden
Tendenz zufolge, mit mehr oder minder Energie hinweisen auf
einen ähnlirhen Vorgang. Das Gesetz der Erfahrungsassociation
dagegen besagt mehr und besagt ein Anderes: —

Ist ein Gegenstand mit einem anderen in der Erfahrung verbunden und zu einem Ganzen verwoben, so erlebe ich in der Reproduktion zunächst das früher Erörterte, dass der eine und
der andere Gegenstand als nicht von mir ins Dasein gerufen,
sondern als unabhängig von meinem gegenwärtigen Ich daseiend
erscheint. Ich habe mit einem Worte beiden gegenüber ein Objektivitätsgefühl. Zugleich aber erlebe ich, als etwas gleichfalls
von mir unabhängig Bestehendes, oder als etwas „Gefordertes", die
Verbindung, oder das Zusammen. Ich erlebe eine objektive
„Zusammengehörigkeit". Nicht nur das Verbundene, sondern auch
die Verbindung „fordert Anerkennung" oder hat Objektivitätscharakter. Diese Forderung der Verbindung ist das
charakteristisch Neue in der Wirkung der Erfahrungsassociation im
Vergleich mit der Wirkung der Ähnlichkeitsassociation. Während
bei der Ähnlichkeitsassociation ein Vorgang mich zu einem
anderen Vorgang hin nötigt, fordert bei der Erfahrungsassociation ein Gegenstand, nämlich der in der Erfahrung gegebene, einen anderen Gegenstand. Dort verspüre ich ein
subjektives Streben, hier eine objektive Forderung. Nicht mehr
die Forderung der einfachen Anerkennung oder Bejahung des

Gegenstandes oder der Gegenstände, noch auch die Forderung
des vorgestellten Gegenstandes ein wahrgenommener zu sein, noch
endlich die blosse Forderung des Beachtetwerdens, sondern die
Forderung der Verknüpfung, der Hinzufügung, der bestimmt gearteten Zuordnung.

Diese objektive Forderung der Verknüpfung ist eine erfah-
fahrungsgemässe. Neben diese müssen wir nun aber sogleich stellen
eine andere, im übrigen vollkommen gleichartige Forderung der
Verknüpfung, die nicht auf Erfahrung beruht. Ich meine die
objektive Forderung der Verknüpfung, die ihren Grund hat in
einer Gesetzmässigkeit unseres Vorstellens. Nicht nur
das Denken des Physikers, sondern auch dasjenige des Geometers
ist ein Verknüpfen mit dem Charakter der Objektivität. Aber
bei dem letzteren hat dieser Charakter der Objektivität nicht in
der Erfahrung seinen Grund, sondern in der Gesetzmässigkeit
unserer Raumanschauung. Demgemäss hat auch im geometrischen
Urteile nur die Verknüpfung den Objektivitätscharakter. Es
gehört nicht zum geometrischen Urteil, dass auch das Verknüpfte
ihn habe.

Dies müssen wir etwas genauer bestimmen. Gehen wir dabei
aus vom physikalischen Urteile. In ihm fordert nicht ein vorgestellter Gegenstand die Hinzufügung eines anderen und die
Einfügung dieses in ein bestimmt geartetes Ganzes mit jenem,
sondern, was die Forderung stellt, ist ein Wirkliches. Von dem
als wirklich gedachten Gegenstand geht die objektive Forderung aus,
einen anderen Gegenstand mit ihm in ein bestimmt geartetes Ganze
zu verflechten, und nun also dies Ganze als wirklich zu denken.
Oder: — Die Forderung des Gegenstandes als wirklich gedacht zu
werden schliesst zugleich die Forderung in sich, einen anderen
Gegenstand mit ihm in bestimmter Weise in eine apperceptive
Einheit, oder in ein Ganzes zusammen zu nehmen und demgemäss
dies Ganze als Ganzes anzuerkennen, d. h. als wirklich zu denken.

Dagegen ist beim geometrischen Urteile ein vorgestellter,
also ein nur möglicher Gegenstand, gleichgiltig ob er zugleich
Wirklichkeit hat, der Träger der objektiven Forderung. Und die
Forderung zielt ab wiederum auf die Zuordnung eines vorgestellten Gegenstandes. So fordert in dem Urteil. „Der Himmel

ist blau" die Wirklichkeit des gegenwärtigen blauen Himmels, oder der wirkliche blaue Himmel, die Eigenschaft der Bläue; fordert also deren Wirklichkeit. Dagegen fordert im Urteil, das Dreieck habe die Winkelsumme gleich 2 Rechten, dieser vorgestellte oder dieser mögliche Gegenstand, dass er mit der Winkelsumme gleich 2 Rechten vorgestellt werde.

In der obigen Darlegung sind wir zunächst ausgegangen von dem allgemeinen Gegensatz der Ähnlichkeits- und der Erfahrungsassociation als einer subjektiven, bezw. objektiven Association. Diesen Gegensatz müssen wir jetzt noch speziell ausdehnen auf die „Erwartung". D. h. wir müssen auch die Erwartung auf Grund der Ähnlichkeit und die Erwartung auf Grund der Erfahrung als subjektive und objektive Erwartung einander gegenüber stellen. Beides ist Erwartung, aber dieselbe hat dort Subjektivitäts-, hier Objektivitätscharakter. Es ist etwas völlig Anderes, wenn ich die subjektive Erwartung hege, es werde auf eine Reihe von Tönen ein anderer für meine Wahrnehmung folgen, oder es werde eine Dissonanz in bestimmter Weise sich lösen, als wenn ich eine inhaltlich gleichartige erfahrungsgemässe Erwartung hege. Jene ist nichts als die subjektive Nötigung des Fortganges zu dem musikalisch, also qualitativ zum vorausgehenden Ton gehörigen neuen Ton, um eben dieser musikalischen oder qualitativen Beziehung willen. Wollte man auch hierauf den Begriff der Forderung anwenden, so müssten wir sagen: Ich fordere, d. h. ich erstrebe mehr oder minder bestimmt diese Weise des Fortganges, oder neige dazu.

Dagegen ist die objektive Erwartung das Bewusstsein einer objektiven Forderung, d. h. einer Forderung des Gegenstandes. Eine solche objektive Erwartung ergäbe sich in unserem Falle, wenn ich einen solchen Fortgang gehört hätte. Sie wäre die Erwartung der Wiederholung dieses Fortganges eben darum, weil ich ihn gehört habe. Der Fortgang wäre von mir, genauer gesagt, empirisch gefordert.

Logische Notwendigkeit u. s. w. — Gesetzt, die objektive Forderung der Zuordnung eines Gegenstandes zu einem anderen Gegenstande, sei es nun eines nur möglichen Gegenstandes zu einem anderen nur möglichen Gegenstande, sei es eines wirklichen Gegenstandes oder eines Gegenstandes des Wirklichkeitsbewusstseins zu einem anderen Gegenstand des Wirklichkeitsbewusstseins, sei es endlich eines Gegenstandes der Wahrnehmung zu einem anderen Gegenstand der Wahrnehmung, ist eine unbedingte, so ist das Bewusstsein der objektiven Forderung das Bewusstsein der logischen oder objektiven Notwendigkeit. Alles Bewusstsein einer logischen oder objektiven Notwendigkeit ist nichts Anderes als eine solche von mir erlebte unbedingte Forderung der Zuordnung.

Diese logische oder objektive Notwendigkeit ist ein besonderer Fall der Gewissheit. Das neben ihr stehende und ihr entsprechende Bewusstsein der objektiven Möglichkeit und objektiven Wahrscheinlichkeit, also das Bewusstsein objektiver Möglichkeit oder Wahrscheinlichkeit einer Zuordnung oder Verknüpfung, wir können auch sagen einer „Prädizierung“, braucht nicht besonders erwähnt zu werden. Es kann hier einfach auf das an früherer Stelle über objektive Möglichkeit und Wahrscheinlichkeit Gesagte verwiesen werden. Ausdrücklich aber bemerke ich: Auch alle diese Bewusstseinserlebnisse sind eigenartige Apperceptions- und damit zugleich Ich-Erlebnisse. Sie schliessen also jedesmal ein eigenartiges Gefühl in sich.

Kaum nötig ist es weiter, zu bemerken, dass auch dieser objektiven Möglichkeit und Wahrscheinlichkeit wiederum eine subjektive entspricht. Ich fühle mich etwa von einem Klange oder einer Verbindung von Klängen ebensowohl zu diesem als zu jenem Klang hingezogen. Ich habe ein Bewusstsein der subjektiven, also durch ein Interesse, in diesem Falle genauer durch ein positives Wertinteresse bedingten gleichen oder „neutralen“ Möglichkeit dieser oder jener Klangfolge. Ein andermal fühle ich mich von einer Verbindung von Klängen mehr zu diesen als zu jenen weiteren Klängen hingezogen oder hingewiesen. Ich gebe diesen vor jenen innerlich den „Vorzug“.

Dass und warum auf dem Gebiete der subjektiven Erwartung der Notwendigkeit der objektiven Erwartung keine gleichartige Notwendigkeit entspricht, braucht auch nicht besonders gesagt zu werden. Das am Leitfaden der Ähnlichkeitsassociation fortstrebende Vorstellen oder Wahrnehmen ist der Natur der Sache nach nie ein unbedingtes. Es bestehen immer Möglichkeiten des Fortganges in verschiedener Richtung. Es kann also nur ein Unterschied des grösseren oder geringeren Grades der Nötigung bestehen.

Schliesslich muss noch daran erinnert werden, dass alle diese objektive Möglichkeit, Wahrscheinlichkeit und Gewissheit, ebenso die subjektive Möglichkeit, „Wahrscheinlichkeit", Gewissheit, von der hier die Rede war, einer allgemeinen Voraussetzung unterliegt, nämlich der Voraussetzung der apperceptiven Vereinheitlichung, des zusammenfassenden Abwägens der objektiven Forderungen, bezw. der subjektiven Strebungen oder Nötigungen. Wenn oder solange diese Vereinheitlichung unterbleibt, also die Reproduktionstendenzen oder Erwartungen, die nach verschiedenen Richtungen gehen, sich einfach gegenüber stehen und demnach gegen einander wirken, entsteht auch hier das Gefühl der Zwiespältigkeit oder des Zweifels, in welcher Richtung das Vorstellen oder Denken gehen solle, was gefordert oder was zu erwarten sei, bezw. was man erwarten dürfe. Ich füge ausserdem noch ausdrücklich hinzu: Auch die Bewusstseinserlebnisse, von denen hier zuletzt die Rede war, sind wiederum eigene Apperceptions- und damit zugleich eigenartige Ich-Erlebnisse. Sie schliessen jedesmal ein eigenartiges Gefühl in sich. — Die Gefühle der Möglichkeit — oder Indifferenz —, der Wahrscheinlichkeit — oder des Vorziehens —, schliesslich der Gewissheit, wurden ehemals schon mit dem besonderen Namen der „Verschmelzungsgefühle" bezeichnet.

Der Gegenstand, der die Zuordnung eines anderen fordert, heisst Grund, der Vorgang oder das Erlebnis, das auf ein anderes hinweist oder hindrängt, heisst Motiv. Auch mit diesen Namen sind darnach zugleich verschiedene Gefühlserlebnisse bezeichnet.

Erkenntnisstreben. — Subjektives Streben und objektive Forderung wurden im Obigen überall einander gegenübergestellt. Die objektive Forderung ist — eine Forderung; sie ist nicht ein Streben in dem Sinne, in welchem das subjektive Streben, das Wünschen, Wollen, Begehren, Verlangen, das subjektive Genötigtsein, ein „Streben" heisst. Dies hindert nicht, dass wir ehemals ein subjektiv bedingtes objektives Streben kennen lernten. Ich meine die subjektive Geneigtheit zu glauben. Darauf könnten wir in diesem Zusammenhange zurückkommen. Wir unterlassen dies aber.

Dagegen habe ich nun hinzuweisen auf die Möglichkeit eines subjektiven Strebens, eines Wünschens, Wollens, Verlangens und eines entsprechenden Thuns, das doch zugleich durchaus als objektive Forderung erscheint. Ich meine kein anderes, als das Streben nach Wissen oder das Erkenntnisstreben. Ich strebe nach Erkenntnis, ich wünsche, dass ich sie besitze, oder will sie besitzen.

Auch dies Streben entsteht, ebenso wie nach früher Gesagtem alles subjektive Streben, indem zur objektiven Forderung oder „Tendenz" ein Interesse hinzutritt, das den Gegenstand der objektiven Forderung heraushebt, nämlich aus der Menge der einander entgegenstehenden und sich ausgleichenden objektiven Tendenzen heraushebt, und dadurch erst aktuell werden lässt.

Aber dies Interesse ist eigener Art. Welches die Interessen sind, die beim subjektiven Streben, von dem bisher die Rede war, zur objektiven Forderung hinzutreten, und so dieselbe in ein subjektives Streben verwandeln, wurde gesagt. Diese Interessen waren subjektive. Eben darum konnten sie die objektive Tendenz subjektivieren. So muss auch das Interesse, das hier in Frage kommt, in gewisser Weise ein subjektives sein. Zugleich muss es doch, da es ein durchaus objektiv bedingtes Streben erzeugen oder aktuell werden lassen soll, auch wiederum ein objektives Interesse sein. D. h. es kann nicht etwa gegeben sein in der Beschaffenheit der Psyche und ihrem Verhalten zu Gegenständen, in den Dispositionen oder den subjektiven Beziehungen der psychischen Vorgänge zueinander, sondern es muss objektiv, d. h. durch die objektiven Tendenzen selbst, oder unmittelbar in ihnen, gegeben sein.

Da das fragliche Streben ein Wünschen oder Wollen ist oder sein kann, so muss dies Interesse genauer sich bestimmen als ein positives Wertinteresse. Aber es kann nicht ein Wertinteresse sein an einem vorgestellten oder wahrgenommenen Gegenstand. Denn dies Interesse gehört ja eben zu den rein subjektiven

Interessen, ja es ist das spezifisch subjektive Interesse. Sondern es muss ein Wertinteresse sein, das durch die objektiven Tendenzen oder Forderungen oder in ihnen unmittelbar gegeben ist.

Ein solches Interesse nun ist enthalten im Widerstreit der objektiven Forderungen. Solcher Widerstreit, der logische Widerstreit oder Widerspruch, ist rein objektiv bedingt, sofern er eben Widerstreit der objektiven Forderungen ist. Er ist zugleich ein subjektiver Thatbestand, sofern das gleichzeitige Zusammentreffen der Forderungen in mir ihn bedingt. Der Widerspruch ist objektiv unmöglich. Er besteht nur als diese subjektive Thatsache. Und dieser Widerspruch schliesst ein positives Wertinteresse in sich, nämlich das Interesse an seiner Lösung. Wie jeder Widerstreit, so trägt auch dieser Widerstreit die Tendenz seiner Lösung unmittelbar in sich. Sein Dasein widerspricht, seine Aufhebung entspricht der Natur der Seele Und dass ein Geschehen der „Natur der Seele" entspricht, dies ist ja, wie wir noch genauer sehen werden, eben dasjenige, worin das positive Wertinteresse jederzeit besteht.

Dies Streben der Lösung des Widerstreites der objektiven Forderungen ist nun das zugleich subjektive und doch durchaus objektiv bedingte Streben, das wir hier suchen. Es ist das Erkenntnisstreben oder das „logische Streben". Sein Ziel ist das Wissen, oder das Bewusstsein einer objektiven Forderung, die mit keinem Widerspruch mehr behaftet, oder in welcher der Widerspruch überwunden ist. Umgekehrt ist alles Erkenntnisstreben ein solches Streben nach Lösung eines Widerspruches und hat in jenem Interesse an der Lösung eines Widerspruches sein „Motiv". Der Widerspruch ist die treibende Kraft in aller unserer „Thätigkeit" des Erkennens.

Dieser Widerspruch tritt auf in verschiedener Gestalt. Er kann bestehen im Widerstreit der objektiven Tendenz eines Gegenstandes als wirklich und der Tendenz desselben Gegenstandes als nicht wirklich zu erscheinen, oder er kann bestehen im Widerstreit der objektiven associativen Forderungen. Jede Frage schliesst einen solchen Widerstreit und ebendamit zugleich die Tendenz der Lösung desselben in sich. Umgekehrt kann jedes Streben aus dem logischen Widerstreit heraus, also jedes auf Erkenntnis gerichtete Streben, Wünschen, Wollen, als eine Frage bezeichnet werden.

Auch das Erkenntnisstreben oder das Streben nach Wissen braucht nicht ein aktives zu sein. Es ist ein solches, wenn das in ihm wirksame Erkenntnisinteresse zum in mir herrschenden Interesse geworden ist; es ist ein passives Streben, wenn ihm ein anderes Wertinteresse als herrschend gegenüber steht. Ein solches passives Streben ist gleichbedeutend mit der sich mir aufdrängenden Frage.

In solchem Fragen, oder solchem Erkenntnisstreben und dem entsprechenden inneren Thun besteht die „Thätigkeit“ des Denkens. Alle Denkthätigkeit hat ihre Triebfeder im Widerstreit objektiver Forderungen. Jedes Denken ist darauf gerichtet zu entscheiden, ob etwas sei oder nicht. In diesem „Oder“ ist der Widerstreit unmittelbar ausgesprochen.

Der Ausgangspunkt oder das „Motiv“ des Erkenntnisstrebens besteht, so sagte ich, in einem Widerstreit objektiver Forderungen. Ebenso besteht bei diesem Streben auch das Hemmnis in einem Widerstreit objektiver Forderungen. Es besteht, genauer gesagt, in demselben Widerstreit objektiver Forderungen. Mit einem Worte, Motiv des Erkenntnisstrebens, und in diesem Streben zu überwindendes Hemmnis, dies fällt in Eines zusammen. Ich strebe darnach, zu wissen, ob etwas ist oder nicht; dann ist Motiv des Strebens eben dies, dass ich nicht weiss, ob es ist oder nicht. Und eben dies „nicht Wissen“ ist zugleich das Hemmnis.

Im Gegensatz zu dem Erkenntnisstreben können wir das vorher besprochene, nicht auf Erkenntnis abzielende Streben als das gegenständlich bestimmte Streben bezeichnen. Das Erkenntnisstreben ist auf Erkenntnis gerichtet, gleichgiltig welches der gegenständliche Inhalt der Erkenntnis sei. Alles andere Streben hat jederzeit ein bestimmt geartetes gegenständliches Ziel.

# VI. Kapitel.

## Wünschen und Wollen.  Zweckthätigkeit.

Vom Wünschen und Wollen. — Das „Wünschen" und „Wollen" bezeichnet, wie schon früher betont, jederzeit ein aktives Streben.  So ist auch das auf das Wissen gerichtete Wünschen und Wollen, oder das „logische" Wünschen und Wollen ein aktives Streben nach Wissen.  Gehen wir aber jetzt genauer ein auf den Gegensatz des Wünschens und des Wollens.

Ich wünsche, dass etwas geschieht oder dass mir etwas zu teil wird, dagegen will ich etwas thun.  Wohl sage ich auch, ich „will", dass mir etwas geschehe oder zu teil werde.  Aber dies thue ich doch nur, wenn ich zur Erfüllung des Wunsches etwas „thun" kann, oder meine etwas thun zu können.

Dieser Sachverhalt wurde schon gestreift.  Und auch schon in anderer Weise wurde der Gegensatz zwischen Wünschen und Wollen charakterisiert.  Das Wünschen wurde bezeichnet als ein Streben, bei dem es sein Bewenden habe, das Wollen als ein solches, das Hemmnisse überwinde oder ihnen Stand halte.  Auch das Standhalten ist eine Art der Überwindung und damit ein Thun.

Dieser Sachverhalt muss jetzt näher bestimmt werden.  Ich rede zunächst wieder unterschiedslos von dem „gegenständlich bestimmten" und dem auf Erkenntnis gerichteten Wünschen und Wollen.  Es ist ein gegenständlich bestimmtes Wünschen, wenn ich wünsche, dass etwas geschehe, ein gegenständlich bestimmtes Wollen, wenn ich etwas thun will.  Es ist ein auf Erkenntnis gerichtetes, oder kürzer gesagt, ein intellektuelles oder logisches Wünschen, wenn ich zu wissen wünsche, wie es mit einer Sache bestellt sei, d. h. wenn ich wünsche, dass mir ohne mein Zuthun das Wissen zu teil werde.  Soll dies Wünschen rein oder unbedingt intellektuell sein, so ist noch vorausgesetzt, dass das Wissen nicht Mittel zum Zweck sei, sondern um seiner selbst willen erstrebt werde.  Dagegen ist es ein intellektuelles Wollen, wenn ich etwas wissen oder erkennen will.  Auch hier spreche ich nur von einem Wollen, wenn ich zur Verwirklichung des

Zieles etwas thun kann, sei es auch nur, dass ich einen Anderen über die Sache aushole, oder irgendwie ihn zur Mitteilung dessen, was er weiss, veranlasse. Auch damit „thue ich etwas" zur Erreichung des Zieles.

Dass ich nun zur Erreichung eines Zweckes etwas thun kann, dies kann nur heissen, entweder: Die Erreichung des Zieles kann unmittelbar aus meinem Streben sich ergeben, oder: Sie unterliegt zum mindesten solchen Bedingungen, deren Verwirklichung unmittelbar aus meinem Streben hervorgehen kann.

Der Erfolg des Strebens kann aber unmittelbar aus meinem Streben hervorgehen zunächst beim Streben nach Apperception. Darum wünsche ich nicht, dass jetzt etwas von mir beachtet werde, sondern ich will es beachten. Und indem ich es will, thue ich es.

Ebenso ist das associative Streben, wenn dasselbe nichts Anderes ist, als ein Streben von der Vorstellung eines Gegenstandes zur Vorstellung eines anderen Gegenstandes, naturgemäss ein „Wollen". Dies Wollen bezeichnen wir, zum mindesten dann, wenn es um seiner Energie und der Stärke der Hemmung willen den Charakter fühlbarer Spannung hat, als ein Besinnen oder geflissentliches Nachdenken, Bedenken, Erwägen u. s. w.

Praktisches Wollen. — Uns liegt aber im Folgenden speziell an dem auf einen äusseren Thatbestand gerichteten Wollen oder dem „praktischen" Wollen. Ein solches Wollen ist entweder ein Streben nach einer körperlichen Bewegung, oder psychologisch ausgedrückt, nach der Empfindung oder Wahrnehmung einer solchen, oder es ist ein Streben nach einem Thatbestande, der eine körperliche Bewegung zur Bedingung hat. Auch dies letztere Wollen wird schliesslich zu einem auf die Wahrnehmung einer körperlichen Bewegung gerichteten Streben.

Auch körperliche Bewegungen können aus einem Streben unmittelbar hervorgehen. Auch hier kann ich also etwas „dazu thun." Eben deswegen liegt auch hier ein „Wollen" vor. Dabei ist es für uns einstweilen gleichgiltig, wie es geschieht, dass das Streben nach Wahrnehmung einer körperlichen Bewegung die

Bewegung und damit zugleich die Wahrnehmung derselben ins Dasein ruft. Es genügt uns vorerst die Thatsache.

Aber nicht diese Thatsache als solche macht mein Streben nach der Bewegung für mich zum Wollen, sondern mein Wissen davon. Und dies setzt voraus, dass ich die Thatsache erlebt habe. Ist dies einmal geschehen, d. h. hat einmal das Streben nach Wahrnehmung einer körperlichen Bewegung diese Bewegung und die Wahrnehmung derselben ins Dasein treten lassen, dann ist hier ein erfahrungsgemässer Zusammenhang geknüpft. Und von nun an kann mein Streben für mich den Charakter des Wollens haben. Es ist ein Wollen für mein Bewusstsein, weil ich weiss, dass ich etwas dazu thun kann, d. h. weil ich erfahren habe, dass aus meinem Streben dies Erstrebte hervorgehen kann.

Die Bedeutung jenes erfahrungsgemässen Zusammenhanges muss aber noch genauer bestimmt werden. Das Wollen ist nicht nur ein Streben mit dem nebenhergehenden Bewusstsein, dass ich zu seiner Verwirklichung etwas beitragen kann. Sondern, dass ich dies Letztere kann, gehört mit zum Gegenstande meines Wollens. Das Wollen ist ein Streben — nicht darnach, dass etwas geschehe, mit irgend einem nebenhergehenden Bewusstsein, sondern es ist das Streben, dass etwas geschehe durch mich, durch mein Zuthun, d. h. durch mein Streben. Dies „Geschehen durch mich" ist im Wollen das „Erstrebte".

Nun sahen wir allgemein: Ein subjektives Streben ist nichts Anderes als die entsprechende, durch ein subjektives Interesse herausgehobene und aktuell gemachte, zugleich durch dies Interesse subjektivierte und eventuell mit dem Charakter der Aktivität versehene, in der Vorstellung des Erstrebten an sich liegende objektive Tendenz oder Forderung. Demgemäss muss auch dem Wollen eine dem Gegenstand des Strebens entsprechende objektive Tendenz zu Grunde liegen. Nun ist wie gesagt, beim Wollen der Gegenstand des Strebens ein Geschehen durch mein Streben. Es muss also dem Wollen die objektive Tendenz oder die Forderung zu Grunde liegen, dass dies Geschehen durch mich stattfinde. Und dies heisst in unserem Falle, d. h. beim Wollen, das auf eine körperliche Bewegung bezw. die Wahrnehmung einer solchen gerichtet ist, es muss für mich die objektive Forderung bestehen, dass meinem Streben diese Wahrnehmung folge.

Und diese Bedingung ist nun durch jenen erfahrungsgemässen Zusammenhang erfüllt. Mein Bewusstsein von demselben ist die objektive Forderung oder Tendenz von meinem Streben zu der durch Erfahrungsassociation damit verknüpften Wahrnehmung der körperlichen Bewegung fortzugehen oder dieselbe als aus dem Streben hervorgehend zu erleben. Es ist mit einem Worte diese „objektive" oder „erfahrungsgemässe Erwartung". Diese Erwartung, oder diese objektive Tendenz ist also der letzte Grund oder das spezifische Fundament eines solchen Wollens. Das Wollen entsteht, indem zu dieser objektiven Tendenz ein subjektives Interesse und genauer ein positives Wertinteresse hinzutritt und die objektive Tendenz heraushebt oder aktuell macht, zugleich subjektiviert und mit dem Charakter der Aktivität bekleidet.

Ich nannte diese objektive Tendenz auch objektive Erwartung. Es ist nach früher Gesagtem selbstverständlich, dass nicht die thatsächliche oder sichere, sondern nur die mögliche Erwartung oder das Bewusstsein der Möglichkeit derselben hier vorausgesetzt ist. Auch darin liegt ja die „objektive Tendenz". Dieselbe schliesst eine nur mögliche Erwartung in sich, wenn Gegentendenzen ihr die Wage halten. Eben diese nur mögliche Erwartung wird aber durch das hinzutretende Interesse herausgehoben und aktuell gemacht, nämlich in ein aktuelles subjektives Streben verwandelt. Mit anderen Worten, auch hier ist Bedingung des Strebens, dass für mich die „objektive Möglichkeit" des Erstrebten bestehe. Nur dass hier die objektive Möglichkeit im Bewusstsein der Möglichkeit der Erwartung besteht, oder in dem erfahrungsgemässen Bewusstsein, dass aus meinem Streben die Wahrnehmung der körperlichen Bewegung hervorgehen könne.

Für mich, sage ich, muss diese objektive Möglichkeit bestehen. Damit ist gesagt, dass die Erwartung recht wohl auch durch die gegenwärtige Erfahrung negiert sein, also thatsächlich unmöglich sein kann. Dann besteht doch die Möglichkeit des Wollens, nämlich in jedem Augenblick, in welchem diese Unmöglichkeit bezw. die Erfahrungsthatsache, welche dieselbe begründet, von mir vergessen oder mir nicht gegenwärtig ist. Und es besteht, auch wenn ich von dieser Thatsache ein Bewusstsein habe, die Möglichkeit eines hypothetischen Wollens, d. h. eines Wollens unter Voraussetzung der Abstraktion von dieser Thatsache.

So kann derjenige, dessen rechter Arm gelähmt ist, und der von dieser Lähmung Kenntnis hat, also nicht mehr „erwarten" kann, dass sein Streben die Bewegung erzeugen werde, doch noch den Arm bewegen wollen, nämlich immer dann, wenn er der Wirkung früherer Erfahrungen, die an sein Streben nach Bewegung des Armes die Wahrnehmung dieser Bewegung knüpften, sich überlässt, und den thatsächlichen und ihm bekannten Sachverhalt in sich zu keiner oder zu minderer Wirkung kommen lässt.

Dagegen muss allerdings das Wollen verschwinden, wenn er den Sachverhalt der Lähmung vollkommen gegenwärtig hat und in Rechnung zieht. Wir drücken dies wohl so aus: Der Gelähmte kann „vernünftigerweise" seinen Arm nicht mehr bewegen wollen. Dies heisst gar nichts Anderes als: Er kann es nicht, wenn der thatsächliche Sachverhalt in seinem Bewusstsein zur vollen Geltung und Wirkung kommt.

Blicken wir von hier aus zurück auf die vorher erwähnten Fälle des Wollens, insbesondere das Besinnen, Nachdenken, Wissenwollen. Dann erhellt, dass der Sachverhalt dort principiell derselbe ist. D. h. auch dort ist die Kenntnis eines erfahrungsgemässen Zusammenhanges zwischen dem Streben und dem Eintritt des Erstrebten, und die damit gegebene „objektive Tendenz" Bedingung des bewussten Wollens. Wir könnten die Analogie noch deutlicher machen durch eine Erweiterung des Begriffes der „Erwartung". D. h. wir könnten unter Voraussetzung einer solchen Erweiterung insbesondere auch beim Besinnen, Nachdenken, Wissenwollen die Möglichkeit einer Erwartung als das letzte Fundament des Wollens bezeichnen. So kann ich etwa sagen, ich „erwarte" erfahrungsgemäss, dass mein Streben, von der Vorstellung eines Gegenstandes aus die Vorstellung des ihm bekanntermassen zugehörigen Namens zu gewinnen, diesen Namen mir ins

Bewusstsein rufen könne. Auch hier müsste dann gesagt werden: Ein auf Vorstellung des Namens gerichtetes Wollen, oder mit einem Worte ein Besinnen auf den Namen, ist nur möglich, soweit diese Erwartung in mir entstehen kann. Dieselbe kann aber jederzeit in mir entstehen, wenn ich den Namen thatsächlich gehört, und nicht etwa wiederum ganz und gar vergessen habe.

Noch ein möglicher Einwand gegen den Satz, das Wollen sei das Streben mit dem Bewusstsein, dass ich etwas „dazu thun" könne, ist zu berücksichtigen. Ich sage etwa: Ich „will" in 14 Tagen eine Reise machen. Zugleich ist mir vollkommen bewusst, dass ich jetzt die Reise unmöglich machen kann. Indessen um ein Wollen, die Reise jetzt zu machen, handelt es sich hier ja auch nicht. Das fragliche Wollen ist ein Wollen unter einer Bedingung, nämlich der Bedingung, dass eine bestimmte Zeit abgelaufen ist. Und es ist ein Wollen mit dem Bewusstsein, dass dann allerdings das Gewollte durch mich verwirklicht werden könne. Es ist ein Streben, in dessen Natur es liegt, zum eigentlichen Wollen zu werden, wenn diese Bedingung des Wollens erfüllt ist, und es ist ein Bewusstsein von diesem Sachverhalt. Es ist jetzt noch nicht ein fertiges Wollen, sondern, an sich und von diesem Bewusstsein abgesehen, ein blosses Wünschen.

Das Wollen als Thun. Das Anstrengungsgefühl. — Umgekehrt ist ein wirkliches oder fertiges Wollen jederzeit ein solches, das auf ein mögliches gegenwärtig durch mich zu vollbringendes Geschehen gerichtet ist. Kurz gesagt: Das fertige Wollen ist ein Wollen eines als möglich gedachten gegenwärtigen Thuns. Es ist ein Streben, das nicht auf einen von mir verschiedenen Gegenstand beschränkt bleibt, sondern von da aus weiter auf mein Thun sich erstreckt. Es ist ein zu einem solchen Thun fortgehendes Streben. Was dies heisst, liegt im vorhin Gesagten. Will ich den Arm bewegen, so strebe ich nicht nur nach der Wahrnehmung dieser Bewegung, sondern ich erwarte sie, d. h. es wird nicht nur die in der Vorstellung des Wahrnehmbaren als solcher liegenden objektiven Tendenz in Wahrnehmung sich umzuwandeln, in mir wirksam, sondern es wird zugleich in mir wirksam die erfahrungsgemässe objektive Tendenz

des Fortganges von meinem Streben zu dieser Wahrnehmung
und es wird diese objektive Tendenz durch den Hinzutritt des
positiven Wertinteresses unterstützt und zum subjektiven und aktiven Streben gemacht. Darin besteht das Streben nach dem Thun,
und damit das Spezifische des Wollens. Die Wirksamkeit jener
in der Vorstellung der Bewegung als solcher liegenden Tendenz,
in Wahrnehmung sich zu verwandeln, ist die Grundlage für ein
blosses Wünschen, diese weitergehende objektive, und genauer
gesagt, erfahrungsgemässe Tendenz ist die spezifische Grundlage
des Wollens. Damit ist nicht gesagt, dass diese weitergehende
Tendenz sich verwirklichen müsse. Ich sagte schon, derjenige,
dessen Arm gelähmt ist, kann noch ihn bewegen wollen. Auch
in diesem Wollen liegt das Thun, nämlich als erstrebtes. Zugleich ist dies Thun doch ein wirkliches, nämlich innerliches
Thun. Es ist ein Thun ohne Gelingen, also nicht ein Thun im
Sinne der That, sondern im Sinne der Thätigkeit.

Das Gefühl der Spannung in diesem Thun oder dieser Thätigkeit ist das eigentlich sogenannte Anstrengungsgefühl,
bezw. Widerstandsgefühl. Auch Bedingung hierfür ist also dies,
dass die associative erfahrungsgemässe Beziehung zwischen dem
Streben und dem Erstrebten, in unserem Falle zwischen dem
Streben nach der Armbewegung, und der ehemals erlebten thatsächlichen Armbewegung und die auf dieser Association begründete
objektive Tendenz des erneuten Fortganges von dem Streben zur
Wahrnehmung der Bewegung in mir wirksam ist. Wird diese
Wirksamkeit ausgeschaltet, d. h. besteht das klare Bewusstsein
der Unmöglichkeit, dann fällt dies Moment des Thuns weg, das
Wollen wird zum blossen Wünschen, d. h. es bleibt nur die, abgesehen von jener Erfahrungsassociation in der Bewegungsvorstellung als solcher liegende Tendenz, das Vorgestellte voll zu erleben, übrig. Und damit ist auch die Möglichkeit des Anstrengungs-
gefühles dahin.

Dies gilt auch für das Besinnen, Nachdenken, Wissenwollen.
Auch das vollkommen vergebliche Besinnen ist ein Wollen, also ein
inneres „Thun" oder eine Thätigkeit. Demgemäss steckt auch in ihm
das Anstrengungs- und Widerstandsgefühl. Und dies Anstrengungs-
und Widerstandsgefühl ist genau dasselbe Anstrengungs- oder

Widerstandsgefühl, das derjenige hat, der vergeblich seinen Arm zu heben versucht. Auch dies Besinnen nun ist, wie wir sahen, geknüpft an die erfahrungsgemässe Association zwischen dem Streben und dem Erstrebten, und die Wirksamkeit derselben. Besteht keine solche Association mehr, oder ist sie gelöst, dann schwindet auch hier das innere Thun, also das Wollen. Ich „wünsche" jetzt zu wissen, wie der Name lautet. Und in diesem Wunsche liegt nichts mehr von Anstrengung oder Widerstand.

In jedem Wollen liegt nach dem soeben Gesagten ein Thun, nämlich ein Thun als innere Thätigkeit oder als Fortgehen des Strebens von dem erstrebten, von mir unterschiedenen Gegenstande zu dem Dasein desselben „durch mich". Dies „Durch mich" macht das in jedem Wollen liegende „Thun" aus. Dabei nahmen wir zunächst an, der Gegenstand könne ohne weiteres durch mich, d. h. durch mein Streben ins Dasein gerufen werden, es könne also unmittelbar durch mein Streben das zu jedem Streben gehörige Hemmnis überwunden werden. Geschieht dies, so wird das Thun zur unmittelbaren That, oder zur unmittelbaren oder einfachen Willenshandlung, die jenachdem eine innere oder äussere ist. Die unmittelbare „Willenshandlung" ist der unmittelbar sich verwirklichende „Willensakt".

In dieser Willenshandlung nun erfährt auch das Anstrengungs- und Widerstandsgefühl eine Modifikation. Es bleibt nicht mehr bei jenem bloss daseienden Anstrengungsgefühl. Sondern dasselbe wird zum Gefühl der sich befriedigenden, oder von Punkt zu Punkt sich lösenden Anstrengung. Und das Gefühl des Widerstands wird zum Gefühl des von Punkt zu Punkt sich lösenden Widerstandes. Das nur daseiende Anstrengungsgefühl ist das Standhalten gegen die Hemmung, das sich befriedigende ein Gefühl der positiven Leistung. Beide sind sie ein Gefühl der inneren Arbeit und je nach der Intensität des Gefühles ein Gefühl des Kraftaufwandes. Und jenes ein Gefühl der blossen Arbeit und des blossen Kraftaufwandes, dies ein Gefühl der erfolgreichen Arbeit oder des erfolgreichen Kraftaufwandes.

Gesetz der Stauung. — Den Fällen des unmittelbaren Hervorgehens des Erfolges aus dem Streben stellen wir nun aber diejenigen entgegen, in welchen das Erstrebte nicht unmittelbar, sondern nur durch eine Reihe von Bedingungen hindurch erfahrungsgemäss sich zu verwirklichen vermag.

Hier ist zunächst gegeben das Streben nach dem Ziel. Von da aus aber werden die Vorstellungen der Bedingungen reproduziert; und zugleich überträgt sich auf dieselben der Reihe nach das Streben. Das Streben wird zum Streben nach einem „Zweck" durch „Mittel" hindurch oder zum Streben nach „Mitteln" um des „Zweckes" willen. Es wird zum „zweckthätigen Streben". Dabei ist zu bedenken: Einen „Zweck" gibt es erst, wo es „Mittel" gibt und umgekehrt. Zweck ist nicht jedes Ziel, sondern das durch Mittel hindurch zu verwirklichende.

Um nun dies zweckthätige Streben zu verstehen, erinnern wir uns wiederum an früher bereits Angedeutetes. Zunächst an das, was gesagt wurde über das allgemeine Wesen des Strebens, nämlich an die Thatsache, dass das Streben psychischer Vorgang oder Zusammenhang von Vorgängen ist, dessen natürlicher Ablauf einer Hemmung begegnet. Dazu wurde ehemals hinzugefügt: Die Hemmung bedeutet zugleich eine „Stauung": Jedes in seinem natürlichen Ablauf gehemmte, psychische Geschehen bedingt eine solche „Stauung", d. h. es bedingt eine Konzentration der psychischen Kraft, der Aufmerksamkeit, kurz der Möglichkeit des Wirkens im psychischen Lebenszusammenhange, an dem Punkt, in welchem die Hemmung stattfindet. Und zwar ist diese Stauung um so grösser, je grösser die Energie jenes psychischen Geschehens einerseits und je grösser andererseits die zu überwindende Hemmung ist.

Diese Stauung ist, wie ich an anderer Stelle etwas genauer gesagt habe, [1] eine Absorptionserscheinung. Jeder psychische Vorgang ist, je nach dem Grade seines Verflochtenseins in den Zusammenhang des psychischen Lebens, zunächst Gegenstand einer doppelten Tendenz der Absorption. Nämlich einer aktiven Tendenz der Absorption: Es liegt in ihm die Tendenz, alle psychische Kraft oder Wirkungsfähigkeit zu absorbieren, d. h. in sich zu vereinigen. Zum andern ist er Gegenstand einer passiven Ab-

---

[1] Über „Psychische Absorption".

sorptionstendenz: Jeder fertige psychische Vorgang unterliegt
mehr oder minder einer Tendenz, durch das gleichzeitige psychische
Geschehen absorbiert zu werden, oder darin sich zu „verlieren". Diese beiden Tendenzen wirken nicht nur einander entgegen, sondern sie heben sich auch wechselseitig auf,
d. h. je grösser die eine ist, um so geringer wird ebendamit die
andere.

Die in ihrer Verwirklichung gehemmte Tendenz des natürlichen Ablaufes eines Vorganges nun schliesst als solche, d. h.
vermöge der Hemmung, eine spezifische aktive Absorptionstendenz,
d. h. eine spezifische Tendenz, die seelische Kraft in sich zu konzentrieren, in sich. Dieselbe ist um so grösser, je grösser die
Energie des Strebens ist, und je wirksamer die Hemmung ist.
Daraus ergibt sich nach dem soeben Gesagten eine entsprechende
Aufhebung der passiven Absorptionstendenz und daraus wiederum
eine entsprechende Steigerung der aktiven Tendenz der Absorption.
D. h. die psychische Kraft konzentriert sich auf das Streben oder
auf den Vorgang, in dessen Dasein und Wirkung das Streben besteht. Dies ist der Sinn der „Stauung".

Diese Stauung wächst, wie gesagt, auch mit der Grösse der
zu überwindenden Hemmung, d. h. die Hemmung oder das zu
überwindende Hindernis lässt das Streben intensiver werden.
Doch geschieht dies nur innerhalb gewisser Grenzen. Je mehr
das Streben als solches, also unbefriedigt, bestehen bleibt, um so
mehr unterliegt es dem neuen Gesetze, dass jedes dauernd sich
gleich bleibende psychische Geschehen Gegenstand einer successive
wachsenden passiven Absorptionstendenz wird. D. h. jedes Streben,
das sich nicht erfüllt, erlahmt. Und es muss um so rascher
erlahmen, je schwächer es ist, je weniger also die aktive Absorptionstendenz an sich der passiven überlegen ist.

Dazu kommt, dass die Steigerung des Strebens durch die
Stauung zugleich die Fähigkeit des Hemmnisses, die Aufmerksamkeit auf sich zu ziehen, erhöht. Und daraus ergibt
sich die doppelte Möglichkeit: Die Hemmung bestehe in einer
wahrgenommenen oder vorgestellten Thatsache, deren Stattfinden
die Erreichbarkeit des Zieles bedroht oder die Wahrscheinlichkeit,
dass es erreicht werde, vermindert. Dann ist die Vergegen-

wärtigung dieses Sachverhaltes, wie wir wissen, zugleich ein Grund der Verminderung des Strebens; da dies ja das Bewusstsein der Möglichkeit seiner Verwirklichung zur Bedingung hat. Oder es sei dasjenige, was durch die Verwirklichung des Strebens negiert wird, selbst Gegenstand eines positiven Wertinteresses, sei es auch nur eines natürlichen Trägheits- oder Behaglichkeitsinteresses, so wird mit der Apperception dieses Thatbestandes zugleich dies Interesse gesteigert. Es stehen sich also jetzt zwei Strebungen gegenüber, die sich ausgleichen und damit wechselseitig aufheben können.

„Zweck" und „Mittel" beim Besinnen. — Bleiben wir aber bei der Stauung und betrachten dieselbe, abgesehen von diesen Bedingungen ihrer Aufhebung. Es gilt dann der Satz: Solche Stauung ist in sich selbst eine Tendenz des Fortganges des Strebens zu solchen psychischen Elementen, die mit dem Ziel des Strebens irgendwie zusammenhängen oder vereinheitlicht sind, also auch eine Tendenz des Fortganges zu den Mitteln, durch welche das Ziel erreicht und demgemäss — auf einem Wege, der dem vorhin bezeichneten unmittelbar entgegensteht, — die Stauung aufgehoben werden kann.

Wir betrachten hier zunächst wiederum das „Besinnen". Hier ist die Stauung eine einfache Stauung des associativ bedingten Vorstellungsverlaufes. Besinne ich mich auf den Namen eines Menschen, oder auf die Fortsetzung eines Gedichtes, so ist die Stauung speziell eine Stauung des empirischen, d. h. durch Erfahrungsassociation bedingten Vorstellungsverlaufes.

Diese Stauung ist Konzentration der psychischen Kraft, der Aufmerksamkeit, der Auffassungsthätigkeit, kurz der psychischen Wirkungsmöglichkeit auf den Punkt, wo die Hemmung stattfindet. Sie ist genauer gesagt Zusammenfassung der psychischen Kraft in der Richtung auf dasjenige, worauf die gehemmte Associationswirkung abzielt, im Falle des Besinnens auf einen Namen also eine Konzentration der psychischen Kraft in der Richtung auf die Vorstellung dieses Namens.

Nun ist aber mit diesem Namen Allerlei, wiederum erfahrungsgemäss, verknüpft, psychisch vereinheitlicht, zu einem einzigen

Komplex verwoben. Der Name ist ein irgendwo gelesener, in einer bestimmten Situation gehörter, u. s. w. Solchen Momenten teilt sich also die psychische Kraft mit. D. h. diese Vorstellungen — des Ortes, wo ich den Namen las, der Situation in welcher ich ihn hörte u. s. w — werden in mir geweckt und in die Stauung hineingezogen. Sie gewinnen, mit einem anderen Bilde, Teil an der besonders hellen Beleuchtung, in welche der Gedanke an den noch nicht gefundenen Namen gerückt ist. Auch diese Vorstellungen werden also psychisch besonders wirkungsfähig. Damit hat sich die Tendenz der Reproduktion des Namens eine Hilfe geschaffen. Die Vorstellungen dienen, weil sie mit dem Namen vereinheitlicht oder in einen Komplex verwoben sind, dazu, auf den Namen hinzuführen. Hat die Vorstellung des Menschen für sich allein nicht vermocht den Namen zu reproducieren, so vermag sie dies vielleicht im Verein mit diesen Vorstellungen.

Dies können wir verallgemeinern: Die Hemmung des natürlichen Ablaufes eines psychischen Geschehens bringt aus sich selbst solche Wirkungen hervor oder ruft solche Momente sich zur Hilfe, die geeignet sein können, diese Hemmungen aufzuheben. Wir können diese Regel bezeichnen als eine Regel der teleologischen Mechanik des Vorstellungsverlaufes. Sie entspricht einer Regel der teleologischen Mechanik des physischen Lebens. Der letzte Grund für diesen Sachverhalt liegt in der „Stauung".

Gesetzt nun es wird durch die Mithilfe solcher Faktoren die Reproduktion des Namens wirklich zuwege gebracht, dann sind diese Faktoren zu „Mitteln" geworden für die Erreichung des Zieles oder zu Mitteln für einen „Zweck". Und sie können von nun an bewusst angewendete Mittel werden. Die Verwirklichung des Zieles, das Auftauchen der gesuchten Vorstellung ist jetzt erfahrungsgemäss verknüpft mit der Vorstellung solcher Mittel. Das Erstrebte erscheint als etwas möglicherweise d u r c h s i e h i n d u r c h Geschehendes oder ins Dasein Tretendes. Wird also die Verwirklichung des Zieles neuerdings erstrebt, so kann sie erstrebt werden als eine durch jene Mittel hindurch geschehende, oder sie kann erstrebt werden „durch die Mittel hindurch". Und dies kann nicht nur geschehen, sondern es wird thatsächlich geschehen, wenn auch jetzt der gesuchte Name nicht sofort sich einstellt, also wiederum eine Stauung entsteht und vermöge derselben die „Hilfsvorstellungen" — des Ortes, der Situation u. s. w. — geweckt und in die Stauung hineingezogen werden. Man sieht aber leicht, dass die Weckung jener Vorstellungen jetzt, auf Grund der Stauung, sich l e i c h t e r vollzieht.

Damit ist die Thätigkeit des Besinnens zur Zweckthätigkeit geworden. Zweckthätigkeit ist ja eben, wie schon gesagt, die Thätigkeit, die sich bewussterweise richtet auf ein Ziel durch irgendwelche Mittel hindurch; oder die, umgekehrt gesagt, Mittel erstrebt, „um" eines durch sie hindurch zu erreichenden Zweckes „willen".

E r k e n n t n i s t h ä t i g k e i t. L ö s u n g d e s W i d e r s p r u c h e s d e r o b j e k t i v e n W i r k l i c h k e i t s t e n d e n z e n. — Um das „Besinnen", also um einfache reproduktive Vorstellungsthätigkeit hat es sich hier gehandelt. Der die Zweckthätigkeit auslösende Faktor ist dabei die einfache Hemmung des Vorstellungsverlaufes oder die dadurch bewirkte Stauung. Insofern aber der Name einer Person objektiv, d. h. erfahrungsgemäss zur Person hinzugehört, ist die Zweckthätigkeit hier zugleich objektive oder l o g i s c h e Zweckthätigkeit.

Diese logische Zweckthätigkeit kann als eine Art der Erkenntnisthätigkeit bezeichnet werden. Aber sie ist noch nicht die Erkenntnisthätigkeit im eigentlichen Sinne. D. h. sie ist noch nicht logische Zweckthätigkeit, durch welche Erkenntnis g e w o n n e n wird. Finde ich den Namen, so habe ich nicht eine neue Erkenntnis gewonnen, sondern nur eine Erkenntnis, die ich schon hatte, mir zum Bewusstsein gebracht. Neben dieser reproduktiven Erkenntnisthätigkeit steht nun aber die produktive oder die eigentliche Erkenntnisthätigkeit. In ihr ist, wie schon gesagt, das treibende Moment der Widerspruch.

Wir denken dabei zunächst an die Erfahrungserkenntnis. Drei Stufen der Erfahrungserkenntnis sind zu unterscheiden. Die erste ist das einfache Bewusstsein der Wirklichkeit und Nichtwirklichkeit. Solche Erkenntnis besteht in einfachen Existenzialurteilen. Nehmen wir nun an, ich habe ein solches einfaches Existenzialurteil gewonnen: Etwas sei in der Wahrnehmung Gegenstand des Wirklichkeitsbewusstseins geworden. Dann gilt nach früher Gesagtem der Satz: Was einmal Gegenstand des Wirklichkeitsbewusstseins geworden ist, ist dies an sich, d. h. von Gegenwirkungen abgesehen, allgemein. D. h. es kann nicht auch wiederum als unwirklich gedacht werden ohne Grund. Diesem Satz zufolge gilt mir das soeben Wahrgenommene für wirklich, auch wenn ich jetzt die Augen schliesse und es nicht mehr sehe. Dies ist nicht eine aus der Erfahrung gewonnene Einsicht, sondern eine ursprüngliche Denknotwendigkeit. Dieselbe liegt aller über das Wirklichkeitsbewusstsein eines Momentes hinausgehender Erfahrungserkenntnis zu Grunde. Hiervon haben wir bereits früher Kenntnis genommen; und ich habe die fragliche Denknotwendigkeit psychologisch verständlich zu machen gesucht.

Auch die Frage, wieso wir dann doch „Grund" haben können, Eines und Dasselbe als wirklich und auch wiederum als nicht wirklich anzusehen, wurde an jener früheren Stelle bereits gestellt. Das dort gewonnene Ergebnis erscheint aber hier in neuer Beleuchtung.

Ich sah einen Gegenstand und gewann das Bewusstsein seiner Wirklichkeit; und nun sehe ich denselben Gegenstand irgendwo im Raume und irgendwo in der Zeit nicht. Habe ich trotzdem Anlass, den Gegenstand vorzustellen und die Frage nach seiner Wirklichkeit zu stellen, so gewinne ich jetzt das Bewusstsein seiner Nichtwirklichkeit. Damit ist ein Widerspruch gegeben. Auch dieser Widerspruch ist eine Hemmung. Auch er bedingt also eine Stauung. Freilich eine solche, die alsbald sich löst, so dass sie gar nicht als solche sich bemerkbar zu machen braucht.

Von der Wahrnehmung eines Gegenstandes sprach ich. In Wahrheit nehme ich nicht schlechtweg Gegenstände wahr, sondern ich nehme sie wahr in einer Umgebung, oder unter bestimmten Umständen. Und dieser Umstände bemächtigt sich nun die Stauung. Ich finde mich durch dieselbe hingewiesen auf die Umstände, unter welchen der Gegenstand existiert. Die Stauung veranlasst mich, die Umstände, unter welchen der Gegenstand existiert, zu beachten oder zum Gegenstande hinzuzuappercipieren. Daraus entsteht mir die Einheit „Der Gegenstand unter diesen Umständen" oder „Der durch diese Umstände näher determinierte Gegenstand". Dies ist ein neuer „Gegenstand". Und dieser neue Gegenstand tritt an die

Stelle jenes vorigen, noch nicht determinierten Gegenstandes. Er wird an seiner Statt der Gegenstand des Wirklichkeitsbewusstseins. Genauer gesagt: Die nähere Bestimmung des Gegenstandes — durch die Umstände — wird in den Gegenstand des Wirklichkeitsbewusstseins mit hineingenommen. Der Gegenstand ist für mich wirklich — nicht mehr schlechtweg, sondern als der durch die Umstände näher determinierte, oder unter der Bedingung dieser Determination. Und nun ist es kein Widerspruch mehr, wenn ich den gleichen Gegenstand als nichtwirklich denke unter a n d e r e n U m s t ä n d e n.

Was uns hier speziell interessiert, ist jener Begriff der Bedingung. Diese „Bedingung" ist Dasselbe, was vorher das „ Mittel" war. Beide entstehen für uns aus der Hemmung und Stauung. Die „Bedingungen" entstehen speziell aus der Hemmung, die wir als W i d e r s p r u c h bezeichnen. Die Umstände, unter welchen der Gegenstand wirklich erscheint, werden für mich zu Bedingungen seiner Wirklichkeit, vermöge des Widerspruches, der sich ergibt, wenn und solange sie nicht zum Gegenstande des Wirklichkeitsbewusstseins hinzugenommen werden. Dass der Widerspruch ihre Hinzunahme oder ihre apperceptive Vereinheitlichung mit dem Gegenstande fordert, und dass dann d u r c h diese Hinzunahme der Widerspruch verschwindet, diese Thatsache oder dies Bewusstseinserlebnis, diese eigenartige unmittelbar erlebte psychische oder apperceptive Bewegung, ist es zugleich, die den Sinn des Wortes „Bedingung" a u s m a c h t. Der Sinn des Wortes „Mittel" ist, wie man sich erinnert, ein völlig analoger.

Ich blicke etwa in den Raum hinein und sehe Rot. Dann gilt für mich unweigerlich der Satz: Dies Rot kann nicht existieren und auch nichtexistieren. Wohl aber kann das Rot existieren an einem Ding oder in einem räumlichen Zusammenhang und nichtexistieren in einem anderen. Zugleich müssen wir sagen: Es kann n u r existieren und zugleich nichtexistieren unter der Bedingung solcher Verschiedenheit der „Umstände". Ich muss in meinen Gedanken solche verschiedene Umstände hinzunehmen, oder muss sie hinzuappercipieren. Ich muss die Umstände, unter denen ich das Rot sehe, mit dem Rot in die apperceptive Einheit „Rot unter diesen Umständen" aufnehmen. Die Forderung des

Rot, als wirklich zu erscheinen, kann widerspruchslos verwirklicht
werden als eine Forderung, die nicht das Rot stellt, sondern das
„Rot an dieser Stelle“, oder sie kann verwirklicht werden, nur
sofern sie in eine Forderung dieses näher bestimmten Gegenstandes sich verwandelt.

Kausales Denken. — Mit dem Hinzutritt dieser „Bedingung“ nun hat das reine Existenzialurteil sich verwandelt in
ein bedingtes Existenzialurteil. So werden überall, schon beim
ersten Blick in die Welt, reine Existenzialurteile zu bedingten.
Immer ist, was sie dazu macht, der Widerspruch, der entstehen
würde, wenn die „Bedingung“ nicht hinzuträte, oder der entsteht,
wenn wir sie nicht in den Gegenstand des Existenzialurteiles
apperceptiv hineinnehmen.

Von da geht dann aber der Prozess der Erfahrungserkenntnis
weiter. Ich sah einen Gegenstand unter gewissen Umständen
und sehe ihn jetzt unter den gleichen Umständen nicht. Dann
entsteht von neuem ein Widerspruch. Wiederum ist das unter
diesen Umständen Wirkliche für mich notwendig unter diesen
Umständen allgemein wirklich. Zugleich erscheint es doch jetzt
unter diesen Umständen nicht wirklich. Diesem Widerspruch
kann ich nur entgehen, indem ich die Umstände in beiden Fällen
trotz der wahrgenommenen Gleichheit verschieden denke. — Auch
hier ergibt sich der Widerspruch aus jenem allgemeinen Gesetz,
dass das einmal als wirklich Erkannte für mich allgemein wirklich ist. Dass das unter bestimmten Umständen oder in einem
bestimmten Wirklichkeitszusammenhange als wirklich Erscheinende
in eben diesem Zusammenhange mir allgemein als wirklich
erscheinen muss, ist ein spezieller Fall jenes allgemeinen Gesetzes.

Aber wie nun komme ich dazu, die Umstände verschieden
zu denken? Wie wirkt hier der Widerspruch? Darauf gibt die
Antwort wiederum das Gesetz der Stauung. Die psychische Kraft
oder die Aufmerksamkeit konzentriert sich an der Stelle des
Widerspruchs. Es entsteht daraus zunächst das Gefühl der logi-
schen Verwunderung oder Überraschung, die der Anfang aller
„Philosophie“, d. h. aller Erkenntnisthätigkeit ist. Die gestaute
Aufmerksamkeit wendet sich dann dem zu, was an jenem Punkte

und in nächster Nähe jenes Punktes sich findet; dann weiterhin, wenn sich daraus keine Lösung des Widerspruchs ergibt, zu weiter entfernten Punkten. Sie wendet sich in unserem Falle zunächst zu den unmittelbar begleitenden Umständen, nämlich den Umständen, wie sie im einen Falle waren und im anderen Falle sind. Doch nicht so, dass sie von den Gegenständen der Bejahung bezw. Verneinung sich abwendet, sondern so, dass sie zu diesen die Umstände hinzunimmt. Dies ergibt die apperceptive Vereinheitlichung dessen, was ich sah, und ebenso dessen, was ich jetzt an seiner Stelle sehe, mit den zugehörigen Umständen. Und gesetzt nun, es erweisen sich bei dieser näheren Betrachtung, d. h. unter Voraussetzung dieser durch die Stauung hervorgerufenen Apperceptionen, die Umstände im einen und im anderen Falle als verschieden, so ist der Widerspruch gelöst. Es ist kein Widerspruch, dass ein einem Zusammenhang angehöriger und durch diesen genauer bestimmter oder charakterisierter Gegenstand existiert, und ein anderes Mal derselbe Gegenstand ohne diese Bestimmung nicht existiert.

Wiederum sind durch diesen Prozess die von einander verschiedenen Umstände für mich zu Bedingungen, und zwar zu erfahrungsgemässen Bedingungen der Existenz bezw. Nichtexistenz des Gegenstandes geworden. Und es ist die Verschiedenheit der Umstände für mich zur Bedingung geworden der Verschiedenheit, die darin besteht, dass derselbe Gegenstand das eine Mal ist, das andere Mal nicht ist. Der Sinn des Wortes „erfahrungsgemässe Bedingung" besteht auch hier in dem Bewusstseinserlebnis, dass in einer durch die Erfahrung gestellten Forderung eines Gegenstandes, als wirklich oder nicht wirklich zu erscheinen, unmittelbar mitgegeben ist die unbedingte Forderung einer näheren Bestimmung des Gegenstandes, der Art, dass einzig aus der Erfüllung dieser Forderung die Erfüllung jener sich ergeben kann. Solche unbedingte Forderung ist auch hier gleichbedeutend mit objektiver oder logischer Notwendigkeit.

Ich füge noch hinzu: Der Zusammenhang der erfahrungsgemässen Bedingungen eines Wirklichkeitsbewusstseins ist der erfahrungsgemässe Grund oder die Ursache. Der Sinn des Wortes Ursache besteht in solchen Ich- und Apperceptionserlebnissen. Und er besteht, wenn wir von allem Anthropomorphismus absehen, l e d i g l i c h  darin.

Auch der im Obigen beschriebene Prozess ist wiederum ein Fall der teleologischen Mechanik des psychischen Lebens. Dieselbe erweist sich hier speziell als teleologische Mechanik des Denkens oder der Erkenntnisthätigkeit.

Und das Ergebnis dieser teleologischen Mechanik wird nun auch hier wiederum zur Basis für eine bewusste Zweckthätigkeit. Bin ich einmal durch solchen Rückgang zu den Umständen und die Gewinnung eines Unterschiedes in den Bedingungen aus dem Widerspruch befreit worden, so erscheint mir in Zukunft die erstrebte Befreiung vom Widerspruch, an einen solchen Unterschied in den Bedingungen, als an ihr „Mittel" gebunden, oder als erfahrungsgemäss  d u r c h  s i e  h i n d u r c h  geschehend. Demgemäss wird das Streben nach der Befreiung jetzt zum Streben nach einer  d u r c h  e i n  s o l c h e s  M i t t e l  geschehenden Befreiung, oder sie wird zum bewussten Streben, zu den „Umständen" zurückzublicken und in ihnen eine Verschiedenheit zu finden, „u m" der Aufhebung des Widerspruches „w i l l e n". Mit einem Worte, ich  s u c h e  bewussterweise Unterschiede in den Umständen, die mir das Stattfinden eines Thatbestandes im einen Falle und das Nichtstattfinden desselben im anderen Falle „er - k l ä r e n", d. h. mir das, ohne solche Unterschiede Undenkbare denkbar machen können. Ich gehe bewusst von dem Thatbestande zu seinen „B e d i n g u n g e n". Kurz, ich „denke kausal". Das kausale Denken ist ein Produkt der in der logischen Hemmung, d. h. im Widerspruche liegenden Tendenz ihrer eigenen Aufhebung, durch Rückgang zu den in der Erfahrung gegebenen Bedingungen für die Denkbarkeit eines in der Erfahrung gegebenen Thatbestandes, oder für die Möglichkeit eines widerspruchslosen Erfahrungs u r t e i l e s.

Dieser Rückgang zu den in der Erfahrung gegebenen Bedingungen der Möglichkeit eines widerspruchslosen  E r f a h r u n g s - u r t e i l e s  ist nun aber ein Spezialfall des Rückganges zu den Bedingungen eines  U r t e i l e s  ü b e r h a u p t. Oder, was Dasselbe sagt, der Rückgang von einem empirischen Thatbestande zu seiner

Ursache ist ein Spezialfall des Rückganges von einem Thatbestande überhaupt zu seinem notwendigen G r u n d e.

Auch geometrische Sätze haben B e d i n g u n g e n ihrer Giltigkeit, d. h. wir müssen räumlichen Gebilden in unserer Vorstellung gewisse Qualitäten geben, wenn wir in ihnen gewisse andere Qualitäten finden sollen. Auch hier sind die Bedingungen Mittel der Aufhebung, bezw. der Vermeidung des Widerspruches. Und auch hier ist der Widerspruch, der bei Weglassung der Bedingungen eintritt oder eintreten würde, dasjenige, was die Bedingungen für uns zu Bedingungen macht.

Der pythagoräische Lehrsatz etwa hat die Rechtwinkligkeit des Dreieckes zur Bedingung. Dies heisst: Er würde von den Dreiecken, von denen er gilt, nicht mehr gelten, wenn dieselben nicht als rechtwinklig vorgestellt würden. Auch hier besagt die Bedingung, dass durch die Aufnahme eines Momentes in eine apperceptive Einheit ein Urteil möglich wird, oder der objektive Grund für ein Urteil entsteht.


**Z w e c k  u n d  M i t t e l  b e i m  p r a k t i s c h e n  S t r e b e n.** — Von hier aus wenden wir uns endlich zu dem Falle des auf einen änsseren Thatbestand, d. h. auf das Bewusstsein der Wirklichkeit, bezw. auf Wahrnehmung eines vorgestellten Gegenstandes gerichteten Wünschens oder Wollens. Zunächst zum ersteren.

Ich wünsche, dass irgend etwas geschehe, dessen Eintritt gewissen, mir bekannten Bedingungen unterliegt. Ich wünsche etwa, dass jemand aus der Not gerettet werde. Erfahrungsgemässe Bedingung sei für mich, dass er Arbeitsgelegenheit habe. Dies heisst nach oben Gesagtem, das Erstrebte, die Rettung des Bedürftigen, kann nicht als wirklich gedacht werden, es sei denn, dass die Arbeitsgelegenheit mit der Rettung in einen einzigen Gedanken zusammengezogen wird. Nicht die Rettung schlechtweg, sondern die Rettung, als eine durch die Arbeitsgelegenheit hindurch geschehende, kann von mir als wirklich gedacht werden. Oder, was Dasselbe sagt, die objektive Tendenz der Rettung, als wirklich zu erscheinen, oder wie wir der Kürze halber schon früher sagten, die „objektive Wirklichkeitstendenz" derselben, kann bestehen, und besteht für mich thatsächlich, als objektive Wirklichkeitstendenz, nicht dieser Rettung schlechtweg, sondern der Rettung d u r c h die Arbeitsgelegenheit h i n d u r c h.

Nun ist das Wünschen, die Rettung möge stattfinden, wie wir wissen, nichts, als die objektive Tendenz der vorgestellten Rettung, als wirklich zu erscheinen, oder die „objektive Wirklichkeitstendenz" derselben, unterstützt durch das Interesse und speziell durch mein positives Wertinteresse. Der Wunsch kommt zustande, indem das positive Wertinteresse die Rettung apperceptiv „heraushebt", damit die in ihm liegende objektive Wirklichkeitstendenz aktuell macht und zugleich im Lichte eines subjektiven, und in unserem Falle zugleich aktiven Strebens erscheinen lässt; oder kurz, indem sie die objektive Tendenz aktualisiert, subjektiviert und ihr den Aktivitätscharakter verleiht. Da aber diese objektive Tendenz, wie gesagt, nicht die objektive Wirklichkeitstendenz der Rettung schlechtweg, sondern der Rettung durch die Arbeitsgelegenheit hindurch ist, so ist auch Gegenstand des W u n s c h e s notwendig nicht die Rettung, sondern die Rettung durch die Arbeitsgelegenheit hindurch. Ich wünsche also für den zu Rettenden die Arbeitsgelegenheit, — nicht als solche, aber um der Rettung willen oder als nähere Bestimmung der Art, wie die Rettung stattfinden soll, kurz als Mittel zum Zweck.

Damit ist zugleich gesagt, worin die Beziehung zwischen dem Mittel und dem Zweck — wodurch erst das Mittel zum Mittel und der Zweck zum Zweck wird — zunächst in diesem Falle, dann aber auch, aus gleichem Grunde, in jedem anderen Falle besteht. Diese Beziehung ist gar nichts, als die oben charakterisierte erfahrungsgemässe Beziehung zwischen B e d i n g u n g u n d B e d i n g t e m, nur mit der Besonderheit, dass diese Beziehung durch den Hinzutritt des subjektiven Interesses subjektiviert, d. h. aus einer Beziehung zwischen objektiven Wirklichkeitstendenzen in eine im übrigen völlig gleichartige Beziehung zwischen subjektiven Strebungen, und genauer, da das Interesse positives Wertinteresse ist, in eine Beziehung zwischen Akten des Wünschens umgewandelt ist.

Dass das Mittel oder die Bedingung mir zum Bewusstsein kommt, und mir als Mittel oder Bedingung e r s c h e i n t, dass ich in

meinem Vorstellen und Appercipieren darauf hingeleitet werde,
dies hat wiederum seinen Grund in der Thatsache der Stauung.

Vermittelte Willenshandlung. — Von hier wende
ich mich endlich auch wiederum zur äusseren Willenshandlung.
Ich nehme auch bei ihr an, sie sei nicht mehr eine unmittelbare,
sondern eine mittelbare, d. h. erst durch Bedingungen hindurch
zu verwirklichende. Ich strebe etwa nach Empfindung des vorgestellten angenehmen Geschmacks einer Frucht. Die erfahrungsgemässe Bedingung der Geschmacksempfindung ist das Zerbeissen
der Frucht; die erfahrungsgemässe Bedingung hiefür das in den
Mund Führen derselben; die erfahrungsgemässe Bedingung hiefür
die Bewegung des Fassens der Frucht; endlich die erfahrungsgemässe Bedingung hiefür das Ausstrecken der Hand nach der
Frucht. Oder kürzer und zugleich psychologisch ausgedrückt, Bedingung für die Empfindung oder Wahrnehmung des Geschmackes
ist der successive Eintritt der Bewegungswahrnehmungen,
in welchen ja jene „Bewegungen“ für mich oder mein Bewusstsein
einzig bestehen.

Die Empfindung des Geschmackes hat diese Bewegungen oder
Bewegungswahrnehmungen zur erfahrungsgemässen Bedingung,
dies heisst wiederum, die objektive Tendenz der Geschmacksvorstellung in Empfindung sich zu verwandeln, haftet auf Grund
der Erfahrung nicht mehr an der Geschmacksvorstellung als
solcher, sondern an der Vorstellung des Geschmacks mit der
näheren Bestimmung, dass er aus jenen Bewegungen sich ergebe.
Oder was Dasselbe sagt, ich kann erfahrungsgemäss die Empfindung
erwarten nicht schlechthin, sondern nur als eine solche, die auf
die Wahrnehmung dieser Bewegungen folgt.

Nun gilt nach Früherem für das Streben nach Empfindung
völlig Analoges wie für das Wirklichkeitsstreben. Beide beruhen
in gleicher Weise auf einer „objektiven Tendenz“. Insbesondere
ist der Wunsch oder Wille, jene Geschmacksempfindung zu haben,
nichts Anderes, als die Tendenz der Geschmacksvorstellung in
Empfindung sich zu verwandeln, oder nichts Anderes als diese
„objektive Erwartung“, unterstützt und in ein subjektives, zugleich
in ein aktives Streben verwandelt durch das positive Wertinteresse

an der Geschmacksempfindung, nämlich dasjenige positive Wertinteresse, um dessen willen ich den Geschmack angenehm nenne.
Daraus folgt, dass der Wunsch oder Wille, die Vorstellung des
Geschmacks in Empfindung oder Wahrnehmung zu verwandeln,
auf die Vorstellungen der erfahrungsgemäss vorangehenden Bewegungen sich erstrecken muss. Genauer gesagt, muss er übergehen zunächst auf die Vorstellung der Bewegung, die unmittelbare erfahrungsgemässe Bedingung des Geschmackes ist, von da
auf die Vorstellung der Bewegung, die erfahrungsgemässe Bedingung
dieser Bedingung ist u. s. w. Dass die Bewegungsvorstellungen
successive geweckt und zur Wirkung gebracht werden, ist
auch hier der Stauung zu verdanken. Die successive Ausbreitung
des Strebens nach rückwärts, von der Gemacksvorstellung aus auf
die Vorstellung ihrer Bedingung, und die Bedingung dieser Bedingung u. s. w. ist, da alle diese Strebungen die Hemmung in
sich tragen, zugleich eine ebensolche Ausbreitung der Stauung. Diese
zieht also successive die Reihe der Bedingungen in sich hinein.

Gesetzt nun, es sei vermöge des erfahrungsgemässen Zusammenhanges, der die ganze Reihe der Bedingungen an die erstrebte Geschmacksempfindung knüpft, und die Glieder der Reihe
aneinander bindet, und andererseits vermöge der Stauung,
die rückläufige psychische Bewegung und das Streben bis zur
ersten oder letzten Bedingung gelangt, d. h. sie habe auch die
Bewegungsvorstellung erfasst, die unmittelbar sich verwirklichen,
also unmittelbar zur Bewegungswahrnehmung werden kann. Und
gesetzt, diese Bewegung habe sich verwirklicht. Dann können
nun successive auch die erfahrungsgemäss darauf folgenden und
dadurch bedingten Bewegungen sich verwirklichen, und es kann
endlich die Geschmacksempfindung entstehen. Mit einem Wort,
die vermittelte äussere Willenshandlung vollzieht sich.


Willenshandlung und Triebbewegung. — Achten
wir schliesslich noch besonders auf den Anfangspunkt des Vollzuges derselben. Ich liess ehemals einstweilen dahingestellt, wie
es zugehe, dass gewisse Bewegungen meines Körpers unmittelbar
aus meinem Wollen hervorgehen können. Aber auch diesen Sachverhalt können wir psychologisch genauer bestimmen. Ich kann

keine Bewegung zum Gegenstand meines Strebens machen, es sei
denn, dass ich von ihr weiss.  Und dies heisst: Sollen Bewegungen
von mir erstrebt werden, so müssen sie vorher automatisch, un-
erstrebt, ungewollt sich vollzogen haben.

Diese automatischen Bewegungen müssen aber gedacht werden
als psychische oder „central" bedingte, d. h. sie müssen herstammen
aus derjenigen Sphäre, in welcher Vorstellungen zustande kommen
und associative Beziehungen eingehen.  Dies ist gefordert, wenn
die Vorstellung der zunächst automatisch ausgeführten Bewegung,
bezw. das in ihr liegende Streben, zur Wahrnehmung zu werden,
nun in der Folge die thatsächliche Bewegung herbeiführen soll.
Dazu bedarf es eines von dieser Vorstellung geweckten, also
p s y c h i s c h e n  I m p u l s e s  der Innervation.  Dieser Impuls
wird  geweckt  d u r c h  die Vorstellung der  Bewegung  und
die in ihr liegende Tendenz. in Wahrnehmung überzugehen.  Er
ist also an diese Tendenz  g e k n ü p f t.  Er ist an sie geknüpft
als Bedingung ihrer Verwirklichung, genau so, wie an die Tendenz der Geschmacksvorstellung, zur Geschmackswahrnehmung zu
werden, die ganze Reihe der Bewegungen als Bedingung ihrer
Verwirklichung geknüpft ist.

Dies nun verstehen wir einzig, wenn wir auch hier einen e r f a h -
r u n g s g e m ä s s e n  Zusammenhang annehmen.  Wir müssen sagen:
Ein  e b e n s o l c h e r  psychischer oder centraler Impuls, wie der jetzt
geweckte, hat ehemals die  a u t o m a t i s c h e  Bewegung ins Dasein
gerufen.  Wie dieser Impuls entstand, das wissen wir nicht.  Nachdem er aber einmal entstanden ist, und die Bewegung, also auch
ihre Wahrnehmung, hat zustande kommen lassen, ist nun zwischen
beiden eine Erfahrungsassociation geknüpft.  Die Wahrnehmung
der Bewegung ist also von vornherein nicht eine Bewegungswahrnehmung schlechtweg, sondern eine an diesen Impuls gebundene.
Und entsteht nun in der Folge die entsprechende Bewegungsvorstellung, und mit ihr zugleich oder in ihr die Tendenz der Verwandlung in die Bewegungswahrnehmung, deren Reproduktion sie
ist, so wird vermöge jenes erfahrungsgemässen Zusammenhanges
auch jener Impuls reproduziert, und es überträgt sich auf ihn das
Streben seiner Verwirklichung.  Dieser Impuls aber unterliegt
keiner weiteren Bedingung seiner Verwirklichung.  Die Tendenz

seines erneuten Entstehens wird also ohne weiteres zum thatsäch-lichen erneuten Entstehen. Es kommt also der Impuls, und mit ihm die Bewegung und die Wahrnehmung derselben zustande.

Die aus solchem Impuls entstehende automatische Bewegung kann als eine Trieb- oder Instinktbewegung bezeichnet werden. Man muss dann aber wissen, dass dieselben durchaus nichts von „Streben" oder Wollen in sich schliesst. Nennen wir die Verwirklichung des Strebens und insbesondere des auf eine körperliche Bewegung gerichteten Strebens „Handlung", so ist jene Triebbewegung keine Handlung, sondern ein einfaches Geschehen. Sie ist nicht Handlung, sondern Bedingung oder notwendige Voraussetzung jeder Handlung, auch jeder einfachen Willenshandlung. Einfache Willenshandlungen müssen, ehe sie geschehen können, vorher als Triebbewegungen oder als rein automatische Bewegungen gegeben gewesen sein. Die einfache Willenshandlung ist die reproduktive Wiederholung vorangegangener automatischer Triebbewegungen, und ist einzig als solche denkbar.

Dabei setze ich freilich, wie man sieht, einen bestimmten Be-griff der Triebbewegung voraus. Nichts hindert unter Trieb-bewegungen auch bestimmte Willenshandlungen zu verstehen, etwa diejenigen, die ohne Wahl sich vollziehen. Dann aber dürfen jene von allen Willenshandlungen vorausgesetzten automatischen Bewegungen nicht mehr Triebbewegungen oder gar Triebhandlungen heissen. Sondern man muss sich be-gnügen, sie einfach automatische Bewegungen zu nennen. Ich sage automatische Bewegungen, und nicht automatische Handlungen. Auch mit den automatischen Handlungen, wie sie etwa in der Hypnose geschehen, haben sie nichts gemein. Diese verdanken einem automatischen Streben oder Wollen ihr Dasein.

Andererseits müssen wir uns doch auch hüten, diese automa-tischen Bewegungen beliebigen „Reflexbewegungen" gleichzusetzen. Sie müssen, wie gesagt, gedacht werden, als ausgelöst durch einen „psychischen" oder wenn man lieber will, „centralen" Impuls.


Automatische Basis der Zweckmässigkeit. — Gleichartiges gilt nun aber auch mit Rücksicht auf die ver-mittelten oder mittelbaren Willenshandlungen. In ihnen geht das

Streben fort von dem Zweck zu den Mitteln. Dies setzt voraus, dass der Zusammenhang zwischen Mitteln und Zweck bereits besteht. Ich muss wissen, dass etwas Mittel ist zu einem Zweck, ehe ich das Mittel um des Zweckes willen erstreben kann. Der Zusammenhang muss also geknüpft sein vor dem Streben oder ohne dasselbe. Er muss sich geknüpft haben „zufällig", zwecklos, automatisch.

Die vermittelte Willenshandlung, die um des Zweckes willen Mittel erstrebt, ist wiederum „Zweckthätigkeit". Diese Zweckthätigkeit setzt also ein zweckloses oder automatisches gleichartiges Geschehen voraus. Sie geschieht und kann geschehen auf einem Wege, den die durch keinen Zweck geleitete Erfahrung vorgezeichnet hat, sie verläuft und kann nur verlaufen in der durch solche Erfahrung geschaffenen Bahn. Dies heisst speziell mit Rücksicht auf unser obiges Beispiel: Jene ganze ermittelte Willenshandlung wäre unmöglich, wenn ich nicht vorher einmal ohne Zweck, also automatisch, aber vermöge eines psychischen Impulses, die Hand ausgestreckt hätte und dabei auf einen Gegenstand gestossen wäre, wenn ich nicht ebenso automatisch oder zufällig den Gegenstand, auf den ich stiess, umfasst, den erfassten Gegenstand zum Munde geführt, und auf Gegenstände, die in meinem Munde sich befanden, gebissen hätte. Ohne dies fehlte mir der Zusammenhang zwischen Zweck und Mittel, ohne welchen es für mich „Zwecke" und „Mittel" gar nicht gibt, also ein zweckthätiges Handeln unmöglich ist. Der Weg, den ich in der Erfahrung zurücklegte, führte von der Ausstreckung der Hand zur Geschmacksempfindung. Diesen Weg durchläuft jetzt das Streben nach rückwärts.

Diese Rückwärtsbewegung verdankt, wie gesagt, der Stauung ihr Zustandekommen. Auch dazu ist noch eine Bemerkung erforderlich. Erfahrungsassociationen wirken, so wurde oben gelegentlich gesagt, zunächst in der Richtung, in welcher sie geknüpft sind. Wir wissen aber, dass sie auch, obzwar in geringerem Grade, wirken können in umgekehrter Richtung, oder, dass in ihnen zugleich eine schwächere Tendenz der rückläufigen Wirkung liegt. Diese associative Wirkung nach rückwärts nun wird, solange keine Stauung besteht, durch die stärkere Wirkung nach vorwärts absorbiert. Dagegen kann bezw. muss sie zur Geltung kommen, wenn die Wirkung nach vorwärts durch die Hemmung aufgehoben ist. Dies ist wiederum eine Absorptionserscheinung, die dem allgemeinen Absorptionsgesetze gehorcht.

Dass Zweckthätigkeit immer nur stattfinden kann in der durch die Erfahrung geschaffenen Bahn, dies können wir wiederum, mit Wiederholung einer oben bei der einfachen Willenshandlung gebrauchten Wendung, so ausdrücken: Jede Zweckthätigkeit ist eine am Leitfaden der Erfahrungsassociation geschehende „reproduktive Wiederholung“ thatsächlicher Erlebnisse. Dabei ist doch die Reproduktion nicht zu nehmen im Sinne der einfachen Erinnerung, sondern in dem Sinne, in welchem die Phantasiethätigkeit Reproduktion ist. Dies heisst: Jede Zwecksetzung und jedes strebende Fortgehen zu den für die Verwirklichung des Zweckes geeigneten Mitteln, also kurz jede Zweckthätigkeit, setzt voraus, dass ein Analogon des Zusammenhanges zwischen den Zwecken und den Mitteln mir vorher in Gestalt eines Zusammenhanges zwischen einem unbeabsichtigten, also nur einfach thatsächlichen Erfolge, und den Bedingungen dieses Erfolges, gegeben war. Anders gesagt, nicht derselbe Zusammenhang, wohl aber „ein solcher“ Zusammenhang muss vorher als blosser Zusammenhang zwischen Bedingungen und ihren thatsächlichen Erfolgen gegeben gewesen sein. Oder noch besser: Es muss für alle Zweckthätigkeit in vorangegangener zweckloser Erfahrung die Regel oder das allgemeine Gesetz gegeben sein, wonach ich in meiner Zweckthätigkeit fortzuschreiten habe. Es muss mir diese Regel gegeben sein in Beispielen derselben.

Hier rede ich speziell von der vermittelten äusseren Willenshandlung. Aber Gleichartiges gilt auch für die anderen Arten der Zweckthätigkeit oder des Fortganges des Strebens von Zwecken zu Mitteln. „Zwecke“ und „Mittel“ gibt es für mich überall nur auf Grund einer durch zwecklose Erfahrung geschaffenen Regel der psychischen Bewegung. Dass Erfahrung solche Regeln schafft, ist zweckmässig. So beruht alle Zweckthätigkeit auf einer zweckmässigen Organisation der Psyche und des psychophysischen Organismus; und nicht etwa umgekehrt.

----

## VII. Kapitel

### Quantitäts- und Wertgefühle.

Quantitätsgefühl. — Nicht am Anfang, sondern am Ende der Gefühlslehre stehen naturgemäss die Gefühle der Lust und Unlust; da sie, wie schon früher gesagt, die Färbungen sind, die alle Gefühle annehmen können.

Es gibt nun aber wiederum ein spezifisches Grundgefühl, als dessen Färbungen Lust und Unlust jederzeit auftreten, nämlich das Quantitäts- oder Grössengefühl. Was mich lustvoll affizieren, in Anspruch nehmen, lustvoll auf mich wirken, einen lustgefärbten Eindruck auf mich machen soll, muss zunächst mich affizieren, in Anspruch nehmen, auf mich wirken, einen Eindruck auf mich machen. Und von dem Grade, in welchem dies geschieht, habe ich jederzeit ein Gefühl. Ich habe ein „Quantitätsgefühl", ein Gefühl der Grösse des psychischen Geschehens, d. h. ein Gefühl des Grades, in welchem eine Sache mich beschäftigt, meine Aufmerksamkeit, Auffassungsfähigkeit, meine apperceptive „Thätigkeit" in Anspruch nimmt, kurz also ein Gefühl der Apperceptionsgrösse.

Ein besonders bedeutsamer Fall dieses Grössengefühls ist etwa das Gefühl des Erhabenen. Dies kann, wie jeder weiss, ein Gefühl des lustvoll und des unlustvoll Erhabenen sein. Im letzteren Falle nennen wir es vielleicht Gefühl des Überwältigenden, des Furchtbaren, des durch seine Grösse Bedrückenden. Aber auch, wenn wir diese Namen gebrauchen, sind wir uns des Gemeinsamen, das dies Gefühl mit dem Gefühl des lustvoll Erhabenen hat, bewusst oder können uns desselben bewusst werden.

Im übrigen hat das Quantitätsgefühl sehr verschiedene Namen. Der letzte gemeinsame Sinn aller Quantitätsbegriffe überhaupt, der Begriffe des Bedeutenden oder Bedeutsamen, des Wichtigen, des Gewichtigen, des Starken, des Mächtigen, des Gewaltigen, des Imponierenden u. s. w. besteht in diesem Quantitätsgefühl.

Genauer gesagt besteht der Sinn dieser Begriffe jederzeit in einem positiven Quantitätsgefühl. Diesem steht gegenüber, als nicht nur graduell, sondern qualitativ davon verschiedenes Gefühl, das negative Quantitätsgefühl, das Gefühl des Kleinen, des Kleinlichen, des Ärmlichen, des Nichtsbedeutenden, des Unwichtigen u. s. w. Jenes positive Quantitätsgefühl ergibt sich, wenn meine Auffassungsfähigkeit über ein gewisses mittleres Mass hinaus in Anspruch genommen wird, dies negative, wenn der Grad, in welchem sie in Anspruch genommen wird, unter diesem mittlerem Masse bleibt.

Objektive und subjektive, aktive und passive Quantitätsgefühle. — Das Quantitätsgefühl bewegt sich aber, abgesehen von diesem Gegensatz, noch in einem doppelten Gegensatz. Welches dieser doppelte Gegensatz ist, dies ergibt sich unmittelbar aus früher Gesagtem. Wir haben kennen gelernt den Gegensatz der aktiven und der passiven, andererseits den Gegensatz der objektiven und der subjektiven Apperception. Diesem Gegensatz entspricht notwendig ein Gegensatz eines aktiven und eines passiven, und eines objektiven und eines subjektiven Grössengefühles oder Gefühles der Apperceptionsgrösse.

Ich habe ein aktives Grössengefühl, wenn ich das Bewusstsein habe, dass ich auf eine Sache Gewicht lege, ein passives, wenn die Sache mit gewisser Kraft oder gewissem Gewichte sich mir aufdrängt.

Und diesen Gegensatz kreuzt auch hier der Gegensatz der Subjektivität und Objektivität. Das Gefühl der objektiven Grösse ist das Gefühl, dass ein Gegenstand von mir eine bestimmte Grösse der Apperception oder einen bestimmten Grad der Beachtung „fordert“, mag nun meine Erfüllung der Forderung als Akt der Willkür, oder als Ergebnis einer Nötigung, mag also die Apperception als eine aktive oder als eine passive erscheinen.

Ein solches subjektives Quantitätsgefühl ist etwa das schon in anderem Zusammenhange erwähnte Gefühl des Schrecks, das, wie auch schon bemerkt, ein Gefühl des freudigen und des unangenehmen Schrecks sein kann, also ein von Lust und Unlust verschiedenes drittes Gefühl ist. Dass es zugleich ein Quantitätsgefühl ist, braucht nicht gesagt zu werden. Es ist ein Gefühl des plötzlichen, stossweisen und entsprechend intensiv fühlbaren Inanspruchgenommenseins. Solches Schreckgefühl kann ein an sich völlig bedeutungsloses Erlebnis erzeugen. Ich erschrecke vielleicht aufs Heftigste über eine leichte Berührung der Schulter, die ich verspüre, während ich in Gedanken versunken bin. Was mich hier erschreckt, ist freilich nicht die Berührung als solche, sondern das, was sie für mich bedeuten könnte. Wer mich so berührt, pflegt etwas von mir zu wollen. Aber die Berührung würde mich doch eben n i c h t erschrecken, wenn ich darauf vorbereitet gewesen wäre. Da ich dies nicht bin, so nimmt sie die Aufmerksamkeit gewaltsam in Anspruch und unterbricht mit einem Stoss meinen Vorstellungsverlauf. Und in dieser Situation, dieser Unvorbereitetheit des fraglichen Erlebnisses hat das Gefühl des Schreckes seinen spezifischen Grund.

Und dass es so ist, dies weiss ich auch, und zwar ohne Psychologe zu sein. Das Schreckgefühl wird von mir unmittelbar e r l e b t als nicht herstammend aus dem Gegenstande, von dem ich sage, dass er mich erschreckt, sondern als herstammend aus der inneren S i t u a t i o n, oder aus dem Auftreten des Gegenstandes in dieser inneren Situation oder seinem Hineintreten in dieselbe. Die Berührung selbst ist, mag sie mich noch so sehr „erschrecken", doch in meinen Augen nicht „s c h r e c k l i c h".

Gleichartiges gilt von den verwandten Gefühlen der Überraschung oder des Staunens, die, wie wir früher sahen, ebenfalls in einer Unvorbereitetheit ihren Grund haben. Ebenso von dem Gefühl der Neuheit. Auch diese drei Gefühle sind, neben und unbeschadet ihrer sonstigen Beschaffenheit oder Charakteristik, zugleich Quantitätsgefühle. Auch was mich überrascht oder erstaunt, zieht mit gewisser Gewalt die Aufmerksamkeit auf sich. Und das Neue „r e i z t".

Wie die Schreck-, so sind auch die Quantitätsgefühle, die wir als Gefühle der Überraschung, des Erstaunens, der Neuheit bezeichnen, s u b j e k t i v e Quantitätsgefühle. Soweit mich eine Sache in Anspruch nimmt, die Aufmerksamkeit mit fühlbarer Kraft auf sich zieht, auf mich einen Eindruck macht, weil es ü b e r - r a s c h e n d oder e r s t a u n l i c h oder n e u ist, erlebe ich das Quantitätsgefühl als ein subjektiv bedingtes Gefühl. Ich fühle — nicht den Gegenstand als solchen eindrucksvoll, fühle das kraftvolle Appercipieren nicht als eine von ihm ausgehende Forderung, sondern als eine in den Umständen, nämlich den psychischen Umständen liegende, also aus subjektiven Bedingungen entspringende Nötigung.

Endlich erwähne ich hier auch von Neuem das in ausgesprochenster Weise subjektive Quantitätsgefühl, nämlich das Gefühl der Komik. Das Komische fällt auf, zieht vielleicht in höchstem Masse die Aufmerksamkeit auf sich, wird in gewissem Sinne Gegenstand des höchsten „Interesses". Und doch scheint es mir zugleich in sich selbst, oder „objektiv" betrachtet, nichtsbedeutend, geringer Beachtung würdig, also geringe Beachtung fordernd, an sich wenig „interessant".

Allen diesen subjektiven Quantitätsgefühlen nun steht gegenüber das objektive, bei welchem, wie schon gesagt, der Gegenstand die apperceptive Zuwendung von bestimmtem Grade seiner eigenen Natur zufolge fordert. Hier liegt die Zuwendung in dem Gegenstand begründet, sie ist sein Rechtsanspruch und erscheint in diesem Lichte. Demgemäss rede ich hier von einer Grösse, die der Gegenstand „in sich selbst" hat. Was ich damit sagen will, ist nichts Anderes als dies, dass mein Quantitätsgefühl objektiven Charakter besitzt, oder dass eine solche Forderung, oder ein solcher Rechtsanspruch fühlbar in dem Gegenstande liegt.

Solche objektive Grösse ist die Grösse der „grossen" Handlung, des „grossen" Charakters, des „grossen" Kunstwerks u. s. w.

Quantitätsgefühl und Empfindungsgrösse. — Speziell aber hebe ich hier hervor die Empfindungsgrösse oder die Quantität von Empfindungsinhalten. Die „Lautheit" eines Klanges, das „Leuchten" einer Farbe, ist an sich eine Qualität wie jede andere Empfindungsqualität. Der laute Ton etwa ist ein qualitativ vom leisen verschiedener. Aber in der Natur der Qualität, „Lautheit" genannt, liegt eine, dem Grade derselben entsprechende Forderung der apperceptiven Zuwendung. Sie liegt darin unmittelbar, unabhängig von mir. Sie liegt darin, mag ich ihr genügen oder nicht. Und dies nun ist es, was diese Qualität zur „Quantität" stempelt. Dieser Sachverhalt ist es, der den Sinn der Worte Tonstärke, Tongrösse, Kraft des Tones und schliesslich Tonintensität ausmacht. Die „Kraft" des Tones ist die vom Objekte geforderte Kraft meines Appercipierens.

Dies müssen wir verallgemeinern. Quantität, Stärke, Intensität einer Empfindung ist ganz allgemein diejenige Qualität der Empfindung, die und sofern sie von einem, ihrem Grade entsprechenden objektiven Quantitätsgefühl begleitet ist.

Diesen Satz können wir uns noch durch besondere Thatsachen bestätigen lassen. Weil es so sich verhält, wie er sagt, darum kann eine und dieselbe Empfindung, je nach der Betrachtung, intensiver oder weniger intensiv erscheinen. Helles weissliches Rot ist ein intensiverer Lichteindruck als gesättigtes Rot, aber es ist ein weniger intensives Rot. Der wenigst intensive Lichteindruck überhaupt, das reine Schwarz, ist ein „intensives" Schwarz. Solches Schwarz ist eben — nicht als Lichteindruck, aber als schwarz betrachtet, eindrucksvoller als ein weniger intensives. Umgekehrt ist das helle Rot — nicht als Lichteindruck, sondern als rot betrachtet, ein weniger eindrucksvolles Rot. Dabei ist das Wort eindrucksvoll jedesmal im quantitativen Sinne, nämlich im Sinne der objektiven Quantität genommen.

Quantitätscharakter der Lust und Unlust. — Kehren wir nun aber zur Beziehung zwischen dem Quantitätsgefühle und dem Lustgefühle zurück. Die Gefühlsgegensätze des aktiven und passiven, des subjektiven und des objektiven Quantitätsgefühles sollen dabei einstweilen nicht weiter in Betracht kommen. Es ist dann zunächst deutlich: Jener Gegensatz des positiven und des negativen Quantitätsgefühles wird vom Gefühlsgegensatz der Lust und Unlust gekreuzt.

Dadurch entstehen charakteristisch verschiedene Gefühle der Lust und Unlust. Dass dieselben verschieden sind, scheinen Einige leugnen zu wollen. Eine Theorie verbietet ihnen, die Thatsache anzuerkennen. Aber die Thatsache besteht. Sie zeigt eine, wir könnten sagen, grundsätzliche Verschiedenheit. Es ist etwas grundsätzlich Anderes, ob ich mich „belustigt", „erheitert", „vergnügt", „amüsiert" fühle, oder ob eine grosse Freude mir zu teil wird, ein Gefühl der lustvollen Erhabenheit, des ernsten Genusses, des tiefen stillen Glückes mich überkommt; es ist etwas grundsätzlich Anderes, ob eine komische Situation, oder ein Witz mich, sei es auch aufs „Äusserste“ oder Allerintensivste belustigt, oder ob eine grosse und edle That mich — ganz und gar nicht belustigt, sondern mir eine grosse, mich tief innerlich erfassende Befriedigung verschafft.

Und es ist andererseits nicht minder etwas völlig Anderes, wenn ich Ärger, Überdruss, Missmut, Langeweile verspüre, und wenn ein anderes Mal ein Gefühl der tiefen Trauer, der innersten Empörung, des überwältigenden seelischen Schmerzes mich erfasst.

Und dieser Unterschied kann allgemein bezeichnet werden als ein Unterschied des Quantitätscharakters der Lust und Unlust. Die Lust und Unlust der ersteren Art, so können wir sagen, ist, mag sie auch die grösste Intensität haben, leicht, dünn, arm, inhaltsleer, ohne Gewicht, die Lust und Unlust der zweiten Art ist voll, reich, gewichtig, breit oder tief. Mit einem Worte, jener Art mangelt das Moment der Grösse, diese besitzt es.

Allgemeines Gesetz des Lustgefühles. — Dieser Gegensatz im Quantitätscharakter der Lust und ebenso der Unlust nun wird verständlich, wenn wir jetzt zum Grundgesetz der Lust und Unlust uns wenden. Das allgemeine Gesetz der Lust und Unlust lautet: Lust ist das unmittelbare Bewusstseinssymptom dafür, dass ein psychischer Vorgang, oder Zusammenhang von solchen, also eine Empfindung, Wahrnehmung, Vorstellung, ein Gedanke, in der Natur der Seele günstige Bedingungen seiner Apperception findet; dass seinem Anspruch auf die Auffassungsthätigkeit eine in der Natur der Seele begründete Bereitschaft zur Apperception entspricht. Unlust ist das unmittelbare Bewusstseinssymptom des gegenteiligen Sachverhaltes.

Dies Gesetz schliesst, wie man sieht, zwei Bedingungen der Lust in sich. Einmal die Bedingung, dass in der Natur der Seele eine „Bereitschaft“ liege, dem Anspruch, den ein Vorgang an die Auffassungsthätigkeit stellt, zu genügen. Daneben steht die andere Bedingung, dass diese Bereitschaft Gelegenheit finde, aktuell zu werden. Ich stelle hier diese letztere Bedingung in zweite Linie. Man kann sie aber, wenn man will, auch als die erste bezeichnen. Es muss zunächst psychisch etwas geschehen oder erlebt werden, wenn ein Lustgefühl entstehen soll. Es müssen Empfindungen, Wahrnehmungen, Vorstellungen, Gedanken da sein und den Anspruch erheben, aufgefasst, angeeignet, kurz appercipiert zu werden, ehe überhaupt die Frage entstehen kann, wie weit in der Natur der Seele eine „Bereitschaft" besteht, solchem Anspruch zu genügen.

Diese beiden Bedingungen der Lust wirken nun einerseits zusammen, andererseits auch wiederum einander entgegen. Je grösser der Anspruch ist, den ein psychischer Vorgang an die Auffassungsfähigkeit stellt, desto mehr kann die Bereitschaft der Seele, dem Anspruch zu genügen, aktuell werden, desto mehr kann, was in der „Natur der Seele" liegt, sich bethätigen, oder kann diese „Natur der Seele" sich auswirken, sich ausleben, zu ihrem Rechte, zu ihrer Geltung kommen, um so mehr wird also durch die eine der beiden Bedingungen der Lust die andere zur Wirksamkeit gebracht.

Aber dieser Sachverhalt hat auch seine Kehrseite. Die Auffassungsfähigkeit der Seele überhaupt ist begrenzt, und die Bereitschaft den Anspruch zu erfüllen, den bestimmt geartete Vorgänge an diese Auffassungsfähigkeit stellen, geht immer nur bis zu einer gewissen Grösse dieses Anspruches. Darnach erscheint es zugleich als eine Bedingung der Lust, dass der Anspruch, den ein Vorgang an die Auffassungsfähigkeit stellt, nicht zu gross sei.

Umgekehrt, denken wir uns diesen Anspruch gering. Dann müssen wir sagen: Je geringer er ist, um so grösser ist relativ die in der Natur der Seele liegende Bereitschaft, um so leichter also wird dem Anspruch genügt, um so freier „bethätigt sich" die Seele, indem sie ihm genügt.

Damit nun sind zwei einander entgegengesetzte Möglichkeiten gewonnen, wie ein Lustgefühl von bestimmter Intensität entstehen kann. Das eine Mal kommt die „Natur der Seele" und die in ihr liegende Bereitschaft, einem Apperceptionsanspruche zu genügen, voller zu ihrem Rechte; sie bethätigt sich inten-

siver; das andere Mal bethätigt sie sich leichter. In dem
einen Falle ist die eine, im anderen Falle die andere Bedingung
der Lust in höherem Grade erfüllt. Zugleich hat aber das Überwiegen jeder der beiden Bedingungen für die Lust neben der
positiven auch negative Bedeutung. Wird der Anspruch
des Vorganges an die Auffassungsthätigkeit zu gross, dann ist
Gefahr, dass die Grenze der Bereitschaft erreicht werde und damit Lust in Unlust sich verkehre. Tritt dagegen der Anspruch
zurück, und bleibt demnach ein Überschuss an Bereitschaft, dann
wird die Bereitschaft gegenstandslos und damit der Lust der
Boden entzogen.

Quantitätscharakter des Lustgefühls. — Jene
beiden Möglichkeiten sind nun aber nicht nur Möglichkeiten eines
Lustgefühls überhaupt, sondern es entspricht zugleich ihrer Verschiedenheit und Gegensätzlichkeit eine Verschiedenheit und
Gegensätzlichkeit im Charakter der Lust. Dieser Gegensatz ist aber kein anderer, als jener Gegensatz im Quantitätscharakter der Lust, von dem schon die Rede war. In dem Masse,
als die Bereitschaft zur Auffassung eines Gegenstandes in diesem
Gegenstande Gelegenheit findet, aktuell zu werden, je mehr also
die „Bereitschaft" in Anspruch genommen wird, desto mehr gewinnt das Gefühl der Lust den Charakter der Fülle oder des
Inhaltsvollen, des Gewichtigen, des Ernstes, schliesslich der Strenge.
Je mehr dagegen die Bereitschaft überwiegt, also dem Anspruch leicht oder spielend genügt wird, desto mehr verliert
das Gefühl den Charakter der Fülle oder des Inhaltvollen, und gewinnt statt dessen einen Charakter des Leichten, Spielenden,
Freien, Heiteren.

Damit verbindet sich aber zugleich nach oben bereits Gesagtem bei beiden Arten des Lustgefühls eine successive Annähe-
rung an den Punkt, wo die Lust in Unlust sich verwandelt.
Steigert sich jener Anspruch so sehr, dass die Grenze der Bereitschaft der Seele, überhaupt aufzufassen, oder Vorgänge von
solcher Art aufzufassen, erreicht wird, dann schlägt jene ernste
und strenge Lust in Unlust um. Auch diese Unlust hat dann
aber den Charakter des Schweren, Ernsten, Strengen, oder

heftig mich in Anspruch Nehmenden. Steigert sich dagegen dieser Überschuss der Bereitschaft über den Anspruch, verliert also die Bereitschaft mehr und mehr an Gelegenheit sich voll zu bethätigen, dann wird jenes Gefühl der relativ inhaltsleeren Lust zum Gefühl des Armen, Dürftigen, Nichtsbedeutenden, und schliesslich der Öde und Leere. Auch hier vollzieht sich ein Übergang zum Unlustgefühl, aber wiederum zu einem Unlustgefühl von entsprechend eigenartigem Charakter.

Das positive und das negative Quantitätsgefühl, und der positive und negative Quantitätscharakter der Lust- und Unlustgefühle, wurde soeben und wurde schon früher mit allerlei Namen bezeichnet, die nicht durchaus Dasselbe besagen. Dies deutet wiederum auf Unterschiede innerhalb des positiven und auf analoge Unterschiede innerhalb des negativen Quantitätscharakters der Lust und Unlust. Darauf wird zurückzukommen sein.


Lust und Unlust als „Formgefühle". Gesetz der Einheitlichkeit. — Zunächst stellen wir die Frage nach dem genaueren Sinne der Behauptung, dass die in der „Natur der Seele" liegende „Bereitschaft zur Apperception" und ihre Inanspruchnahme das Lustgefühl bedinge.

Bei der Beantwortung dieser Frage unterscheiden wir zwei Fälle dieses Lustgefühles. Wir bezeichnen sie durch die Namen „Elementargefühl" und „Formgefühl". Elementargefühle sind solche Gefühle der Lust oder Unlust, die an einem für unser Bewusstsein keine Mannigfaltigkeit in sich tragenden Bewusstseinsinhalte haften. Dahin gehört die Lust an einer einfachen, sich selbst gleichen Farbe, einem einfachen sich selbst gleichen Ton, einem einfachen Geschmack, Geruch u. s. w. Dagegen nennen wir „Formgefühle" solche Gefühle der Lust oder Unlust, die haften an einem Zusammen, an einem Ganzen aus Elementen, kurz an einer Mannigfaltigkeit. Wir geben ihnen den Namen „Formgefühle", weil die Weise des Zusammen oder die Beziehung der Elemente auf einander die „Form" des Ganzen ausmacht. Im Übrigen könnten die fraglichen Gefühle auch einfach als Mannigfaltigkeitsgefühle bezeichnet werden.

Fassen wir nun zunächst diese „Formgefühle" ins Auge. Bei ihnen kommt in erster Linie e i n e Seite der „Natur der Seele" in Frage. Es liegt, wie schon früher gelegentlich gesagt, in der Natur der Seele die Tendenz, das, was sie zumal auffassen soll, in einen einzigen Akt der Apperception zusammenzuschliessen, oder in eine apperceptive E i n h e i t zu verwandeln. Darnach muss ein Gefühl der Lust entstehen, wenn dasjenige, was auf die Auffassungsthätigkeit Anspruch erhebt, dieser Tendenz ohne Zwang sich fügt, also derselben seiner eigenen Natur zufolge entgegenkommt.

Dieses Entgegenkommen aber kann nun geschehen nach einem doppelten Gesetz, nämlich einerseits dem Gesetz der Association der Ähnlichkeit, andererseits dem Gesetz der Erfahrungsassociation. Jenes nannte ich auch schon das Gesetz der qualitativen Einheitlichkeit. Ich formuliere es hier so: Jede psychische Bethätigung von bestimmter Art schliesst für die Seele die Tendenz in sich, a u c h  i m  Ü b r i g e n  in eben solcher Art sich zu bethätigen. Fassen wir das Gesetz der Ähnlichkeitsassociation speziell als Apperceptionsgesetz, so bestimmt sich diese Regel genauer so: Jede Apperception von bestimmtem Inhalte schliesst die Tendenz in sich, Gleichartiges mit hinzu zu appercipieren, oder in die apperceptive Einheit mit ihm aufzunehmen.

Darnach kommt also Gleichartigkeit oder qualitative Einheitlichkeit eines Mannigfaltigen jener Tendenz der E i n h e i t s a p p e r c e p t i o n  e n t g e g e n. Es ist demnach qualitative Einheitlichkeit Grund der Lust. Das Gesetz der Lust erweist sich hier als ein Gesetz der qualitativen Einheitlichkeit des zumal Appercipierten. Gegenstand der Lust ist, kurz gesagt, das qualitativ Einheitliche.

Analoge Bedeutung wie dies Gesetz der Ähnlichkeitsassociation hat aber für die Lust das Gesetz der Erfahrungsassociation. Dies formulieren wir hier so: Ist ein Mannigfaltiges durch die Erfahrung vereinheitlicht, so weist Eines auf das Andere hin. Darin liegt wiederum eingeschlossen, dass erfahrungsgemässe Zusammengehörigkeit jener Tendenz der Einheitsapperception oder der apperceptiven Vereinheitlichung e n t g e g e n k o m m t. Es ist also auch die erfahrungsgemässe Zusammengehörigkeit, oder wie wir auch sagen können, die erfahrungsgemässe Verständlichkeit dessen,

was zumal der Apperception sich darbietet, Bedingung der Lust
Jede erfahrungsgemässe Verständlichkeit ist ja nichts als Bewusstsein der erfahrungsgemässen Zusammengehörigkeit oder der Zusammengehörigkeit nach Gesetzen der Erfahrung.

Zwei mögliche Gründe der Lust am Mannigfaltigen haben
wir hier kennen gelernt. Auch der Verschiedenheit dieser
Gründe entspricht eine Verschiedenheit der Lust. Doch ist die
Verschiedenheit hier nicht eine Verschiedenheit im Charakter der
Lust, sondern eine Verschiedenheit hinsichtlich dessen, worauf die
Lust im einen und im anderen Falle b e z o g e n erscheint.

Die qualitative Einheitlichkeit oder, wie wir auch sagen
können, die „qualitative Zusammengehörigkeit“, ist begründet in
der Q u a l i t ä t des Einheitlichen und Zusammengehörigen, also in
dem Einheitlichen und Zusammengehörigen s e l b s t. Demgemäss
erscheint auch die Lust an dem qualitativ Einheitlichen b e -
z o g e n  a u f  d i e s  E i n h e i t l i c h e. Sie ist, allgemeiner gesagt,
bezogen auf G e g e n s t ä n d l i c h e s. Dagegen ist die erfahrungsgemässe Zusammengehörigkeit n i c h t in der Qualität des Zusammengehörigen begründet, sondern sie ist begründet in der E r -
f a h r u n g, oder in der Thatsache, d a s s die Erfahrung Dies zu
Jenem  h i n z u g e f ü g t  hat. Demnach ist die Lust an der erfahrungsgemässen Zusammengehörigkeit n i c h t gegenständliche,
d. h. auf Gegenständliches bezogene Lust. Nicht G e g e n s t ä n d e
erscheinen hier erfreulich, sondern nur diese Übereinstimmung
mit der Erfahrung oder ihren Gesetzen.

Dies können wir noch anders ausdrücken. Bezeichnen wir
hier gleich das Lustgefühl als Wertgefühl. Dann ist j e n e s
e r s t e r e „Wertgefühl“ ein Gefühl des Wertes von Gegenständen.
Dagegen ist dies letztere ein Gefühl des Wertes — nicht von
Gegenständen, sondern des Wertes des Abstraktums, „Erfahrungs-
gemässheit“, „erfahrungsgemässe Zusammengehörigkeit“, „erfahrungsgemässe Verständlichkeit“. Dieser letztere Wert ist der
intellektuale Wert. Das intellektuale Wertgefühl oder das
intellektuale Lustgefühl hat also die Eigentümlichkeit, nicht Lust
an Gegenständen zu sein. Diese Eigentümlichkeit haftet der
intellektualen Lust a l l g e m e i n an, und ist eine charakteristische
Eigentümlichkeit derselben. Sie unterscheidet sich dadurch bei-

spielsweise von der ästhetischen und der ethischen Lust oder dem ästhetischen und dem ethischen Wertgefühl, das jederzeit Gefühl des Wertes eines Gegenstandes ist.

Gesetz der Verschiedenheit. — Kehren wir aber zurück zu unserem Gesetz der Lust. Einheitlichkeit, sagte ich, sei Grund des Lustgefühles. Die erste Möglichkeit derselben war die qualitative Einheitlichkeit. Denken wir auch hier zunächst an diese. Ist solche Einheitlichkeit Grund der Lust, so scheint es: Die Lust an einem Mannigfaltigen muss um so grösser sein, je grösser diese qualitative Einheitlichkeit ist. Dies ist aber nicht der Fall. Die grösste qualitative Einheitlichkeit ist die absolute Gleichheit; und ein Mannigfaltiges, dessen Elemente sich völlig gleichen, das schlechthin einförmige oder eintönige Mannigfaltige also, ist relativ lustlos.

Diese Thatsache nun weist uns wieder zurück auf die oben in zweiter Linie aufgestellte Bedingung der Lust, nämlich auf die Bedingung, dass der Gegenstand der Lust die Auffassungsthätigkeit in Anspruch nehme, oder dass er psychische Grösse oder Quantität habe. Diese Quantität ist beherrscht vom „Gesetze der Absorption“: Jedes Element eines Ganzen verliert sich im Ganzen nach Massgabe der Innigkeit der Einheitsbeziehungen, durch welche die Elemente untereinander, also zum Ganzen, verwoben sind. Es „verliert sich“, d. h. es erleidet eine Einbusse an psychischer Grösse oder Quantität oder an Fähigkeit die Auffassungsthätigkeit in Anspruch zu nehmen. Damit mindert sich zugleich relativ die Quantität oder Grösse des Ganzen, das aus den Elementen besteht. Diese Minderung der Quantität oder Grösse des Ganzen ist aber, nach Aussage unseres allgemeinen Gesetzes der Lust, wie es oben formuliert und interpretiert wurde, zugleich eine Minderung der Lust.

Damit erfährt unser Gesetz der qualitativen Einheitlichkeit eine wichtige Modifikation. Es wird zum Gesetz der qualitativen Einheitlichkeit in der Verschiedenheit oder der Verschiedenheit in der qualitativen Einheitlichkeit. Dasselbe besagt: Gegenstand der Lust ist das qualitativ Vereinheitlichte in dem Masse als es zugleich ein in sich Verschiedenes ist. Die Grösse der Lust wächst mit der Grösse der Verschiedenheit — nicht unbedingt und ohne Grenze, aber soweit das Verschiedene zugleich unbeschadet seiner Verschiedenheit als eine qualitative Einheit sich darstellt.

Ein analoges Gesetz gilt auch für die intellektuale Lust. Auch das durch Erfahrungsassociation Vereinheitlichte erleidet Einbusse an psychischer Grösse, Quantität, Eindrucksfähigkeit, demnach an Lustwert, wenn die Vereinheitlichung allzusehr sich steigert. Es besitzt auch hier der mindere Grad der Vereinheitlichung lusterhaltende Kraft. D. h.: Nicht dann entsteht die höchste intellektuale Lust, wenn dasjenige, was ich zusammen finde, genau so, wie es mir jetzt gegeben ist, in der Erfahrung sich zusammenfand und immer wiederum zusammengefunden hat, wenn also das Zusammen eben dieser Elemente mir erfahrungsgemäss absolut geläufig, oder selbstverständlich geworden ist, sondern wenn ich Solches zusammenfinde, das noch nicht in der Erfahrung zusammen gegeben war, aber doch nach Gesetzen der Erfahrung zusammen gehört, also mir verständlich wird; wenn immer Anderes und Anderes den gleichen Gesetzen der Erfahrung untergeordnet oder durch die gleichen Gesetze der Erfahrung zur erfahrungsgemässen Einheit verknüpft ist. In solchen Fällen vereinigt sich eben auch hier Beides: Es wird mir durch das Neue eine Aufgabe, oder es wird an mich ein „Anspruch" gestellt. Ich habe etwas zu leisten, nämlich dasjenige in eine Einheit zusammenzuschliessen, das noch nicht zur Einheit zusammengeschlossen war. Und zugleich vermag ich dies doch ohne Widerspruch, vermöge des Gesetzes, das auf die Vereinheitlichung hinweist.

Lustgesetz der Differenzierung. — Aber auch das Gesetz der Verschiedenheit in der Einheitlichkeit leidet noch an Unbestimmtheit. Es erfährt eine genauere Bestimmung, wenn wir beachten, dass der Tendenz der Einheitsapperception eine entgegengesetzte, darum nicht minder in der Natur der Seele begründete Tendenz gegenübersteht. Es ist dies die Tendenz der „Mehrheitsapperception", d. h. die Tendenz der gesonderten Auffassung des Einzelnen: Es entspricht der Natur der Seele, wo ihr ein Mannigfaltiges gegeben ist, einerseits zwar dies Mannigfaltige in einen einzigen Apperceptionsakt zusammen zu schliessen, andererseits aber zugleich gesonderte Akte der Apperception des Einzelnen zu vollziehen. Es entspricht ihrer Natur dies Beides zu thun in Einem, d. h. es entspricht ihr, angesichts desselben Mannigfaltigen dem einen Akte der das Ganze umfassenden Einheitsapperception unmittelbar ein- und unterzuordnen mehrfache gesonderte Akte der Apperception des Einzelnen. Oder: Es entspricht ihr, den einen, das Ganze umfassenden Apperceptionsakt, unbeschadet seiner Einheit, zugleich in eine Mehrheit gesonderter Akte der Apperception zu gliedern, oder zu differenzieren.

In dieser Tendenz der sich gliedernden oder differenzierenden Einheitsapperception fassen sich die Tendenzen der Einheits- und der Mehrheitsapperception zusammmen. Und damit erst ist die Bedingung der Lust an einem Mannigfaltigen eigentlich bezeichnet. Gegenstand der Lust ist dasjenige Mannigfaltige, das dieser Tendenz der sich gliedernden oder differenzierenden Einheitsapperception entgegenkommt und zur Verwirklichung derselben seiner eigenen Natur zufolge auffordert. Dabei beachte man wohl den Sinn der „Gliederung“ und „Differenzierung“. Sie ist, ich wiederhole, — nicht ein Nebeneinander, sondern ein Ineinander von Einheitlichkeit und gesonderter Apperception. Was also jener Tendenz entgegenkommen und demnach Gegenstand der Lust sein soll, darf nicht in sich einheitlich oder gleichartig und daneben auch verschieden sein, sondern es muss Jenes sein in Diesem oder Dieses in Jenem.

Es liegt aber in dieser Forderung, genauer besehen, ein Dreifaches. Ein Mannigfaltiges ist Grund der Lust in dem Masse, als es erstlich klare und bestimmte Einheitlichkeit aufweist, so dass es mit voller Sicherheit und Selbstverständlichkeit von mir als Einheit aufgefasst werden kann bezw. muss. Das Mannigfaltige ist Grund der Lust in dem Masse, als es zweitens ebenso bestimmt und klar zur Mehrheitsapperception oder zur Apperception des Einzelnen auffordert, in dem Masse also, als es ein in sich klar Geschiedenes ist. Dabei ist zu bemerken: Die klarste Geschiedenheit liegt im Kontrast. Und das Mannigfaltige ist Gegenstand der Lust in dem Masse, als es drittens, seiner eigenen

Natur zufolge, ebenso klar und bestimmt der Forderung entgegenkommt, dass die Akte der Apperception des Einzelnen sich dem
Akte der Einheitsapperception unmittelbar ein- und unterordnen,
d. h. in dem Masse, als die Momente der klaren oder entschiedenen
Geschiedenheit oder Verschiedenheit dem Momente der Einheitlichkeit sich eingliedern, also die Einheitlichkeit einerseits zwar klar und unmittelbar einleuchtende Einheitlichkeit
bleibt, andererseits aber zugleich die Geschiedenheit oder Verschiedenheit in sich trägt und hegt, also unbeschadet ihrer
klaren Einheitlichkeit in sich selbst in eine klar geschiedene
Mehrheit auseinander geht, in eine solche sich gliedert, oder
differenziert.

Diese sich gliedernde oder differenzierende Einheitlichkeit
kann im Einzelnen verschiedene Namen tragen. Sie ist etwa Einheit eines klar heraustretenden Formgesetzes oder Gesetzes der An-
ordnung, des Aneinander oder Aussereinander, der räumlichen oder
zeitlichen Folge der Elemente oder Teile; sie ist Einheit eines
Bildungsgesetzes, z. B. einer geometrischen Figur oder eines Natur-
objektes, oder sie ist Einheit einer beherrschenden Grundform oder
eines beherrschenden Grundzuges; sie ist insbesondere auch Einheit eines Grundrhythmus, oder auch nur einer allgemeinen Grundrhythmik, d. h. einer allgemeinen in dem Mannigfaltigen verwirklichten Weise der psychischen Bewegung; oder sie ist Einheit
eines Gesamtcharakters. Die Differenzierung ist je nachdem klar
geschiedenes oder gegensätzliches Sichverwirklichen jener Grundform oder jenes Grundgesetzes, verschiedene Ausgestaltung jenes
gemeinsamen Bildungsgesetzes, Auseinandergehen jener Grundform
in deutlich geschiedene Einzelbildungen, klar geschiedene Differenzierung jenes Grundrhythmus u. s. w.

Diese in sich differenzierte und demgemäss lustvolle Einheitlichkeit eines Mannigfaltigen hat zum Gegenbild den unlustvollen Widerstreit. Ein solcher besteht, wenn die gegenteiligen
Bedingungen gegeben sind; d. h. wenn angesichts eines Mannigfaltigen — nicht die Tendenz der Einheitsapperception und in
ihr zugleich die Tendenz der Mehrheitsapperception bestimmt
und sicher sich zu befriedigen vermögen, sondern wenn diese
Tendenzen mit einander konkurrieren, also sich wechselseitig hin-

dern oder von einander ablenken, so dass ein Schwanken zwischen beiden stattfindet; wenn ein teilweise Gleiches und teilweise Verschiedenartiges gleich ist und doch auch verschieden, oder verschieden und doch auch wiederum gleich, ohne Scheidung des Gleichen und des Verschiedenen und ohne Differenzierung Jenes durch Dieses, also ohne dass in dem Mannigfaltigen sicher auffassbar heraustritt ein beherrschendes, das Ganze umfassendes, dem gesamten Mannigfaltigen zu Grunde liegendes Gemeinsame, oder Moment der inneren Einheitlichkeit, und andererseits, diesem eingeordnet, und dasselbe differenzierend, das Moment oder die Momente der klaren Geschiedenheit. — Dies aber ist immer der Fall bei der Mannigfaltigkeit ohne Regel, oder Gesetz, ohne beherrschende gemeinsame Grundform oder Grundzüge, ohne durchgehenden Charakter, ohne zusammenfassenden gemeinsamen Grundrhythmus oder gemeinsame Grundrhythmik.

Das hiermit gewonnene Grundgesetz der Lust und Unlust eines Mannigfaltigem im Einzelnen durchzuführen, ist hier nicht der Ort. Ich versuche eine solche Durchführung in dem ersten Teil einer Ästhetik, den ich in Bälde zu veröffentlichen denke.

Nur auf einen ausgezeichneten Fall dieses Grundgesetzes sei mit einem Worte hingewiesen. Derselbe liegt vor im Gefühl der Lust an der Konsonanz von Tönen. Diese fügt sich besonders klar und einfach dem aufgestellten Princip. Die physikalischen Schwingungsfolgen, die den konsonanten Tönen zu Grunde liegen, haben einen Grundrhythmus gemein. Diesen Sachverhalt nun müssen wir übertragen auf die Tonempfindungen, d. h. die psychischen, oder wenn man lieber will, centralen Vorgänge, die den Empfindungsinhalten, Töne genannt, zu Grunde liegen. Dieser Grundrhythmus ist um so mehr herrschender Bestandteil der konsonanten Töne und in ihnen um so einfacher und klarer differenziert, je enger die Konsonanzbeziehung, oder die musikalische Verwandtschaft der Töne ist. Eben daraus ergibt sich der Eindruck der Konsonanz. Im Übrigen verweise ich hiefür auf den Aufsatz „Zur Theorie der Melodie“ in der Zeitschrift für Psychologie.

Dass Verschiedenheit des zugleich Einheitlichen Bedingung der Lust ist, hindert nicht, dass sie an sich, sofern sie der Tendenz der Einheitsapperception zuwiderläuft, Grund der Unlust ist. Umgekehrt hindert der letztere Umstand nicht, dass sie innerhalb des Einheitlichen als Bedingung der Lust erscheint. Sie wirkt, so sahen wir, der „Absorption" oder dem „Sichverlieren" des Einheitlichen entgegen und wirkt damit luststeigernd. Sie thut dies innerhalb gewisser Grenzen, d. h. so lange die Unterordnung unter dies Moment der Einheitlichkeit gewahrt bleibt. Je mehr sie an sich selbst Bedeutung gewinnt und damit die Einheitlichkeit des Mannigfaltigen zerstört, nähert sie sich dem unlustvollen Widerstreit. Ein einfaches Beispiel ist die musikalische Dissonanz.

Aber auch der ausgesprochene und an sich unlustvolle Widerstreit kann, so lange er einer beherrschenden Einheit sich ein- und unterordnet, der Erhöhung der Lust dienen. Auch dafür sind die Dissonanzen, die in einen im Übrigen musikalisch einheitlichen Zusammenhang sich einfügen, das einfachste Beispiel. Zugleich vollzieht sich aber damit wiederum eine Änderung im Charakter der Lust. Auch darauf komme ich nachher zurück.

Lustgefühle als Elementargefühle. — Von den „Formgefühlen" ist im Vorstehenden die Rede gewesen. Das Ergebnis lässt sich in allgemeinster Form so ausdrücken: Wir haben gesehen, wie bei diesen Formgefühlen das allgemeinste Gesetz der Lust sich bewährt, d. h. das Gesetz, dass Lust entsteht in dem Masse, als in der Natur der Seele günstige Bedingungen liegen für die Apperception der psychischen Vorgänge, oder als die zu appercipierenden Vorgänge den in der Natur der Seele liegenden Bedingungen der Apperception ihrer eigenen Natur zufolge entgegenkommen.

Gilt nun aber dies allgemeinste Gesetz der Lust für die Formgefühle, dann muss es nicht minder gelten für die Elementargefühle d. h. für die Lust und Unlust an einfachen Empfindungen. Freilich vermögen wir hier die „Natur der Seele" nicht in gleich unmittelbar konstatierbaren allgemeinen Gesetzen zum Ausdruck zu bringen. Aber die Erfahrung zeigt uns auch hier vollkommen deutlich die „günstigen Bedingungen", die diese „Natur der Seele" der Apperception des Lustvollen gewährt. Sie zeigt deutlich die

natürliche „Bereitschaft" der Seele, der lustvollen einfachen
Empfindung appercipierend sich zuzuwenden, oder dem Anspruch,
den sie an die apperceptive Thätigkeit stellt, zu genügen. So
bin ich etwa natürlicherweise bereit oder geneigt, der schönen
Farbe oder dem schönen Klang mich innerlich zuzuwenden und
dabei zu verweilen.

Diesen Sachverhalt kann man freilich missverstehen. Auf
die Frage, warum ich zu dieser Zuwendung geneigt sei, kann ich
antworten: Nun eben, weil der Ton und die Farbe schön, d. h.
lustvoll sind. Und dies nun kann man so nehmen, und scheinen
Einige thatsächlich so zu nehmen, als wäre dies Lustgefühl
die Ursache der Zuwendung. Dies würde heissen, es sei zuerst ein Gefühl der Lust an den Farben oder Tönen in mir vor-
handen und dies Lustgefühl ziehe dann die Zuwendung oder die
Apperception nach sich. Aber damit wäre offenbar die Sache auf
den Kopf gestellt.

Ich werde etwa von einer einschmeichelnden Melodie, die ich
gehört habe, verfolgt, ich bin also immer wieder geneigt, mich
ihr zuzuwenden. Auch hier kann ich sagen: Ich bin zu solcher
Zuwendung geneigt, weil die Melodie einschmeichelnd d. h. lustvoll ist. In diesem Falle ist aber völlig deutlich, wie die Sache
liegt. Die Melodie ist von Zeit zu Zeit wiederum da, und wenn
sie da ist, dann erlebe ich auch das Einschmeichelnde, d. h. den
eigentümlichen Lustcharakter derselben. Ich fühle nicht etwa
erst eine eigentümliche Lust und erlebe dann, dass die zu diesem
Lustgefühl gehörige Melodie sich mir aufdrängt. — Und so wie
hier verhält es sich in allen sonstigen Fällen der apperceptiven
Zuwendung zu einem Lustvollen.

Der Sinn des Satzes, dass ich einem Gegenstande mich zuwende,
weil er lustvoll ist, kann darnach in Wahrheit nur der sein: Ich
wende mich dem Gegenstande zu, weil es in seiner Natur liegt
mir als lustvoll zu erscheinen, wenn ich ihm zugewendet bin.
Mit anderen Worten, meine Zuwendung ist bedingt durch eben
dasjenige, was auch den Gegenstand lustvoll macht, d. h. was den
Grund des ihn begleitenden Lustgefühls ausmacht. Und dies
können wir auch umkehren: Grund der Lust ist nichts Anderes

als Dasjenige, was auch die Zuwendung oder die Geneigtheit zur Zuwendung bedingt.

Was nun aber meine Zuwendung bedingt, ist, ganz allgemein gesagt, eine in meiner Natur liegende, im Übrigen nicht näher definierbare „Bereitschaft", einem solchen Gegenstande mich zuzuwenden. Es ist dies, dass die Auffassung solcher Gegenstände einem „Bedürfnis" meiner Natur entspricht, dass ich auf die Apperception solcher Gegenstände adaptiert, abgestimmt bin, dass dieselbe meiner Organisation, Verfassung, kurz meiner „Natur" gemäss ist, dass in der Auffassung solcher Gegenstände mein Wesen, oder eine Eigenart desselben in besonderem Masse sich bethätigt, zu ihrem Rechte, zur Geltung, zur Aussprache gelangt, sich auswirken oder ausleben kann; so etwa, wie die Eigenart einer Saite, ihre Struktur und Spannung, in besonderer Weise oder in besonderem Sinne sich bethätigt, zur Geltung oder zum Rechte gelangt in den Schwingungen oder den Bewegungsweisen, auf welche sie abgestimmt ist.

Und eben dieser Sachverhalt ist es nun zugleich, der das Gefühl der Lust bedingt. Das Gefühl der Lust ist das unmittelbare Bewusstseinssymptom desselben.

Achten wir aber auch noch auf besondere Thatsachen. Der musikalisch Begabte hat an Tönen höhere Lust. Nun ist die musikalische Begabung zweifellos, was sie auch im Übrigen sein mag, eine Eigenart des musikalischen Individuums, eine Eigentümlichkeit seiner seelischen Organisation oder „Natur". Und diese gibt sich kund einmal in der energischeren oder begierigeren Auffassung oder Erfassung von Tönen. Musikalische Begabung ist eine in der seelischen Natur des Individuums liegende, im Übrigen nicht näher definierbare Bereitschaft zur Auffassung von Tönen. Und diesem Sachverhalt entspricht zugleich das stärkere Lustgefühl, der stärkere musikalische Genuss. Hier ist der Zusammenhang jedermann deutlich. Das stärkere Lustgefühl hat in eben jener Bereitschaft oder jener in der Natur des Musikalischen liegenden besonderen Adaptiertheit oder Abgestimmtheit für Tonerlebnisse, die in der energischeren Auffassung der Töne sich kundgibt, seinen Grund. — Diesem Beispiele liessen allerlei verwandte sich hinzufügen.

**Rückführung der Elementar- auf Formgefühle.** — Schliesslich kann man aber sich doch versucht fühlen, auch bei solchen Elementargefühlen die „Natur der Seele" näher zu bestimmen. Dies kann man aber nicht anders als so, dass man der Anweisung folgt, die in den Bedingungen der Formgefühle gegeben ist. Man wird aber dieser Anweisung um so eher folgen, als auch gewisse Elementargefühle unmittelbar auf dieselbe Spur weisen. **Klänge sind für die Empfindung etwas Einfaches.** Aber was hier den einfachen Empfindungsinhalten zu Grunde liegt, ist ein System von Tönen. Und Klänge sind **wohlgefällig**, weil, und in dem Masse als dies System ein qualitativ einheitliches, und doch zugleich in sich mehr oder minder reich differenziertes ist.

Und **Töne**, d. h. die den „Tönen", diesen Bewusstseinsinhalten, zu Grunde liegenden psychischen **Vorgänge**, sind unserer Auffassung zufolge ein rhythmisches Geschehen, und zwar wiederum ein qualitativ einheitliches, und, wie dies im Begriffe des rhythmischen Geschehens liegt, zugleich differenziertes.

Und von da aus nun werden wir weiter gehen müssen. Jede Empfindung, d. h. jeder Empfindungsvorgang, muss aufgefasst werden als ein „**Geschehen**", im Sinne eines **Wechsels** von **Zuständlichkeiten**. Und dies „Geschehen" hat notwendig seine bestimmte Ablaufsweise oder „Rhythmik". Und diese Rhythmik nun kann eine mehr oder minder qualitativ einheitliche sein, in sich regel- oder gesetzmässig, oder der Regelmässigkeit oder Gesetzmässigkeit ermangelnd. Jenachdem wird die Empfindung lustvoll oder unlustvoll sein. Zugleich kann mit der qualitativen Einheitlichkeit eine mehr oder minder reiche Differenziertheit sich verbinden. In diesem Reichtum der Differenzierung muss das Lustgefühl bis zu gewisser Grenze, d. h. solange die Einheitlichkeit genügend gewahrt bleibt, sich steigern. Umgekehrt muss eine Empfindung um so weniger lustvoll sein, je einförmiger und undifferenzierter die qualitative Einheitlichkeit in ihr bleibt. Dies Letztere wird der Fall sein bei den Empfindungen, die wir als gleichgiltige oder indifferente bezeichnen. Indifferente Empfindungen wären darnach nichts Anderes als undifferenzierte oder wenig differenzierte psychische Vorgänge, Erregungen, Bewegungen.

Hiefür verweise ich auf meinen Aufsatz über die „Quantität in psychischen Gesamtvorgängen" in den Sitzungsberichten der Münchener Akademie 1899.

Qualitative Unterschiede der Lust- und Unlustgefühle. — Sind Empfindungsvorgänge reicher differenziert als andere, so ist nicht nur die Lust grösser, sondern sie ist auch Lust anderer Art. Und sie muss auch Lust anderer und anderer Art sein, je nach der Weise, wie sie differenziert sind. Diese Weise der Differenziertheit wird aber nicht bei allen Empfindungsvorgängen dieselbe sein. Jeder Empfindungsvorgang wird sozusagen seine eigenartige innere Struktur haben. Dann muss das Gefühl der Lust, das Empfindungsvorgänge begleitet, ein anderes und immer anderes sein.

Hiemit nun kommen wir zurück auf die qualitativen Unterschiede innerhalb der Lust- und der Unlustgefühle. Alle Modifikationen des Lust- und des Unlustgefühls überhaupt lassen sich zurückführen auf einen verschiedenartigen Quantitätscharakter dieses Gefühls.

In erster Linie erwähne ich hier von Neuem den freudigen und unangenehmen Schreck, die freudige und unangenehme Überraschung, das freudige und unangenehme Erstaunen. Schreck, Überraschung, Erstaunen sind, wie schon gesagt, Quantitätsgefühle. Zugleich sind sie qualitativ eigenartige Quantitätsgefühle. Und sie sind Lust- und Unlustgefühle. Dabei steht das „Quantitätsgefühl" in dem Gesamtgefühle, das ich als freudigen und unangenehmen Schreck u. s. w. bezeichne, nicht neben Lust und Unlust, sondern es macht aus Lust und Unlust ein eigenartiges Gefühl, in welchem mit dem Lust- und Unlustcharakter dieser Quantitätscharakter sich verbindet.

Den bezeichneten Gefühlen nächstverwandt ist das gesteigerte Lust- und das gesteigerte Unlustgefühl am Neuen, der positive und negative „Reiz der Neuheit". Auch hiebei ist das Gefühl der Lust durch die Neuheit nicht bloss gesteigert, sondern es ist zu einem eigenartig neuen Lustgefühl geworden, nämlich zu eben dem Jedermann bekannten Gefühl, das entsteht, wenn etwas Erfreuliches oder Unerfreuliches mir neu ist, wenn demgemäss die Lust oder Unlust noch nicht durch die Gewohntheit ihres Gegenstandes den Reiz, bezw. den Stachel verloren hat.

Von diesen bereits erwähnten Beispielen eines eigenartigen Quantitätscharakters des Gefühls gehen wir nun aber zu einer Gruppe weiterer Fälle, in welchen dieser Quantitätscharakter anders und immer wiederum anders bestimmt erscheint. Von der Art, wie ich beim Schreck, bei der Überraschung, dem Erstaunen und weiterhin im Gefühl der Neuheit mich „in Anspruch genommen" fühle, ist charakteristisch verschieden das Intensitätsgefühl, d. h. das Gefühl der eigentümlichen Eindringlichkeit oder Aufdringlichkeit, das ich habe angesichts der mehr oder minder i n t e n s i v e n Empfindungen. Dies Intensitätsgefühl ist ein besonderes G e f ü h l oder ein besonderer Gefühls c h a r a k t e r, und, sofern die Empfindung zugleich Gegenstand der Lust oder Unlust ist, ein besonderer Charakter des Lust- und Unlustgefühls. Derselbe darf insbesondere nicht verwechselt werden mit der Intensität der Lust bezw. Unlust. Ein Beispiel dieses „Intensitätsgefühls" ist das eigentümliche Gefühl, das ich habe gegenüber lauten, andererseits gegenüber leisen Klängen. Wir können hier sprechen einerseits von einem positiven, andererseits von einem negativen Intensitätsgefühl oder Intensitätscharakter des Gefühls.

Aber wie es bei T o n e m p f i n d u n g e n noch andere Qualitätsgegensätze gibt als den der Lautheit und Leisheit, so gibt es auch in den Gefühlen, die wir Tönen gegenüber haben, noch andere Gefühlsgegensätze, als den Gegensatz des positiven und des negativen Intensitätsgefühls oder Intensitätscharakters des Gefühls. Wir nennen gewisse Töne t i e f; andere Sprachen nennen sie s c h w e r. Einige Psychologen interpretieren dies so, dass sie versichern, Töne haben räumliche Qualitäten; und tiefe Töne insbesondere seien ausgezeichnet durch eine grössere räumliche Breite, Voluminosität, „bigness", oder wie sonst die Ausdrücke lauten mögen. In Wahrheit ist diese Breite, Voluminosität u. s. w. nicht eine Eigenschaft der Töne, sondern eine Weise, wie Töne mich a n m u t e n. Ich habe tiefen Tönen gegenüber ein G e f ü h l der Breite, d. h. ein Gefühl, wie ich es sonst dem Breiten, dem räumlich Grossen, der Masse gegenüber zu haben p f l e g e.

Gleichzeitig habe ich aber tiefen Tönen gegenüber noch ein anderes Gefühl, nämlich ein Gefühl der Ruhe oder des Langsamen, d. h. wiederum ein Gefühl, wie von etwas Ruhigem, oder Langsamem, demgemäss mich innerlich nicht unruhig, lebhaft, sondern ruhig Erregenden, in mir langsame „Schwingungen" Erzeugenden. Dagegen muten mich, im Gegensatz dazu, hohe Töne an, wie etwas Spitzes, Dünnes; zugleich andererseits wie etwas Rasches und entsprechend rasch auf mich Einwirkendes und in mir sich Abspielendes.

Nehmen wir diese beiden Gegensätze im Gefühlscharakter der Töne zusammen, so können wir auch sagen: Der tiefe Ton erscheint im Vergleich zum hohen gleichzeitig in entgegengesetzter Weise quantitativ bestimmt, d. h. gleichzeitig als ein Mehr und als ein Minder. Er scheint mir mehr als der hohe Ton hinsichtlich des Volumens und zugleich weniger hinsichtlich seiner Raschheit, seines „Rhythmus" oder seines „Tempos", seiner Lebhaftigkeit oder Lebendigkeit. Es erscheint mir umgekehrt der hohe Ton im Vergleich mit dem tiefen zugleich als ein Minder und als ein Mehr, nämlich als ein Minder oder ein Weniger hinsichtlich seines Volumens und als ein Mehr hinsichtlich seiner Raschheit. Von allem dem nun liegt in den Empfindungsinhalten, Töne genannt, nichts. Beide Gegensätze können also nichts sein als Gegensätze des begleitenden Gefühls.

Dieser gleiche Gefühlsgegensatz findet sich aber auch sonst. Es gibt auch schwerere, massenhaftere und andererseits dünnere, leichtere, körperlosere Farben, und es gibt Farben, die uns ruhig oder wie etwas langsam auf uns Eindringendes anmuten, und andererseits Farben von einem Gefühlscharakter der Raschheit. Jene Farben nennen wir gleichfalls tiefe, diese vergleichen wir mit hohen Tönen.

Vor allem begegnen wir endlich diesem Gefühlsgegensatz auf dem Gebiete des räumlich Ausgebreiteten und in der Zeit sich Folgenden. Das räumlich Breite, sichtbar Massenhafte mutet uns anders an, als das Dünne, Spitze, und das, was langsam sich abspielt, anders als das Rasche. Von daher aber sind überhaupt die Namen für die fraglichen Gefühlsgegensätze genommen. D. h. dass wir Tönen oder Farben gegenüber ein Gefühl des „Breiten" und „Ruhigen", andererseits des „Spitzen" und „Raschen" haben, dies heisst gar nichts Anderes als: Wir haben ihnen gegenüber ein Gefühl, so wie wir es kennen aus der Wirkung, die das räumliche und zeitliche Grosse und Kleine, Ausgebreitete und minder Ausgebreitete, Breite und Dünne, Voluminöse und des Volumens entbehrende, bezw. das räumlich und zeitlich Langsame und Rasche auf uns übt. Wir dürfen insbesondere sagen, tiefe Töne muten uns an, wie wenn breite Wellen langsam, hohe Töne, wie wenn kurze rasch sich heben und senken.

Für diese Gleichartigkeit des Gefühles müssen wir aber nun auch einen gleichartigen Grund vermuten. Diesen finden wir bei Tönen unmittelbar in dem Rhythmus der Tonempfindungsvorgänge, von dem wir schon oben annahmen, und aus mehrfachen sonstigen Gründen annehmen müssen, dass er dem Rhythmus der entsprechenden physikalischen Schwingungen analog sei. Und dieser letztere bestimmt sich ja bei tiefen Tönen als langsames Entstehen und Vergehen und Sichfolgen breiter, bei hohen als rasches Entstehen und Vergehen und Sichfolgen kurzer Wellen. Ich sage, wir müssen eine Korrespondenz zwischen dem „Rhythmus" der Tonempfindungsvorgänge und dem Rhythmus der physikalischen Schwingungen aus sonstigen Gründen annehmen. Umgekehrt dient dieser Gefühlsgegensatz, den wir angesichts der tiefen und der hohen Töne erleben, jenen Gründen zur wertvollen Unterstützung.

Wiederum anders geartet ist der Gefühlsgegensatz des Leeren und des Vollen, oder des Inhaltsarmen und des Inhaltsreichen, den wir — nicht einfachen Tönen, wohl aber Klängen gegenüber haben. Auch hier sind mit dem „Leeren" und „Vollen" keine Beschaffenheiten der Empfindungsinhalte bezeichnet, die wir Klänge nennen. Der Klang ist ein absolut einfacher Empfindungsinhalt. Es ist in ihm, solange er nicht analysiert, d. h. für das Bewusstsein in eine Menge von Tönen verwandelt ist, für das Bewusstsein nichts enthalten, das den Namen der Fülle oder des Reichtums verdiente.

Zugleich brauchen wir hier gar nicht zu vermuten, sondern wir wissen mit Sicherheit, dass die psychischen Vorgänge, die den Bewusstseinsinhalten, Klänge genannt, zu Grunde liegen, allerdings das eine Mal einen Reichtum, das andere Mal eine Armut in sich schliessen, nämlich einen Reichtum, bezw. eine Armut an Teiltönen. Darum bezeichnen wir doch die fraglichen Gefühle nicht etwa um dieser Thatsache willen als Gefühle des Reichtums und der Armut, der Fülle und der Leere, sondern wir benennen auch hier die Gefühle mit diesen Namen, weil sie gleichartig sind den Gefühlen, die wir sonst dem unmittelbar sichtbar oder hörbar Reichen, oder Mannigfaltigen, bezw. dem unmittelbar sichtbar oder hörbar Armen, Leeren, Einfachen gegenüber haben.

Wie man weiss, können aber die Teiltöne des Klanges nicht nur jetzt zahlreicher, jetzt weniger zahlreich sein, sondern sie können zugleich zu einander konsonanter oder minder konsonant sein, in einfacherer Weise zusammenstimmend, oder in höherem Grade zu einander gegensätzlich. Solche Dissonanz oder Gegensätzlichkeit ist, wie schon oben gesagt, an sich ein Grund der Unlust, aber wie wir gleichfalls schon sahen, dieser Grund der Unlust steigert innerhalb gewisser Grenzen, d. h. solange das Moment der Dissonanz dem Moment der qualitativen Einheitlichkeit in genügendem Grade sich unterordnet, das Gefühl der Lust. Zugleich aber verleiht es dem Lustgefühl wiederum einen eigentümlichen Charakter. Diesen Charakter bezeichnen wir als einen Charakter des in höherem Grade „Reizvollen", des „Interessanten", des „Gewürzten".

Hiemit ist zugleich eine allgemeine Regel bezeichnet: Gegensätzlichkeit, Widerstreit, kurz Bedingungen der Unlust, die der Einstimmigkeit, oder Einheitlichkeit, kurz den Bedingungen der Lust in genügendem Masse ein- und untergeordnet erscheinen, steigern die Lust, geben ihr aber zugleich einen besonderen Charakter.

Dieser Charakter differenziert sich aber wiederum je nach der Beschaffenheit der Bedingungen der Lust und der Unlust, oder nach dem Gefühlscharakter, welchen diese Lust oder Unlust für sich haben würde, und je nach dem Grade und der Art, wie die Bedingungen der Unlust den Bedingungen der Lust ein- und untergeordnet sind, in der mannigfachsten Weise. Jenachdem haben wir dann auch für das von dem Momente der Unlust durchsetzte

Lustgefühl andere und andere Namen. Das Gefühl des Interessanten, des Reizvollen, wird zum Gefühle des Pikanten. Das Gefühl des Gewürzten wird zum Gefühle des Gepfefferten und Gesalzenen. Es verwandelt sich schliesslich in das Lustgefühl am Perversen, Dekadenten, Angefaulten, Quälerischen, und findet in der wahnsinnigen Lust an der physischen und moralischen Selbstzerfleischung seine äusserste Grenze. Je mehr wir für die Bedingungen der Unlust stumpf geworden sind, weil wir krank sind, nicht mehr mit natürlicher Lebhaftigkeit dagegen zu reagieren vermögen, desto mehr kann eine von stärksten Unlustmomenten durchsetzte Lust noch wirkliche Lust sein. Für den Gesunden ist sie in Gefahr, in Entsetzen oder Ekel umzuschlagen.

Endlich muss nun aber vor allem dies betont werden: Es gibt in der Lust auch eine Dimension der Tiefe. Damit verlassen wir zugleich das Gebiet der sinnlichen Lust durchaus. Mag die Lust, die eine sinnliche Empfindung weckt, eine noch so intensive sein, so haftet an ihr doch, ohne alle Reflexion, also unmittelbar indem ich das Gefühl erlebe, dies, dass sie sozusagen auf der Oberfläche zu bleiben, oder nur Oberfläche zu haben scheint. Es fehlt ihr jene eigentümliche Grösse, die wir eben als Tiefe, vielleicht auch als Würde oder Weihe bezeichnen; es fehlt ihr, kurz gesagt, das, was allemal den ästhetischen Genuss und die sittliche Freude, etwa an einer edlen That, auszeichnet.

Es fehlt ebenso dem Gefühl der sinnlichen Unannehmlichkeit, auch wenn es, wie etwa dem heftigen körperlichen Schmerz gegenüber, die grösste Höhe gewinnt, das, was beispielsweise das Gefühl der Trauer, des seelischen Schmerzes, der sittlichen Empörung charakterisiert. Diese Gefühle scheinen aus grösserer Tiefe, nämlich einer grösseren Tiefe unserer Persönlichkeit emporzutauchen, oder in grössere Tiefe der Persönlichkeit hinabzureichen.

Dieser Interpretation der Eigentümlichkeit solcher Gefühle entspricht aber der wirkliche Sachverhalt. Dort, bei den sinnlichen Gefühlen, bin ich sozusagen in einem Punkte an der Oberfläche der Seele getroffen. Hier ist mehr oder minder die Persönlichkeit in ihrer ganzen Breite und Tiefe erfasst und in Mitleidenschaft gezogen.

Im Vorstehenden sind gewisse charakteristische Eigentümlichkeiten von Gefühlen der Lust und Unlust herausgehoben. Damit meine ich doch nicht etwa alle qualitativen Unterschiede der Lust- und Unlustgefühle bezeichnet zu haben. Schliesslich muss jedes neue Erlebnis mich anders affizieren. Es ist selbst ein Anderes, oder es findet in mir, der anderen Zuständlichkeit meiner Persönlichkeit entsprechend, eine andere Resonanz. Da ich in Wahrheit in k e i n e m Momente meines Lebens vollkommen derselbe bin, wie in irgend einem anderen, sondern die Gesamtverfassungen oder Zuständlichkeiten meiner Person von Moment zu Moment wechseln, so darf ich sagen: Auch d a s s e l b e Erlebnis ist in mir nicht zweimal von demselben Gefühl begleitet. Und erst recht muss das Gefühl verschiedener Menschen demselben Erlebnis gegenüber so sich unterscheiden, wie die beiden Menschen sich voneinander unterscheiden. So wäre es schliesslich ein Wunder, wenn überhaupt jemals in der Welt ein bestimmt geartetes Gefühl absolut gleichartig wiederkehrte.

------

## VIII. Kapitel.

### Arten der Gefühlsbeziehung.

G e g e n s t a n d s w e r t g e f ü h l e und i n t e l l e k t u a l e Wertg e f ü h l e. — Die Gefühle, die ich im Obigen zuletzt im Auge hatte, waren Gegenstandsgefühle, d. h. auf Gegenständliches bezogene Gefühle und speziell Lust- und Unlustgefühle. Fassen wir wiederum, wie schon oben, die Lust- und Unlustgefühle unter dem Namen der „Wertgefühle" zusammen, und nennen die Gefühle der Lust positive, die Gefühle der Unlust negative Wertgefühle. Dann waren die Gefühle, die wir oben zuletzt besprachen, „Gegenstandswertgefühle". Dabei sind, wie bereits gesagt, unter Gegenstandswertgefühlen solche verstanden, die unmittelbar auf Gegenstände, also auf Wahrgenommenes, Vorgestelltes, Gedachtes bezogen sind.

Davon haben wir schon unterschieden die intellektualen Gefühle. Neben diese stellen wir aber jetzt noch zwei Gattungen von Gefühlen: Die „psychologischen Wertgefühle" und die „Selbstwertgefühle".

Die intellektualen Wertgefühle, die uns früher begegneten, waren Gefühle des Wertes der empirischen Zusammengehörigkeit oder der Verständlichkeit nach Gesetzen der Erfahrung. Der Lust an dieser empirischen Verständlichkeit steht aber gleich die Lust an jeder sonstigen Art des Verstehens, etwa am mathematischen Verständnis. Andererseits ist Gegenstand der intellektualen Lust jedes gewisse Wissen, auch wenn es nicht ein Verstehen in sich begreift. Eine Frage entscheide sich oder ein Widerstreit entgegengesetzter Möglichkeiten oder entgegengesetzter „objektiver Tendenzen" werde gelöst. Damit ist eine Bedingung der Lust gegeben. Dies hindert nicht, dass die Unlust an der Thatsache, von der ich weiss, die Lust am Wissen aufheben kann. Solches Gefühl der Lust am Wissen muss um so ausgesprochener sein, je dringender die Frage oder je grösser das intellektuelle Interesse am Wissen ist, d. h. je mehr das Wissen für den Zusammenhang meines Wissens austrägt oder verschlägt, je mehr Beziehungen also zwischen dem Gegenstand eines Wissens und meinem sonstigen Wissen obwalten.

Aber auch das Bewusstsein der blossen Möglichkeit oder der Wahrscheinlichkeit, wenn darunter nicht das Schwanken zwischen Möglichkeiten verstanden wird, sondern die klar erkannte Möglichkeit, dass etwas sei und auch nicht sei, so sei und auch nicht so sei, also die Möglichkeit, in welcher die entgegengesetzten objektiven Tendenzen sich ausgleichen, ist ein Wissen und kann Gegenstand des Lustgefühls sein. Dagegen ist Gegenstand der Unlust, oder ist ein „negatives intellektuales Wertgefühl", jedes Gefühl des ungelösten Zweifels und des bestehen bleibenden Widerspruchs.

Dies alles entspricht jenem Grundprinzip der Lust, dass Lust entstehe aus der Übereinstimmung eines Gegenstandes mit den

in der Natur der Seele liegenden Bedingungen der Auffassung.
Die gleichzeitig bestehende Forderung der Bejahung und der Verneinung Eines und Desselben widerspricht der Natur der
Seele unbedingt. Dagegen entspricht die Übereinstimmung des
denkenden Geistes mit sich selbst, wie sie in jeder Entscheidung
einer Frage gegeben ist, einer unbedingten Forderung derselben.

Die hier bezeichneten Gefühle sind intellektuale Gefühle,
jedesmal genau so weit sie — nicht auf einen Gegenstand bezogen, sondern nur Gefühle sind der Lust am Wissen oder am
Erkennen, bezw. der Unlust am Nichtwissen und Nichterkennen,
so weit also die Beschaffenheit des Gewussten oder Erkannten
ganz und gar ausser Frage bleibt.

Psychologische Gefühle. Erste Gattung. — Die
intellektualen Wertgefühle könnten mit einem allgemeineren Namen
auch bezeichnet werden als „Beziehungsgefühle". Sie sind solche,
sofern sich in ihnen kund gibt die Beziehung der Gegenstände
zu meinem Erkenntnisvermögen, ihre Bedeutung für meinen
Verstand, ihr Wert für den erkennenden Geist. Zu diesen
Beziehungsgefühlen wären dann aber noch weitere Gefühle zu
rechnen. Ich meine diejenigen, denen ich schon oben den Namen
der spezifisch „psychologischen Gefühle" gegeben habe. Diese
sagen, wie Gegenstände sich verhalten, oder was sie bedeuten
nicht für das Erkennen, also das objektive Vorstellen, sondern für
den seiner associativen Gesetzmässigkeit überlassenen Vorstellungsverlauf. Solche psychologische Gefühle sind zunächst die schon
erwähnten Gefühle der Überraschung, des Schreckes, des Erstaunens, andererseits der Bekanntheit und Neuheit. Auch die
Gefühle der Befriedigung des Strebens, einer Erwartung, eines
Besinnens, und die diesen entgegenstehenden Gefühle der Enttäuschung der Erwartung, der Missbefriedigung. Auch von diesen
war schon die Rede. Sie sind spezifisch psychologische Wertgefühle, sofern sie einen Lust- oder Unlustcharakter haben.
Die Bedingungen für die Gefühle der Bekanntheit und der „Befriedigung" sind aber jederzeit, und völlig abgesehen vom
positiven oder negativen Werte des Gegenstandes, der mir
bekannt erscheint, oder in dessen Auftreten das Streben sich „be-

friedigt", zugleich Bedingungen eines Lustgefühles. Das Bekannte ist ja für mich ein Bekanntes, weil seine Wahrnehmung die Disposition zu einem gleichartigen psychischen Vorgang in mir lebendig macht und diese Disposition die Apperception des Bekannten erleichtert. Und die Befriedigung der Erwartung ist das Eintreten dessen, was durch die Erwartung „vorbereitet" ist, oder auf dessen Apperception die Erwartung hinwirkt. Und Gleichartiges gilt von der Befriedigung des Besinnens und jedes Strebens überhaupt.

Dies schliesst doch, wie schon gesagt, nicht aus, dass im einzelnen Falle die Bekanntheit oder die Befriedigung Gegenstand eines ausgeprägten Unlustgefühls ist. Es ist notwendig so, wenn ich in dem Bekannten ein mir Unangenehmes wiederum antreffe, oder wenn dasjenige, worauf die Erwartung oder das Besinnen gerichtet ist, an sich ein Gegenstand der Unlust ist.

Umgekehrt sind die Bedingungen des Schrecks, der Überraschung, der Enttäuschung, an sich Bedingungen der Unlust. Dies hindert doch wiederum nicht, dass Schreck und Überraschung freudiger Schreck bezw. freudige Überraschung sein können, und die Enttäuschung als angenehme Enttäuschung sich erweisen kann. Auch hier kann eben durch die Lust am Gegenstande die Unlust an der Störung, Hemmung, Durchkreuzung des naturgemässen Vorstellungsablaufes, aus welcher die fraglichen Gefühle sich ergeben, in ihr Gegenteil verkehrt werden.

Dem Gefühle der Befriedigung stellte ich soeben gegenüber das Gefühl der Enttäuschung. Aber es steht jenem Gefühl ausserdem eine Zweizahl von Gefühlen gegenüber, die wiederum zu einander in Gegensatz stehen; nämlich einmal das Gefühl des unbefriedigten Verlangens, zum anderen das Gefühl des Überdrusses. Beide sind Unlustgefühle, aber beide sind wiederum nicht gegenständliche Unlustgefühle. Das erstere ist das Gefühl der Unlust an der Thatsache, dass das Erwartete oder der Gegenstand des Strebens, der in sich selbst höchst wertvoll sein kann, nicht sich einstellt oder noch nicht sich eingestellt hat. Es ist das Gefühl des Gegensatzes zwischen der Erwartung oder dem Streben und dem thatsächlichen psychischen Erleben. Es ist das Unlustgefühl der ungelösten Spannung, nämlich der Ungelöstheit der

Spannung, von der wir sagten, dass sie in jedem Gefühl des Strebens mehr oder minder enthalten liege.

Dagegen entsteht das Gefühl des Überdrusses, wenn Solches mir dargeboten wird und sich mir aufdrängt, von dem ich innerlich hinwegstrebe, vor allem darum, weil es mir ein „Gewohntes“ und allzu Gewohntes geworden ist. Die Gewohntheit eines Gegenstandes ist, wie wir wissen, sein Eingeordnetsein in einen allgemeinen psychischen Lebenszusammenhang und eine darauf beruhende passive Absorptionstendenz, also eine Tendenz des Gewohnten, sich im sonstigen psychischen Lebenszusammenhang zu „verlieren“, oder eine Tendenz der Aufmerksamkeit, von ihm wegzugleiten und Neuem oder minder Gewohntem sich zuzuwenden. Das Gefühl des Gegensatzes nun zwischen dieser passiven Absorptionstendenz und dem Umstande, dass der Gegenstand sich mir aufdrängt, oder in aufdringlicher Weise mir dargeboten wird, das ist das Gefühl des Überdrusses.

Endlich müssen wir in diesem Zusammenhang, d. h. im Zusammenhang der spezifisch „psychologischen“ Gefühle, noch einmal zurückkommen auf einen schon früher erwähnten Gegensatz zwischen Gefühlen der Überraschung bezw. der Enttäuschung, denen wiederum ein ganz besonderer Charakter eignet. Ich meine die Gefühle des Erstaunens und der Komik. Jenes ist das Gefühl des überraschend Grossen, dieses ein Gefühl des überraschend Kleinen. Jenes entsteht, indem ein Gegenstand der Apperception sich als grösser, dieses, indem er sich als kleiner erweist, als er zunächst erscheint, oder als erwartet wurde. Dort fordert der Gegenstand ein grösseres, hier ein geringeres Mass von Auffassungsthätigkeit, Aufmerksamkeit, kurz von psychischer Kraft, als ihm zunächst zuteil wird, dort wird die Auffassungsthätigkeit gespannt, hier findet eine plötzliche Entspannung statt. Beide Gefühle können Lustgefühle sein, und sind es zunächst; aber aus entgegengesetztem Grunde. Demgemäss hat in beiden Fällen das Lustgefühl einen entgegengesetzten Charakter. Im Staunen liegt eine Bedingung der Lust, sofern Steigerung der psychischen Thätigkeit und gesteigerte Zusammenfassung derselben in einem Punkte Bedingung der Lust ist. In der Komik liegt eine Bedingung der Lust, sofern dem Kleinen, als welches das erst gross Erscheinende plötzlich sich darstellt, nun die ganze Auffassungsfähigkeit z u g u t e kommen kann, die dem Grossen, oder ihm selbst, solange es als ein Grosses e r s c h i e n, zugewendet war. Dies besagt, dass die Auffassung des Kleinen unter besonders günstigen Bedingungen, besonders leicht und spielend sich vollziehen kann. Beide Gefühle können dann aber auch zu einem Gefühl der Unlust werden. Das Gefühl des Staunens verwandelt sich in ein Gefühl des mich Beengenden, oder Bedrückenden, wenn die Auffassungsthätigkeit über das mir natürliche Mass hinaus gespannt wird. Und das Gefühl der Komik wird zum Gefühl der Unlust, wenn die in ihm liegende Enttäuschung überwiegt. In jedem Falle aber bleibt das Eigentümliche des Erstaunens und der Komik, d. h. es bleibt das Gefühl des sich steigernden Anspruches an meine Auffassungsthätigkeit und der Konzentration derselben, bezw. es bleibt das Gefühl der spielenden Auffassung bestehen. — Für das Weitere bitte ich mein Buch über „Komik und Humor" nachzusehen.

Z w e i t e  u n d  d r i t t e  G a t t u n g  d e r  p s y c h o l o g i s c h e n G e f ü h l e. — Die im Vorstehenden bezeichneten psychologischen Gefühle sind genauer gesagt solche, die sich ergeben, wenn Erlebnisse in einen i n h a l t l i c h bestimmten Z u s a m m e n h a n g  d e s p s y c h i s c h e n  G e s c h e h e n s in natürlicher, d. h. der Natur dieses inhaltlich bestimmten Zusammenhanges entsprechender Weise sich einfügen, bezw. wenn sie dazu in Gegensatz treten. Von diesen können wir nun weiterhin unterscheiden die Gefühle der Übereinstimmung, die „Heimgefühle" bezw. die Gefühle der Fremdheit, die sich ergeben, wenn ein Erlebnis seiner Beschaffenheit zufolge in eine allgemeine V e r f a s s u n g, A b l a u f s w e i s e, R h y t h m i k, S t i m m u n g des psychischen Gesamtlebens hineinpasst, bezw. als fremdartiges Element in dieselbe hineintritt; wenn ein Erlebnis mir jetzt, weil ich in einer solchen bestimmt gearteten „S t i m m u n g" mich befinde, „n a t ü r l i c h" ist, bezw. mich „b e f r e m d e t". Auch hier ist das „Heimgefühl" zunächst oder an sich lustgefärbt, das Gefühl des „Befremdetseins" zunächst oder an sich ein Unlustgefühl. Aber wiederum kann das Lust- bezw. Unlustgefühl in sein Gegenteil umschlagen, wenn an dem Gegenstand naturgemäss das entgegengesetzte Gefühl haftet.

Endlich kann jener oben speziell hervorgehobene Gefühlsgegensatz des Erstaunens und der Komik uns noch an eine letzte Gattung von psychologischen Gefühlen erinnern. Dieselben haben nicht mehr in der Beziehung eines Gegenstandes zu dem jetzt bestehenden Vorstellungsablaufe, sondern in der Beschaffenheit dieses Vorstellungsablaufes selbst ihren Grund.

Ich meine mit dieser letzten Gattung der psychologischen Gefühle e in mal das nicht unter allen Umständen, wohl aber an sich lustgefärbte Gefühl der Einstimmigkeit des psychischen Geschehens, der Zusammengefasstheit oder Konzentriertheit auf einen Punkt oder auf einen einheitlichen Zusammenhang einerseits, und andererseits das an sich unlustgefärbte Gefühl der Zwiespältigkeit, der Unsicherheit, der Unentschiedenheit, des Auseinandergehens der psychischen Bewegung nach verschiedenen Richtungen, das Gefühl des „Nichtwissens, was man will“.

Ich meine zweitens das lustgefärbte Gefühl des freien, leichten Ablaufes des psychischen Geschehens überhaupt, und das unlustgefärbte Gefühl des trägen, schweren, mühsamen inneren Fortgehens von Einem zum Anderen.

Und ich meine endlich drittens das lustgefärbte Gefühl des kraftvollen oder lebhaften Erfasst- und innerlichen Beschäftigtseins, und andererseits das Unlustgefühl der Leere, Öde, Langeweile.

Alle diese Gefühle sind wohl zu unterscheiden von analogen gegenständlich bezogenen Gefühlen. Ein Gegenstand kann in sich zwiespältig sein; eine Sache ist ungewiss; Thatsachen oder Möglichkeiten widersprechen sich; ein Objekt der Betrachtung oder des Wollens schliesst eine Unklarheit, eine Dissonanz, ein Moment des Widerstreites in sich. Von allem dem aber ist hier nicht die Rede. Sondern worum es sich hier handelt, das ist die aus einer Gesamtverfassung des Gemütes erwachsende Zwiespältigkeit, Unsicherheit, Unentschiedenheit, Unruhe des gegenwärtigen psychischen Lebensablaufes überhaupt, worauf auch immer diese Gesamtverfassung beruhen mag. Vielleicht ist mir etwas Schlimmes begegnet, das in mir nachwirkt, und jetzt mich innerlich unfrei und „unlustig“ macht. Dies heisst doch nicht, dass das, was ich jetzt erlebe, für mich unlustvoll ist. Ich fühle nur in mir eine Zwiespältigkeit, Geteiltheit, einen Druck, ein Etwas, das

mich hindert, dem jetzt Erlebten mich so zuzuwenden, wie
ich möchte, oder wie die Gegenstände, die ich erlebe, fordern.
Vielleicht fühle ich mich in meiner „Stimmung" tief unglücklich.
Darum mache ich doch nicht das, was ich jetzt erlebe, dafür ver-
antwortlich. Ich erkenne es vielleicht ausdrücklich an als schön
und wertvoll. Nur vermag ich seine Schönheit oder seinen Wert
nicht zu geniessen.

Ebensowenig ist hier die Rede von der erfreulichen „Einheitlichkeit" eines Gegenstandes oder eines Erlebten, sondern
von der Einheitlichheit des psychischen Geschehens oder der
Bethätigung meiner selbst. Auch in der Erfassung des am
wenigsten einheitlichen Erlebnisses, etwa in der Betrachtung
widersprechendster Thatsachen, oder meiner inneren Stellung zu
den gegensätzlichsten Aufgaben, die mir gleichzeitig entgegentreten, kann ich innerlich einheitlich mich bethätigen, mich
zusammenfassen, „wissen was ich will".

Ebenso ist hier nicht die Rede von Gegenständen oder
gegenständlichen Erlebnissen, die ihrer Natur zufolge in mir das
Gefühl der Freiheit, Leichtigkeit, Heiterkeit wecken, sondern es
ist die Rede von der Stimmung der Freiheit, Leichtigkeit und
event. Heiterkeit, von der Stimmung, die mich schliesslich auch
das Unlustvolle, ohne dass es darum in sich selbst lustvoll erscheint,
leicht nehmen lässt. Und es ist andererseits die Rede von der
Stimmung der Trägheit und Schwere, die auch das Heitere
und Leichte, Anmutende träg erfasst. Es ist die Rede von der
trägen „Unlustigkeit" auch zu Gegenständen der Lust.

Und endlich ist hier auch nicht die Rede von Gegenständen,
die mich „langweilen", die meine Erwartung nicht befriedigen,
oder deren ich überdrüssig bin, sondern von dem Unlustgefühle,
das haftet an dem psychischen Zustand der Langeweile. Dieser
Zustand oder diese innere Gesamtverfassung meines gegenwärtigen
psychischen Lebensablaufes ist dadurch ausgezeichnet, dass ich
es jetzt mit diesem, jetzt mit jenem Gedanken oder Gegenstand
der Wahrnehmung versuche, dahin und auch dorthin meine
Aufmerksamkeit wende, dass allerlei Empfindungen meines Körpers
mir zum Bewusstsein kommen, die sonst absorbiert würden, aber
bei allem dem nichts mich eigentlich interessiert, d. h. nichts

kraftvoll mich erfasst. Dies Gefühl der Langeweile kann ein töt-
liches, also im höchsten Grade unlustgefärbtes sein; dann ist es doch
so wenig ein Gefühl der heftigen Unlust an einem Gegenstand
oder gegenständlichen Erlebnis, dass vielmehr jedes solche gegenständlich bezogene Unlustgefühl, wenn es genügend stark ist, die
Langeweile unweigerlich aufhebt. Der Zustand der Langeweile
ist eben ein solcher, in welchem weder starke Lust noch starke
Unlust an Gegenständen aufkommen kann. Und es ist in
ihm eben dieser Sachverhalt der Grund der Unlust und vielleicht
der höchstgesteigerten Unlust.

Ich bezeichnete schon früher das Gefühl der Langeweile auch
als ein Gefühl der „Leere". Nach dem soeben Gesagten ist dies
nicht so zu verstehen, als geschähe im Zustand der Langeweile
in mir wenig. Ich erlebe sogar in gewisser Weise, wenn ich
in diesem Zustand bin, mehr als sonst. Aber es gibt nichts, das
mich absorbiert, d. h. alles sonstige·psychische Geschehen aufsaugt und die psychische Kraft in sich konzentriert. Die
Langeweile ist „Zerstreutheit" im eigentlichsten Sinne des
Wortes, so wie das Gegenteil derselben Konzentriertheit ist, sei
es Konzentriertheit in einem Gegenstand der Lust oder in einem
Gegenstand des Unlustgefühls. Darum habe ich das Gefühl der
Langeweile auch nicht etwa dann, wenn ich schläfrig bin und
die psychische Kraft sich vermindert hat, sondern ich habe es,
wenn ich wach bin und der vollen psychischen Kraft mich erfreue,
nur aber die Fähigkeit, diese Kraft zu konzentrieren, mir entschwunden ist.

Selbstwertgefühle. — Drei Möglichkeiten der Beziehung
des Wertgefühls sind bisher unterschieden. Wir haben geredet
von gegenständlich bezogenen, von intellektualen und von psychologischen Wertgefühlen. Dazu tritt endlich die schon erwähnte
vierte Möglichkeit. Sie ist gegeben in den Selbstwert-
gefühlen.

Bei diesen sind Lust und Unlust bezogen auf mich. Dies
scheint sonderbar. Gefühle, so sagte ich eingangs dieser Schrift,
sind allemal Ichgefühle. Und jetzt reden wir von einer besonderen Gattung von Gefühlen, die auf „mich" bezogen er-

scheinen. Aber dieser Gegensatz besteht: Alle Gefühle sind Ichgefühle. Aber nicht alle Gefühle sind Selbstgefühle.

Hiemit ist freilich zugleich das Rätsel gelöst: Das „Selbstgefühl" ist das Gefühl, das mich zu seinem „Gegenstand" hat.
Ich fühle nicht nur mich lustgestimmt oder unlustgestimmt, sondern
ich fühle Lust an mir oder Achtung vor mir selbst bezw. das
Gegenteil.

Immerhin liegt hierin ein Problem. Wie kann ich die Lust,
d. h. wie kann ich mich, bezogen finden auf mich selbst? Darauf
müssen wir antworten: Es ist freilich unmöglich, dass ich das
jetzt erlebte Ich bezogen finde auf eben dies jetzt erlebte Ich.
Denn dies Ich ist nicht doppelt. Aber das Ich jedes Momentes
ist nachher, und schon im unmittelbar folgenden Momente,
ein nur noch für die Erinnerung bestehendes: Und damit ist
es gegenständlich geworden, d. h. ein möglicher Gegenstand für
das jetzt erlebte Ich. Und ein solches gegenständliches Ich
ist das Ich, worauf ich die „Selbstgefühle" beziehe.

Darnach kann ich ein Selbstgefühl nur haben im Festhalten
des vergangenen, sei es auch jetzt eben vergangenen Ich. So
sagt es uns denn auch die Erfahrung. Der Stolz ist zweifellos ein
positives, wie die Beschämung ein negatives Selbstgefühl und
Selbstwertgefühl. Gesetzt nun aber, ich thue eine stolze
That, d. h. eine That, auf die ich stolz sein darf, ich gehe an
gegen ein Hindernis, vor dem Andere mutlos zurückschrecken.
Dann gewinne ich zunächst kein Gefühl des Stolzes. Ich kann
es gar nicht gewinnen, solange ich im Thun der That innerlich
begriffen bin, solange ich also das Hemmnis im Auge habe und
um Beseitigung desselben bemüht bin. Ich fühle dann dies mein
Thun, und fühle dasselbe vielleicht als ein freudiges, frohes
Thun. Ich habe also ein Gefühl der Lust. Aber dies ist nicht
auf mich bezogen. Ich fühle mich erfreut nicht über mich,
sondern ich fühle mich strebend bemüht und fühle dies strebende
Bemühtsein als ein lustgefärbtes. Das Gefühl ist bezogen auf
die Beseitigung des Hemmnisses; nicht unmittelbar, sondern sofern das Gefühl des Strebens darauf bezogen und das Lustgefühl an dem Streben, als eine Färbung desselben, haftet. Dies
drücke ich wohl so aus: Ich habe Lust — nicht „an" der Sache,

die da geschehen soll, sondern „zu" der Sache. Wie hier, so besagt die Lust „z u" etwas, im Gegensatz zur Lust „a n" etwas, immer, dass ich ein Gefühl der Lust habe — nicht indem ich eine Sache betrachte, sondern indem ich darnach strebe, dass also mein Streben unmittelbar als ein lustgefärbtes sich darstellt.

Dann aber hindert mich freilich nichts, diesen gesamten psychischen Thatbestand rückblickend zu betrachten oder ihn unmittelbar in seinem Übergang aus der Gegenwart in die Vergangenheit festzuhalten. Und in diesem Thatbestande kann ich dann scheiden mich, d. h. das aus mir stammende Streben, und das Erstrebte. Und ich kann jenen ersteren Faktor dieses Gesamtthatbestandes zum Gegenstand spezifischer Apperception machen und daraus ein Gefühl gewinnen. Dies Gefühl erscheint dann auf diesen Faktor bezogen. Es ist bezogen auf mein Thun oder meine Thätigkeit und damit auf mich.

Damit ist die Voraussetzung alles Selbstwertgefühles bezeichnet. Es entsteht mir einzig in solchem Rückwärtsblicken. Es entsteht nicht, wenn ich dasselbe unterlasse. Es kann aber recht wohl geschehen, dass ich es unterlasse. Meine Aufmerksamkeit bleibt vielleicht auf das Ziel gerichtet, oder sie richtet sich unaufhaltsam auf weitere und weitere Ziele; ich strebe freudig oder auch freudlos weiter von Ziel zu Ziel, und habe dabei gar keine Zeit, auf mich zurückzublicken. Dann fehlt mir das Gefühl des Selbstwertes, in unserem Falle das Gefühl des Stolzes, obgleich ich vielleicht eben jetzt am meisten mich stolz fühlen dürfte. So kann es überhaupt geschehen, dass der Mensch um so weniger Stolz fühlt, je mehr er dazu das Recht hat.

Das Gefühl des Selbstwertes erwies sich hier als ein Gefühl des Wertes des Thuns oder der Thätigkeit. Dies ist es jederzeit. Alles Selbstwertgefühl ist Lust an eigener Thätigkeit. Auch wenn ich mich freue, dass ich der bin, der ich bin, dass ich zu etwas das Vermögen habe, oder die Fähigkeit besitze, so ist mein Gefühl des Selbstwertes ein Gefühl der lustgefärbten Thätigkeit. Dass ich zu etwas das Vermögen habe, dessen kann ich eben nur' inne werden, indem ich in der Vorstellung dies Vermögen bethätige, also etwas thue. Kein Vermögen, keine Fähigkeit, keine

Kraft ist anders vorstellbar als so, dass ich sie in Gedanken, sei es auch nur versuchsweise sich verwirklichen lasse.

Der Satz, das Selbstwertgefühl sei ein Gefühl des Wertes der Thätigkeit lässt sich umkehren: „Thätigkeit" ist an sich jederzeit Gegenstand eines Wertgefühls; und da ich in der „Thätigkeit" meiner selbst inne werde, Gegenstand eines Selbstwertgefühles. Dabei ist die Thätigkeit genau in dem oben festgestellten Sinne zu nehmen. Es ist besonders zu beachten, dass auch schon jedes Wollen eine Thätigkeit oder ein „inneres Thun" ist. Das blosse, obzwar aktive, Streben nach dem Ziele ohne Thätigkeit, ist das Wünschen. Das Wünschen nun, auch das kraftvollste, ist an sich nicht Gegenstand der Lust, was nicht ausschliesst, dass der Gegenstand des Wunsches im höchsten Masse lustvoll sein mag. Wohl aber ist Gegenstand der Lust jedes Wollen. Es ist dies in dem Masse, als es von Schwäche und Zwiespältigkeit kurz von der „Negativität" frei oder positiv gesagt, in dem Masse als es kraftvoll und in sich einstimmig ist. Zugleich wächst die Lust mit dem Reichtum des Wollens oder der Mannigfaltigkeit der Wollungen oder der Zwecke, die in einem einzigen Wollen sich zusammenschliessen.

Die Selbstwertgefühle und das Gesetz der Lust. — Dass die Thätigkeit, also das Wollen und Thun an sich notwendig Gegenstand der Lust ist, dies ergibt sich wiederum aus unserem allgemeinen Lustgesetz. Lust entsteht, so sagt dies Gesetz, wenn in mir etwas geschieht, etwas von mir innerlich vollbracht wird, und wenn darin ich selbst mich bethätige, mein Wesen darin zu seinem Rechte, die „Natur der Seele" zur Geltung oder zur Aussprache kommt. Dies nun ist beim Wollen notwendig der Fall. Im Wollen geschieht etwas. Das Wollen ist innere Arbeit, sei es, dass diese im Überwinden eines Hemmnisses, sei es, dass sie im blossen Standhalten besteht. Und das Wollen ist aktives Streben. Und dies besagt nichts Anderes, als dass meine Natur darin wirksam ist oder sich auswirkt, darin zur Geltung kommt. Die Wirksamkeit des positiven Wertinteresses, durch welche das Wollen zum aktiven Streben wird, ist die Wirksamkeit meiner Persönlichkeit.

Und auch im Übrigen bewährt sich hier unser allgemeines Gesetz der Lust. Die Höhe des Selbstwertgefühles, so sagte ich, wachse mit der Kraft, dem Reichtum oder der Weite, und der Einheitlichkeit oder inneren Einstimmigkeit der Thätigkeit. Eben dies nun waren die Momente, mit denen wir ehemals die Lust überhaupt wachsen sahen: Ein kraftvolles Erleben, ein Erleben eines Mannigfaltigen und die Einheitlichkeit des Erlebten.

Von diesen Momenten kann in meiner „Thätigkeit" das eine oder das andere überwiegen. Dann tritt auch im Charakter meines Selbstgefühles oder Selbstwertgefühles das betreffende Moment beherrschend heraus. Es ergeben sich also qualitative Unterschiede des Selbstwertgefühls. Dasselbe ist bald mehr bald minder ein Gefühl der eigenen K r a f t , oder ein Gefühl der eigenen Weite oder des inneren R e i c h t u m s meines Wesens, oder ein Gefühl der inneren Einstimmigkeit oder der „F r e i h e i t".

Bei allem dem darf die „Thätigkeit", von der ich hier rede, nicht eingeschränkt werden auf eine bestimmt geartete Thätigkeit, nicht etwa auf die nach aussen gerichtete. Sondern wir müssen uns bewusst bleiben, dass neben ihr die rein innerliche Thätigkeit steht, die Thätigkeit des Besinnens, des Nachdenkens, kurz die intellektuelle Arbeit; und weiterhin die Thätigkeit des Appercipierens. Berücksichtigen wir dies, so sehen wir, dass in allem Erleben zugleich mehr oder minder Thätigkeit sein kann. Sie liegt auch im aktiven Erfassen eines Vorgestellten und Wahrgenommenen, im Festhalten, im Betrachten und Eindringen, im wollenden sich Hingeben an einen Genuss oder Schmerz u. s. w. Und daraus kann sich überall ein Selbstwertgefühl ergeben. Immer ist dabei die Lust am Gegenstande, wie nicht minder die intellektuale Lust, und diejenige, die wir speziell als psychologische bezeichneten, einerseits, und die Lust an solcher T h ä t i g k e i t, also das Selbstwertgefühl, andererseits, für uns wohl unterscheidbar. Es ist etwas völlig Anderes, ob ich mich freue an dem Kunstwerk, oder an meiner künstlerischen Thätigkeit, an der gewonnenen Wahrheit oder meiner darauf gerichteten Arbeit, dem gelungenen Witz oder daran, dass er m i r gelungen ist.

<hr>

# IX. Kapitel.

## Die objektiven Werte und das Sollen.

Die Entstehung der Persönlichkeit. — Jede Thätigkeit, sagte ich, sei „an sich“ Gegenstand der Lust. Damit ist ein neues Problem angedeutet: Wie kann ich — nicht nur ein Gefühl des minderen eigenen Wertes, sondern ein Gefühl des Unwertes meiner selbst haben?

Darauf kann die Antwort nicht gegeben werden durch den Hinweis auf das Moment der Hemmung in meiner Thätigkeit. Dies Moment gehört freilich, wie wir wissen, notwendig zum Wollen und Thun. Und dasselbe ist an sich Grund der Unlust. Aber diese Unlust beziehe ich nicht auf mich, sondern auf die Hemmung.

Ebensowenig genügt der Hinweis darauf, dass ich mich nicht nur thätig, sondern auch leidend fühle. Auch die Unlust die daraus entsteht, erscheint als Unlust an dem Gegenstande, dem gegenüber ich mich leidend verhalte, oder dessen Nötigung ich unterliege. Zudem liegt in jedem Erleiden ein Moment meiner Gegenwehr, ein Thun. Und dies müsste eher ein Gefühl des eigenen Wertes erzeugen.

Schliesslich bleibt nur eine Möglichkeit, wie ich unmittelbar ein negatives Selbstwertgefühl oder ein Gefühl des eigenen Unwertes haben kann. Sie ist gegeben in der Zwiespältigkeit meines Wollens und Thuns in sich selbst, der Unentschlossenheit, dem inneren Widerstreit in meinem Wollen. Diese ist unmittelbare Selbstnegation, Verneinung meiner durch mich. Und als solche erscheint jedes Gefühl des eigenen Unwertes.

Aber ein solches Gefühl der Verneinung meiner selbst kann ich nun haben, ich kann mich „beschämt“, innerlich „verurteilt“ oder „gerichtet“ fühlen, auch wenn ich durchaus frei von solcher inneren Zwiespältigkeit, also mit mir selbst möglichst einstimmig gewollt habe.

Um dies zu verstehen, müssen wir eine Thatsache uns vergegenwärtigen, die auch sonst von grundlegender psychologischer

Wichtigkeit ist. Wir müssen unterscheiden zwischen dem „Ich" und dem „Ich". Meine gegenwärtige und auch meine jetzt eben vergangene Persönlichkeit ist nicht meine Persönlichkeit überhaupt, sondern kann mit einem schon in anderem Zusammenhange gebrauchten Ausdruck sinnvoll bezeichnet werden als eine „Schicht" meiner Persönlichkeit. Daneben gibt es die unzähligen anderen Schichten meiner Persönlichkeit, nämlich die Persönlichkeiten der unzähligen aufeinanderfolgenden Momente meines Daseins. Und, worauf hier weiter Gewicht gelegt werden muss: Jede dieser Schichten hat relative Selbständigkeit. Ich kann mich erinnern, wie ich in irgend einem einzelnen Momente meines vergangenen Lebens war und mich bethätigte. Ich kann in der Erinnerung diesen Moment herausheben. Hierin schon gibt sich diese relative Selbständigkeit zu erkennen.

Aber es gibt nicht bloss diese einzelnen Schichten, sondern es gibt auch, obzwar im einen Individuum mehr, im anderen weniger, eine einheitliche Persönlichkeit, zu welcher die Persönlichkeiten der verschiedenen Momente meines Daseins oder die verschiedenen Iche sich zusammenschliessen oder zusammengeschlossen haben. Dieselbe verhält sich zu jenen einzelnen Schichten völlig analog, wie sich viele einzelne Thatsachen, von denen ich weiss, verhalten zu der in ihnen verwirklichten allgemeinen Thatsache, oder zu dem sie „beherrschenden" Thatsachengesetz. Und sie entsteht aus den verschiedenen Ichen, so wie für mich die allgemeine Thatsache oder das Gesetz der Thatsachen aus den einzelnen Thatsachen entsteht. Indem die einzelnen Thatsachen von mir — nicht eine über der anderen vergessen, sondern festgehalten werden, oder jede neue Thatsache die Erinnerung an die andere weckt, und so die verschiedenen Thatsachen sich zusammenschliessen und ausgleichen, verdichten sie sich zum Gesetz, derart, dass doch zugleich aus ihnen das Gesetz als etwas relativ Selbständiges und sie Beherrschendes heraustritt. Jetzt erscheint die einzelne Thatsache nicht mehr als diese einzelne, sondern sie ist dem Gesetz untergeordnet und wird betrachtet und beurteilt im Lichte dieses Gesetzes.

So nun auch verdichten die Persönlichkeiten der verschiedenen Momente meines Daseins, falls nicht die eine über der anderen

vergessen wird, sondern die vergangene aufbewahrt und in Kraft
bleibt und die neue Persönlichkeit die Kraft hat, sie zu wecken
und zur Mitwirkung zu rufen, sich zur Gesamtpersönlichkeit,
oder zum relativ selbständigen Gesetz der Persönlichkeit der verschiedenen Momente. Wie die einzelnen Thatsachen im Lichte
des Thatsachengesetzes, so betrachte ich jetzt, s o w e i t nämlich
die einheitliche Persönlichkeit in mir entstanden ist und im einzelnen Falle zur Wirkung gelangt, die einzelnen Momentpersönlichkeiten oder Moment-Iche im Lichte dieser einheitlichen Persönlichkeit. Wie die Thatsachen am Gesetze, so messe ich, unter
jener Voraussetzung, die Persönlichkeiten der einzelnen Momente
an der einheitlichen Persönlichkeit.

Wie schon gesagt, entsteht diese einheitliche Persönlichkeit
oder dies einheitliche Ich nicht in Jedem in gleichem Masse. Und
sie funktioniert nicht jederzeit mit gleicher Sicherheit und Kraft.
Demnach wird auch nicht in Jedem und jederzeit in gleichem
Masse das Ich eines Momentes unter den Gesichtspunkt dieses einheitlichen Ich gestellt, oder im Lichte desselben betrachtet. Für
die Menschen des Augenblicks, also für die Gedankenlosen, bleibt
die Persönlichkeit des gegenwärtigen Momentes mehr oder minder
für sich, und bleibt die Persönlichkeit der verschiedenen Momente
ein Haufe, so wie auch, wiederum für die Gedankenlosen, die
einzelnen Thatsachen ein Haufe von Thatsachen bleiben.

Diese Ausgestaltung des einheitlichen Ich oder dieses Gesetzes der Persönlichkeit ist eine psychologische Thatsache, genau
so wie die Ausgestaltung eines Thatsachengesetzes, etwa eines
Gesetzes physikalischer Thatsachen, eine psychologische Thatsache
ist. Und es ist eine Thatsache, mit welcher die Psychologie überall vollen Ernst zu machen hätte. Genau genommen ist es gar
nicht eine Thatsache n e b e n jener Thatsache der Ausgestaltung
eines Thatsachengesetzes, sondern diese ist in jener e i n g e -
s c h l o s s e n. Auch das einzelne Thatsachenurteil ist ein Punkt
in meiner Persönlichkeit.

D i e  P e r s ö n l i c h k e i t  u n d  d i e  n e g a t i v e n  S e l b s t w e r t -
g e f ü h l e. — Aus diesem Sachverhalt ergibt sich nun auch die Möglichkeit negativer Selbstwertgefühle. Ich will etwas mit ganzer Kraft,

d. h. mit der ganzen Kraft meiner gegenwärtigen Persönlichkeit. Diese fasst sich in dem einen Wollen und Thun zusammen, spricht sich darin aus. Dieses Wollen und Thun ist an sich lustvoll und muss es sein. Aber nun tritt dasselbe hinein in den Zusammenhang mit der einheitlichen Persönlichkeit oder mit dem in ihm repräsentierten Gesetz meiner Persönlichkeit überhaupt. Sie misst sich daran, so wie eine Thatsache, oder ein Urteil über eine Thatsache, das ich jetzt fälle, in den Zusammenhang tritt mit den mir schon bekannten Thatsachen und sich an ihnen oder dem durch ihr Zusammenwirken herausgestalteten Gesetze misst. Und so wie nun durch ein Thatsachengesetz ein gegenwärtiges Urteil Lügen gestraft werden kann, so kann auch das Wollen und Thun meiner gegenwärtigen Persönlichkeit Lügen gestraft werden durch jenes Gesetz meiner Persönlichkeit. Das Ergebnis ist das Sonderbare, und doch unter Voraussetzung des bezeichneten Sachverhaltes nicht mehr Sonderbare, dass ich mich selbst verurteile, dass ich meiner selbst oder meines Thuns mich schäme, kurz dass ich ein negatives Selbstwertgefühl habe.

Zugleich gewinne ich es nur unter solcher Voraussetzung. Ich bleibe beim positiven Selbstwertgefühl, wenn ich in der gegenwärtigen Persönlichkeit bleibe, so wie ich bei meinem gegenwärtigen Urteil bleibe, etwa bei dem aus der gegenwärtigen Wahrnehmung gewonnenen Urteile, dass der Mond die Form eines Halbkreises habe, wenn ich nur eben die gegenwärtige Wahrnehmung im Auge habe und in mir wirken lasse.

Diese negativen Selbstwertgefühle sind nun wiederum im Einzelnen charakterisiert wie die positiven. Mein Wollen ist jetzt schwach und träge, weil meine gegenwärtige Persönlichkeit schwach ist und keine Tendenz zu grösserer Kraftkonzentration in sich schliesst. Dann kann auch diese gegenwärtige Persönlichkeit die Schwäche nicht verurteilen. Sie ist ihr selbstverständlich „gemäss". Aber in jener einheitlichen Persönlichkeit oder dem Gesetz meiner Persönlichkeit liegt eine Tendenz und ein Drang zu kraftvollerem Wollen. Je mehr ich diese Persönlichkeit in mir zur Wirkung kommen lasse, desto mehr tritt der Gegenstand meines gegenwärtigen Wollens und Thuns zu ihm in Beziehung. Und nun entsteht die Tendenz oder der Drang nach einem gegenwärtigen kraftvollen Erfassen des Gegenstandes des Wollens. Und dieser Regung gegenüber erscheint mein gegenwärtiges Thun als eine Negation. Und diese fühle ich. Ich bin „mir", d. h. meiner gegenwärtigen Persönlichkeit, aber ich bin nicht „mir", d. h. meiner einheitlichen Persönlichkeit gerecht geworden. Ich habe diese verleugnet. Das Gefühl dieses Gegensatzes ist das Gefühl der Beschämung.

Oder ich bin jetzt innerlich arm, eingeengt in meinem Wollen, wiederum meiner gegenwärtigen Persönlichkeit entsprechend. Darum entsteht jetzt kein negatives Selbstwertgefühl, sondern ich bin mit mir zufrieden. Aber in meiner einheitlichen Persönlichkeit liegt ein grösserer Reichtum. Gedanken an einen reicheren Inhalt des Wollens, die in mir ungeweckt blieben, entstehen, indem der gegenwärtige Gegenstand meines Wollens zu dieser einheitlichen Persönlichkeit und den in ihr der Möglichkeit nach liegenden Zweckgedanken in Beziehung tritt und sie weckt. Und jetzt erscheint wiederum mein gegenwärtiges eingeschränktes Wollen als Negation des Wollens meiner Persönlichkeit.

Oder endlich: — Ich bin jetzt widerspruchsvoll, unentschieden, mein Wollen geht zugleich dahin und dorthin, und meine gegenwärtige Verfassung fordert diese Zerteilung, ihre Natur spricht sich darin aus. Aber die über die einzelnen Momente übergreifende Persönlichkeit fordert Einheitlichkeit. So fühle ich mich wiederum durch diese Persönlichkeit negiert.


Die Gesetze des Wollens. — Bei allem dem dürfen wir nun doch auch die umgekehrte Möglichkeit nicht vergessen. Nicht immer ist es so, dass die gegenwärtige Persönlichkeit durch die einheitliche Persönlichkeit gerichtet wird, wenn beide in Widerstreit geraten. Erinnern wir uns hier wiederum der Analogie der physikalischen Thatsachen und des entsprechenden Thatsachengesetzes. Hier besteht nicht nur die Möglichkeit, dass das einzelne Thatsachenurteil negiert wird durch das gewonnene Naturgesetz, sondern es kann auch umgekehrt geschehen, dass das Naturgesetz, das ich einstweilen gewonnen habe, eine Korrektur oder Ergänzung erfährt durch das gegenwärtige Einzelurteil. Dies muss geschehen, wenn das gegenwärtige Urteil in dem Sichaneinandermessen der gegenwärtigen Thatsache und des Gesetzes sich behauptet.

So nun kann es auch geschehen, dass ein gegenwärtiges Wollen und Thun in mir sich behauptet in seinem Gegensatze zu dem, was die einheitliche Persönlichkeit, so wie sie sich bisher ausgebildet hat, fordert. Und indem sie sich behauptet und mit dieser einheitlichen Persönlichkeit sich vereinheitlicht, korrigiert sie die Forderungen der einheitlichen Persönlichkeit und damit diese selbst. — Wie man sieht, ist damit nichts Anderes bezeichnet als der Weg, auf dem von Hause aus die einheitliche Persönlichkeit e n t s t e h t, und auf dem sie im Laufe unseres Lebens zur endgültigen Persönlichkeit wird oder einer solchen sich nähert. Dieser Weg führt notwendig durch beständige Korrekturen hindurch.

Von „d e m" Gesetze der Persönlichkeit, das in der einheitlichen Persönlichkeit repräsentiert sei, habe ich hier immer gesprochen. In der That ist es wie das Gesetz der Natur ein System von Gesetzen. Besondere Gesetze sind allgemeineren untergeordnet. Und die besonderen verhalten sich zu den allgemeineren wie die einzelnen Wollungen zu den ersteren. Aus den besonderen erwachsen die allgemeineren, und wiederum gehen jene aus diesen hervor oder gehen diese in jene auseinander. Die einzelnen ein Gebiet des Wollens beherrschenden Gesetze können wir Grundsätze oder Maximen nennen. Dabei denke ich nicht an Grundsätze, von denen ich ein B e w u s s t s e i n habe, sondern die ich h a b e, d. h. die in mir bestehen als wirksame Kräfte.

Und diese Grundsätze oder Maximen können umgestaltet werden. Vielmehr sie entstehen überhaupt in fortwährender Umgestaltung. Dies heisst nichts Anderes, als sie entstehen aus der Wechselwirkung des Wollens und Thuns der verschiedenen Momente meiner Persönlichkeit. Und die g a n z e einheitliche P e r s ö n lichkeit entsteht auf diesem Wege.

Diese einheitliche Persönlichkeit oder das einheitliche Ich, das zu den Ichen der einzelnen Momente sich verhält wie das Gesetz zu den einzelnen Thatsachenurteilen, trägt auch wohl die Namen Gewissen oder praktische Vernunft. Kant stellt dem Gesetz derselben oder dem reinen Willen gegenüber die Triebfedern des Momentes, d. h. die in der Natur der einzelnen Momentpersönlichkeiten liegenden Antriebe. In diesen Wendungen ist von Kant eine psychologische Thatsache gefunden, obgleich sie von ihm nicht eigentlich psychologisch formuliert ist.

Objektive Werte. — Mit dem Vorstehenden bringe ich nun endlich zusammen einen entscheidenden Gegensatz im Charakter der Wertgefühle und des Wollens und Thuns, der noch nicht besonders aufgezeigt ist. Den „Forderungen“ des Gegenstandes oder den „objektiven Tendenzen“ stellte ich ehemals gegenüber das subjektive Streben. Dies ist nichts Anderes als die subjektivierte objektive Tendenz oder die „Tendenz“, in welcher nicht nur der Gegenstand fordert, sondern meine Persönlichkeit oder irgend welche Elemente der Psyche oder des psychischen Lebenszusammenhanges die Forderung des Gegenstandes sich oder mir zu eigen machen. Ein solches „subjektives“ Streben ist insbesondere auch alles aktive Streben, also auch mein Wollen und mein Thun. Mein Wollen entsteht, so sahen wir, indem mein positives Wertinteresse zur objektiven Forderung oder Tendenz hinzutritt und in ihr zur Wirkung kommt und eine psychische Arbeit leistet. Nun aber müssen wir hier wiederum unterscheiden: Es gibt auch ein subjektives Streben mit Objektivitätscharakter. Dies wiederum setzt, wenn das Streben ein Wollen ist, voraus, dass das Wertinteresse objektiven Charakter hat, oder dass der Wert des Erstrebten als objektiver erscheint.

Damit ist hingedeutet auf eine neue Thatsache, die doch auch wiederum für uns keine neue ist. Ihre Erwähnung ist lediglich eine Weiterführung und Ergänzung von früher Gesagtem. Wir sprachen von „objektiver Grösse“. Diese besagt, dass ein Grad der apperceptiven Zuwendung durch den Gegenstand gefordert ist. Eine völlig analoge Bedeutung nun hat der „objektive Wert“. Er besagt, dass eine Wertung objektiv, d. h. durch den Gegenstand gefordert ist. Diesem objektiven Werte steht entgegen die subjektive Wertung.

Hiemit sind wiederum charakteristisch verschiedene Bewusstseinserlebnisse bezeichnet. Es ist etwas grundsätzlich Anderes, es liegt vor allem ein durchaus anderes Gefühlserlebnis vor, wenn ich das eine Mal das Bewusstsein habe, dass mir, so wie ich jetzt bin, etwas gefällt, passt, zusagt, mich reizt, dass ich ihm einen gewissen Wert b e i m e s s e, oder ob ich das Bewusstsein habe, diese Bewertung sei durch den Gegenstand so wie er ist gefordert, oder mit anderen früher gebrauchten Ausdrücken, der Gegenstand habe auf solche Bewertung ein Recht oder einen Rechtsanspruch, oder auch, meine Bewertung habe „Geltung".

Hier erhebt sich aber die Frage: Wie kann mein Werten Objektivitätscharakter haben, da doch das Werten an sich das Allersubjektivste ist, nämlich das Bewusstsein von der Weise, wie ein Erlebnis zu meiner seelischen Natur oder einem Zug innerhalb derselben sich verhält, von dem Widerhall, den es darin findet, von der Art, wie es von meiner Persönlichkeit, ihrer bleibenden oder vorübergehenden Beschaffenheit zufolge, aufgenommen bezw. abgewiesen wird.

Diese Frage ist zunächst negativ zu beantworten. Ich kann bei meinem Werten a b s e h e n von dem, was mein Werten zu einem s p e z i f i s c h subjektiven machen oder ihm einen Subjektivitätscharakter geben würde. D. h. ich kann absehen von den zufälligen gegenwärtigen Bestimmtheiten meiner Persönlichkeit. Hier wie sonst heisst das Absehen oder Abstrahieren von irgend welchen Momenten nicht: Ich beseitige dieselben, wohl aber: Ich setze sie bei einem psychischen Akte ausser Wirkung. Es besagt in unserem Falle: Ich setze bei meinem W e r t e n jene zufälligen gegenwärtigen Bestimmtheiten ausser Wirkung. Wie w e i t ich dies vermag oder wie weit dies oder jenes Individuum dazu fähig ist, kann hier dahingestellt bleiben. Dass ich es überhaupt vermag, ist merkwürdig, aber es ist Thatsache. In jedem Falle ist dies Abstrahieren Bedingung dafür, dass mein Werten ein subjektives wird.

Was aber bei solcher Abstraktion wirksam b l e i b t, das ist zunächst der G e g e n s t a n d des Wertens. Indem ich, von jenen „subjektiven Bedingungen" des Wertens abstrahierend, den Gegenstand, so wie er ist, appercipiere, also ihn rein zum Worte kommen lasse, verspüre ich seine Wirkung, d. h. seine F o r d e r u n g, in bestimmter Weise gewertet zu werden.

Damit ist zugleich die positive Antwort auf jene Frage gegeben. Die objektive Wertung ist die vom Gegenstand geforderte.

Aber diese Antwort ist nur halb. Es muss auch etwas geben, das wertet. Dies Wertende nun bin ich, aber eben ich, abgesehen von den zufälligen subjektiven Bestimmtheiten. Und dies kann nichts Anderes heissen als: Es ist die Persönlichkeit, d. h. die den einzelnen Momentpersönlichkeiten gegenüberstehende einheitliche Persönlichkeit, das Gesetz der Persönlichkeit oder das Gesetz des Ich.

Damit erscheint die „objektive“ Wertung in doppelter Weise als objektiv, d. h. durch den Gegenstand gefordert. Sie ist gefordert durch den gewerteten Gegenstand; und sie ist gefordert durch dies Gesetz des Ich. Auch dies Ich ist, so gewiss es das eigentliche oder wahre Ich ist, ein Gegenstand, d. h. eine von mir, nämlich meiner gegenwärtigen Persönlichkeit unabhängige Thatsache. Sie ist davon unabhängig oder steht ihr als ein Eigenes, Selbständiges, für sich Seiendes gegenüber, so gut wie irgend ein „Gegenstand“.

Die Forderungen aber, welche der gewertete Gegenstand, und dies Ich oder Ichgesetz stellt, sind doch nur eine einzige Forderung. Es ist dasselbe, ob ich sage, der gewertete Gegenstand als dieser Gegenstand, oder, das dem Ich des gegenwärtigen Momentes gegenüberstehende einheitliche Ich, das Ichgesetz, fordert die Wertung.

Das Sollen. — Und wenn, und soweit nun aus solcher objektiven Wertung ein Streben — ich sage noch nicht ein Wollen — sich ergiebt, ist dies Streben gleichfalls objektiv; und ich verspüre es als objektiv oder objektiv gefordert. Ich habe dies eigenartige Gefühlserlebnis. Ich gebe ihm auch, um dieser Eigenart willen, einen eigenen Namen: Das Streben mit dem Charakter der Objektivität ist das „Sollen“.

Dies Sollen kann, wie jedes Streben, passiv oder aktiv sein: Es kann „mein“ Streben sein bezw. als solches erscheinen, aber es kann auch sich mir aufdrängen. Es wird „mein“ Streben oder wird aktiv, wenn das zu Grunde liegende objektive Wertinteresse das jetzt in mir herrschende ist. Ich sage dann, dass ich wünsche oder will, was sein soll bezw. was ich wollen oder thun soll. Ich habe das eigenartige Gefühl eines Strebens, in dem mit dem Charakter der Objektivität der Charakter der Aktivität zusammen trifft. Ich gebe demselben Gefühlserlebnis Ausdruck, wenn ich sage, mein Wünschen oder Wollen „gilt", ist „recht", oder endlich, es ist „g u t".

Hier müssen wir aber freilich einen Zusatz machen. Es gibt auch noch andere Möglichkeiten des Gefühles des Sollens. Oder richtiger: Das „Sollen" in unserem gewöhnlichen Sprachgebrauch ist nicht eindeutig.

Eine erste Möglichkeit des „Sollens" ist diese: Ich wünsche etwas. Aber daran ist, als Mittel zum Zweck, „objektiv" d. h. erfahrungsgemäss etwas Anderes geknüpft. Es besteht also unter der Voraussetzung eben jenes Wunsches die o b j e k t i v e  F o r d e - r u n g, dass ich dies A n d e r e erstrebe. Diese Forderung nennt Kant eine hypothetische. Das Recht dieser Benennung ist ein- leuchtend. Es ist ein hypothetisches Sollen, ein hypothetischer Imperativ. Damit ist schon gesagt, dass das Erstreben dieses Anderen a n  s i c h  n i c h t  objektiv ist. Es ist nicht gefordert durch s e i n e n  G e g e n s t a n d.

Oder zweitens: Wir sahen schon, dass ein eigenes Streben in mir geweckt werden kann durch den Wunsch oder das Gebot eines anderen Individuums. Auch hier sage ich: Ich soll. Ich habe ein Gefühl der Objektivität dieses Strebens. Aber darin gibt sich wiederum nicht die Forderung des e r s t r e b t e n G e g e n - s t a n d e s kund.

Zunächst d r ä n g t sich mir dies Streben, das ich ein „Sollen" nenne, a u f. Es hat einen Passivitätscharakter. Zugleich ist aber freilich dasjenige, was m a c h t, dass es sich mir aufdrängt, ein G e g e n s t a n d, nämlich die fremde Person und ihr Wunsch oder Gebot. Und dies verspüre ich in dem sich aufdrängenden Streben mit. Die Passivität wird erlebt als Passivität d u r c h einen Gegenstand. Und so kommt in das Streben allerdings ein Charakter der Objektivität. Aber auch diese Objektivität ist nicht Objektivität m e i n e s  S t r e b e n s. Sie liegt nicht in meinem Streben s e l b s t. Ich soll nicht diesen Gegenstand erstreben, weil er dieser Gegen- stand meines Strebens ist, oder weil mein Streben dieses Streben ist, sondern vermöge des zufälligen Umstandes, dass ein Anderer wünscht oder gebietet. Wir nennen dies Sollen, das nur ein

Pseudo-Sollen ist, mit Kant ein heteronomes. Vom vorhin erwähnten unterscheidet es sich dadurch, dass es kein hypothetisches
Sollen ist. Aber es ist auch noch ein bedingtes Sollen. Dass ich
den Gegenstand erstrebe, ist nicht — vermöge des fremden Wunsches
oder Gebotes — „recht“; denn dies hiesse, das Streben sei als
dieses Streben, also durch seinen Gegenstand gefordert.
Es würde gleichfalls „recht“, wenn sein Grund, der Wunsch oder
das Gebot des Anderen, „recht“ wäre. Aber davon reden wir
nicht. Wir nehmen diesen Wunsch oder dies Gebot nur als einfache Thatsache.

Wie man sieht, steht die Objektivität des Strebens, von der
wir hier reden, auf gleicher Stufe wie die perceptive Gebundenheit,
die ich erlebe angesichts der durch Mitteilung in mir entstandenen
Vorstellung. Auch diese Vorstellung wird mir einerseits aufgenötigt; andererseits fühle ich doch die Nötigung ausgehend
von einem „Gegenstande“, nämlich wiederum einem anderen
Individuum. Diese eigentümliche Verbindung der Passivität und
Objektivität wollte ich damals durch den besonderen Namen der
perceptiven „Gebundenheit“ zum Ausdruck bringen. Sowenig
diese perceptive Gebundenheit gleichbedeutend ist mit „gegen-
ständlicher Objektivität“, sowenig ist die „Gebundenheit“ des
Strebens oder Wollens, von der ich hier rede, wahre Objektivität
meines Strebens oder Wollens.

Von dieser zweiten Möglichkeit des Sollens ist nun charakteristisch verschieden die dritte. Diese besteht darin, dass ein
eigenes früheres Wollen in meine gegenwärtige Persönlichkeit
fordernd hineinragt. Dies Sollen ist ein wirkliches Sollen: Ich
soll etwa bei meinem Entschlusse bleiben, soll mein Versprechen
halten etc. Wie dies Bewusstseinserlebnis möglich ist, haben wir
gesehen. Der Gegenstand, der hier die Forderung stellt, ist die
von meiner gegenwärtigen Persönlichkeit unabhängige, nicht mehr
aus der Welt zu schaffende Thatsache meines ehemaligen Ent-
schlusses oder Versprechens. Dies Sollen oder diese Forderung
ist autonom: Die Forderung stammt aus mir. Aber sie ist
gleichfalls noch eine bedingte Forderung, und eben damit nicht
eigentlich eine Forderung des erstrebten Gegenstandes. Die fragliche Forderung kann aufgehoben werden. Und dies ist, wenn

die Forderung eine Forderung des erstrebten Gegenstandes sein soll, unmöglich. Solche Forderungen des erstrebten Gegenstandes sind unanfechtbar. Ein und derselbe Gegenstand kann nicht eine Forderung stellen und auch nicht stellen.

Das kategorische Sollen. — Dass aber die Forderung aufgehoben werden kann, dies liegt daran, dass das einzelne frühere Wollen ein einzelnes ist. Dies einzelne Wollen kann verneint werden durch die „einheitliche Persönlichkeit" oder das „Gesetz des Ich".

Und damit nun sind wir zurückgekehrt zu dem eigentlichen Sollen. Als solches bleibt einzig die Forderung dieses Gesetzes des Ich. Diese Forderung ist unbedingt oder kategorisch, und sie ist eben damit einzig und allein Forderung des Gegenstandes oder im Streben selbst liegende Forderung. In ihr ist das Streben nach diesem Gegenstande als solches gefordert, d. h. es ist gefordert eben als Streben nach diesem Gegenstande.

Indem ich die Forderung des einheitlichen Ich oder des Gesetzes meiner Persönlichkeit als eine unbedingte bezeichne, will ich aber doch nur sagen, sie sei unbedingt für mich. Dies muss sie sein, weil sie durch das Gesetz meiner Persönlichkeit gestellt ist, das über alle einzelnen Wollungen herrscht, also durch keine derselben aufgehoben werden kann. Damit ist aber zugleich gesagt, dass jene „für mich unbedingte" Forderung zu recht besteht, nur eben solange dies Gesetz des Ich oder die einheitliche Persönlichkeit, die dasselbe in sich schliesst, unverändert bleibt. Aber diese einheitliche Persönlichkeit ist niemals die vollendete Persönlichkeit. Sie soll weiter wachsen. Und indem sie wächst, wandelt sie sich auch. Und damit kann auch die von ihr gestellte Forderung sich wandeln. D. h. die Forderung, die eine unbedingte ist für mich, braucht es nicht zu sein an sich. Sie braucht nicht als endgiltige, oder was Dasselbe sagt, als objektiv giltige sich zu erweisen.

Dies heisst, wenn wir konkreter reden, ich kann neue Erfahrungen machen, die ein neues Streben, Wünschen, Wollen in mir wecken. Und dabei kann es, wie oben gesagt, geschehen, dass durch solche neuen Erfahrungen das Gesetz des Ich oder das Ge-

setz des Wollens seine Modifikationen oder Korrekturen erfährt.
Und daraus kann dann die Notwendigkeit der Korrektur der zunächst „für mich unbedingten“ Forderung sich ergeben.

Hiermit ist nun aber zugleich gesagt, wann diese Gefahr
nicht mehr besteht. Nämlich in dem idealen Falle, wenn das Gesetz des Ich keine Korrektur mehr erfahren kann, d. h. wenn
ich alle Erfahrungen, die mein Wollen zu bestimmen vermögen,
gemacht und zur vollen Wirkung in mir habe kommen lassen,
und wenn zugleich alle diese möglichen Wollungen sich vereinheitlicht und zu einem sie alle umschliessenden Gesetze verdichtet
haben.

Dabei ist noch besonders zu berücksichtigen: Zu diesen
Wollungen gehören nach vorhin Gesagtem auch die Wünsche und
Wollungen Anderer, da sie ja alle zu meinen eigenen Wollungen
werden können. Es gehören dazu alle Bedürfnisse, Sorgen, Nöten,
Befürchtungen, Hoffnungen Anderer, sofern daraus ein Wünschen
oder Wollen dieser Anderen und damit zugleich meiner selbst
werden kann.

Das schliessliche ideale Ergebnis solcher Vereinheitlichung
wäre das absolute Gesetz des Wollens oder ein Ich, das dies Gesetz absolut in sich verwirklicht. Aus den Persönlichkeiten der
verschiedenen Momente meines Daseins, und den Persönlichkeiten
ausser mir, wäre jetzt die Persönlichkeit oder der Mensch
geworden. So wird auch aus der Vereinheitlichung aller Thatsachen der Natur für mich das Naturgesetz oder „die Natur“.

Und die Forderungen nun dieses „idealen Ich“ oder des Gesetzes desselben sind das endgiltige Sollen. Dies endgiltige
Sollen ist das sittliche Sollen, seine Verwirklichung die Sittlich-
keit. Das ideale Ich selbst, oder die Persönlichkeit, der Mensch,
das ist der sittliche Mensch. Es ist nichts Anderes als der ganze
Mensch.

Und die Gefühle nun des Widerspruchs eines gegenwärtigen
thatsächlichen Wollens mit den Forderungen dieser Persönlichkeit
oder des „idealen Ich“ sind die endgiltigen oder „ethischen“ Gefühle der Selbstverneinung oder Beschämung, kurz der ver-
minderten Selbstachtung. Umgekehrt ist das Gefühl der
Einstimmigkeit meines gegenwärtigen Wollens oder meiner gegen-

wärtigen Persönlichkeit mit den Forderungen dieses idealen Ich das endgiltige oder sittliche Gefühl der Selbstachtung. Das Streben nach solcher Einstimmigkeit oder das sittliche Streben ist das Streben um der Möglichkeit endgiltiger oder sittlicher Selbstachtung willen. Was ich dabei achte, ist „der Mensch in mir". Es ist genau Dasselbe, wenn ich sage: Was ich achte, ist das Gesetz, nämlich jenes Gesetz, in welchem alle möglichen Strebungen sich verdichten und vereinheitlichen.

Das oberste Sittengesetz. — Das Gesetz des Willens oder der Persönlichkeit, von dem ich hier rede, ist, so wurde schon gesagt, ein System von Gesetzen oder von Grundsätzen. Alle Forderungen aber, die das Gesetz stellt, fassen sich letzten Endes zusammen in der einen, dass alle möglichen Wollungen zu einer gesetzmässigen Einheit zusammengeschlossen seien, also jedes einzelne Wollen so beschaffen sei, dass es in diese gesetzmässige Einheit mit allen anderen möglichen Wollungen sich füge. Diese Forderung der allumfassenden Gesetzmässigkeit des Wollens kann als das oberste Sittengesetz bezeichnet werden. Dasselbe bezeichnet nichts Anderes, als die in mir liegende Bedingung des sittlichen Wollens oder des Bewusstseins, dass ein Wollen „recht" sei oder Geltung habe, überhaupt. Darin liegt zugleich, dass dies oberste Sittengesetz in mir nicht geworden ist, wie die einzelnen ihm untergeordneten Gesetze des sittlichen Wollens. Dasselbe ist vielmehr der Ausdruck meiner sittlich wollenden Natur oder der Natur des Geistes, sofern er das Sittliche will. Es besteht, so können wir sagen „a priori". Ihm entspricht auf dem Gebiete der Natur das Kausalgesetz, das auch nichts Anderes besagt, als dass alle Naturthatsachen in einen einheitlichen, alle möglichen Naturthatsachen umfassenden gesetzmässigen Zusammenhang sich zusammenschliessen müssen, und das nicht minder „a priori" besteht.

Zugleich ist, wie man sieht, jenes oberste Sittengesetz, ebenso wie dies oberste Gesetz der Natur, schlechthin formal. Eben darum kann es zugleich alle Inhalte, nämlich alle möglichen Inhalte des Wollens, oder alle möglichen Zwecke umfassen, so wie das entsprechende allgemeinste Naturgesetz, eben weil es lediglich

formal ist, alles Naturgeschehen umfasst. Es ist nicht mehr als
selbstverständlich, dass ein Sittengesetz, das nicht formal wäre,
nicht das oberste, Alles umfassende, sondern nur ein Einzelgesetz
sein könnte.

Mit den letzten Bemerkungen will ich wiederum an Kant
erinnern. Kant's Ethik ist in ihren Grundgedanken wahr, weil
sie auf tiefster psychologischer Einsicht beruht. Ich meine damit vor allem die Einsicht in die Existenz einer, jenseits der
gegenwärtigen „Neigungen" oder „empirischen" Antriebe stehenden
Persönlichkeit, die sich zu jenen verhält, wie das Gesetz oder der
aus allen möglichen Erfahrungsurteilen gewonnene einheitliche
Zusammenhang des Wirklichen zu den einzelnen, aus der Erfahrung aufgerafften, noch nicht durch das Gesetz hindurch ge-
gangenen Urteilen, oder kurz zu den blossen „Wahrnehmungs-
urteilen".

Der absolute Wert. — Kehren wir noch einmal zurück
zu den Werten. Das Wollen mit dem Charakter der Objektivität,
das objektiv geforderte Wollen, oder das Sollen, so sagte ich, ist
das Wollen, das auf dem objektiven Wertinteresse beruht oder in
welchem der objektive Wert das Bestimmende ist. Das objektiv
giltige oder endgiltige Sollen beruht dementsprechend auf
dem endgiltigen objektiven Wert. Dies nun ist der Wert, bei
welchem das ideale Ich das Wertende ist. Endgiltiger objektiver
Wert oder objektiver Wert schlechtweg ist der Wert für das
ideale Ich oder für „den Menschen". Objektiven Wert hat dasjenige, das und so weit in ihm die Natur des idealen Ich oder
die ideale Menschennatur zur Geltung kommt. Damit ist zugleich
gesagt, dass der absolute Wertmassstab und der einzig unbedingte
Wert eben der Wert des idealen Ich, oder der Wert des
ganzen Menschen selbst ist. Dieser Wert ist dann zugleich
„der sittliche" Wert. Und alles hat darnach sittlichen Wert,
sofern es zum Dasein des idealen Menschen und seinem Sichauswirken oder Zurgeltungkommen einen Beitrag liefert. Kant sagt:
Das absolut Wertvolle sei der gute Wille. Mit diesem „guten
Willen" ist nichts Anderes gemeint, als das ideale Ich oder „der
Mensch".

Ästhetische Werte. — Wie die ethischen, so sind auch die ästhetischen Werte objektive. Im Übrigen unterscheiden sie sich von den ethischen — nicht ihrem Inhalte, wohl aber ihrer Betrachtung nach. Alles ästhetisch Wertvolle ist an sich ein ethisch Wertvolles, d. h. es hat zum Inhalt, durch welchen es ästhetisch wertvoll ist, allemal ein Positives der menschlichen Persönlichkeit, oder etwas, das zum Menschsein einen positiven Beitrag liefert; eine Weise seines positiven Sichbethätigens oder Sichauswirkens.

Aber der Gegenstand der ästhetischen Betrachtung ist immer nur ein Ideelles, für die Phantasie Gegebenes, während der Gegenstand der ethischen Betrachtung und Bewertung ein Wirkliches oder in der Welt zu Verwirklichendes ist. Und die ästhetische Betrachtung isolirt ihren Gegenstand, löst ihn insbesondere heraus aus allem Wirklichkeitszusammenhang, während die ethische Betrachtung ihren Gegenstand in den Wirklichkeitszusammenhang hineinstellt und im Zusammenhang mit allen möglichen Gegenständen des Wertens, die in der Welt verwirklicht werden können, wertet.

Das hier zuletzt Gesagte drücke ich schliesslich nur anders aus, wenn ich sage: In der ethischen Bewertung ist das Wertende das ganze ideale Ich; dies fasst ja seiner Natur nach alle möglichen Gegenstände des Wertens in sich zusammen und macht sie zu einer in sich gesetzmässigen Einheit. Dagegen ist das Ich, das in der ästhetischen Wertung wertet, nicht das ganze ideale Ich, sondern ein Teil desselben, nämlich dasjenige ideale Ich, das in dem zu bewertenden Gegenstand ein Spiegelbild seiner selbst und seines freien Sichauswirkens findet. Und was dies ideale Ich hier wertet, das ist' eben dies Spiegelbild seiner selbst oder seines Sichauswirkens. Das ideale Ich wertet also in der ästhetischen Betrachtung sich selbst und sein Sichauswirken in diesem Spiegel. Es ist im reinen ästhetischen Genuss über das gegenwärtige reale Ich hinausgehoben.

Objektive Freiheit. — Dass ich im ästhetischen Objekte mich selbst finde, dass ich mich selbst auslebe in demjenigen, was im ästhetischen Objekte an mich herantritt, dies bedingt das Gefühl der ästhetischen Freiheit. Eine analoge Freiheit gibt es aber auch auf dem Gebiete des sittlichen Wollens und, fügen wir hinzu, des Erkennens. Ich fühle mich „passiv" in meinem Denken, solange der Gegenstand oder Zusammenhang der Gegenstände, der die logische Anerkennung, d. h. die Bejahung von mir fordert, nur einfach mit dieser Forderung mir entgegentritt. Ich fühle mich aktiv, aber in der Aktivität zugleich passiv, in dem Hindernisse überwindenden Suchen nach Wissen. Ich fühle mich frei, nämlich intellektual frei, wenn ich im Besitz der Gesetze bin, und im Namen derselben oder aus ihnen heraus für die Gegenstände eben dasjenige fordere, was sie von mir fordern; wenn ich von dem, was ist, sagen kann, es muss so sein.

Ich fühle mich in analoger Weise passiv gegenüber den Forderungen, welche ein Gegenstand vermöge seines objektiven Wertes an mein Wollen stellt, oder was dasselbe sagt, welche das ideale Ich an mich stellt, solange diese Forderungen nur eben an mich herantretende Forderungen sind. Ich fühle mich aktiv in jedem gegenwärtigen eigenen Wollen. Ich habe das höchste Gefühl, nämlich das Gefühl der Einheit des idealen und des gegenwärtigen Ich, kurz das Gefühl der sittlichen Freiheit, wenn mein gegenwärtiges Ich auf eben dasjenige gerichtet ist, was das ideale Ich von mir fordert.[1])

---

[1]) Für das Weitere verweise ich auf meine „Ethischen Grundfragen", Hamburg und Leipzig 1899. Weiter auf die letzten Abschnitte meiner „Grundzüge der Logik", ebenda 1893. Auch weiter oben erörterte Punkte sind in diesem Buche weitergeführt. Umgekehrt bitte ich zum Inhalte der „Grundzüge der Logik" die logischen Teile der vorliegenden Schrift mit hinzuzunehmen. Endlich füge ich hinzu, dass eine Ergänzung der vorstehenden Skizze vorliegt in einer anderen Skizze, die im gleichen Verlag und vermutlich gleichzeitig erscheinen wird, und die den Titel trägt „Über Einheiten und Relationen".